북한 인권 이야기

- 현안과 국제적 논의

북한 인권 이야기

– 현안과 국제적 논의

허만호 지음

경북대학교출판부

저자 | 허만호(許萬鎬)

약력
연세대학교 정치외교학과 졸업(1981)
프랑스 파리 I 대학 정치학 석사(1983)
프랑스 파리 사회과학고등연구원(E.H.E.S.S., Ecole des Hautes Etudes en Sciences Sociales) 정치사회학 박사(1988)
한국국방연구원 군비통제연구센타 선임연구원(1991~1994)
프랑스 국제인권연맹연합(FIDH, Fédération Internationale des Ligues des Droits de I'Homme) 초빙연구원(2003~2004)
사단법인 아시아 인권센터 소장(2006~2011)
(현) 경북대학교 정치외교학과 교수
(현) 사단법인 북한인권시민연합 연구이사
경북대학교 학술상 수상(2012)

주요 논저
『Талд Урrах Солонго』(공저, 도서출판 그린, 2012)
『북한의 인권, 인민의 천국에서 벌어지는 인권 유린』(살림, 2012)
『휴전체제의 전환과 전시(戰時) 민간인 납북자』(앤드, 2010)
『북한의 개혁 · 개방과 인권 - 후기 공산사회에서의 정치변동과 사회통제에 대한 비교론적 접근』(명인문화사, 2008)
MISERY AND TERROR: Systematic Violations of Economic, Social and Cultural Rights in North Korea(FIDH, France, 2003)
「今も續く 北朝鮮の 韓國軍捕虜抑留」(Institute of World Studies, Takushoku University, Tokyo, 『海外事情』, Vol. 50, No. 3, 2002)
Encyclopedia of the Korean War(공저, ABC-CLIO, Oxford, 2000)
La Corée, le Peuple et ses valeurs culturelles: d'hier à aujourd'hui(공저, Québec, Les presses de I'Université de Montréal, Québec, 2000).

이메일 주소: mhheo@knu.ac.kr

사회과학교양총서 4

북한 인권 이야기 - 현안과 국제적 논의

초판 1쇄 2014년 9월 30일 | **초판 2쇄** 2018년 1월 8일
지은이 허만호 | **펴낸이** 김상동 | **펴낸 곳** 경북대학교출판부
출판등록 1973년 10월 10일 ㉣97호
주소 대구광역시 북구 대학로 80 | **전화** 053-950-6741~3 | **팩스** 053-953-4692
이메일 press@knu.ac.kr | **홈페이지** http://knupress.com
ISBN 978-89-7180-408-7 93340

정가는 뒤표지에 있습니다.
파본은 바꾸어 드립니다.

머리말

인권문제는 그 어떤 영역보다 이상과 실제 간의 괴리가 크다. 그런데 북한 인권문제의 경우, 참혹한 인권유린 실상만이 문제가 아니다. 현실에 대한 인식에 심각한 차이가 있고, 그래서 효과적인 개선책을 마련하지 못하는 것이 더 큰 문제라 할 수 있다.

북한의 인권문제를 논의하는 데 가장 큰 장애는 이념적 편협성일 것이다. 마치 '달(月)'에 대해 이야기하기 위해 모인 사람들이 달이 '초승달'인지 '그믐달'인지 관심 없고, 그 달을 가리키는 손가락의 손톱색깔이 '빨갛다', '파랗다' 논쟁하는 모습을 보이고 있다. 본 서에서는 본류에서 벗어난 이런 논쟁을 피하고자 국제사회에서 거론되는 북한의 인권현안들을 중심으로 북한의 인권문제를 북한이 이미 가입해 있는 국제인권규범들과 북한 국내법에 따라 살펴보고자 한다.

그 어떤 사회보다 폐쇄적인 북한사회에서 자행되고 있는 인권유린은 정보와 물증이 부족하여 "북한의 인권상황이 최악이라는 미국의 평가는 전혀 근거 없는 정치적 공세다."라고까지 주장하는 사람들이 있다. 북한의 인권정책에 대해 '문화적 상대성'과 '내재적 접근'을 내세우며 정당화하려는 '북한전문가들'까지도 있다. 물론 다른 나라들과 마찬가지로 북한이 처한 특수한 국내 · 외 상황이 북한의 인권정책에 끼친 영향도 고려해야 될 것이다. 그러나 우리가 조금만 더 관심을 갖고 현상을 관찰해 보고, 현재까지 북한정부가 취해 온 인권정책을 앞서 경험한 다른 사례들의 일반적인 추이에 비추어 보면 '내재적 접근', '문화적 상대성'으로 정당화할 수 없는 병리현상들을 발견할 수 있을 것이다. 그리고 북한의 인권신장을 위해 국제인권규범들이 북한 국내에 확산 · 적용되게 하기 위해 한국을 비롯한 국제사회가 노력해야 될 당위성을 발견할 수 있을 것이다.

인권문제가 정치적 목적의 방편으로 쓰이는 것은 철저하게 배격해야 된다. 이는 결코 긍정적인 결과를 가져올 수 없기 때문이다. 그래서 인권문제는 그 자체를 독립변수로 취급해야 되고, 보편적 가치에 따라 판별해야 되며, 당사국이 선언한 공약(commitment)을 최소한의 기준으로 삼아야 된다. 그런데 인권침해국가들의 정책변화에 대한 앞선 연구들에 따르면, 국가를 초월한 연대(連帶)를 형성하여 억압국가의 국내 저항세력들로부터 인권억압에 대한 정보를 얻고, 인권에 관한 국제규범들을 근거로 하여 호소하며, 국제기구들과 자유국가들을 동원해야 될 뿐만 아니라 2개 국가 혹은 여러 개 국가들 간의 연대를 통해 억압국가를 계속 압박해야 그 국가의 인권정책을 변화시킬 수 있다는 것이다. 따라서 북한에서는 인권신장을 위해 그 무엇보다 북한 내부에 인권신장을 추구하고, 그에 필요한 저항운동을 할 수 있는 인사들이나 집단이 나타날 수 있도록 해야 되고, 이들과 초국가적 연대들 간에 지속적인 연계가 형성되어 규범적 호소를 할 수 있어야 된다. 아울러서 새로운 정치공간이 확장되면서 인권이 사회적 담론의 중심무대에 나타나도록 해야 된다.

이런 목적의식에 따라 본 서는 경북대학교 〈사회과학교양총서〉 발간사업의 지원을 받아 북한의 인권문제에 대한 일반인들의 관심과 지식을 고양시켜 북한의 인권신장을 위한 정책 형성에 긍정적인 기여를 할 수 있는 교양서로 준비되었다.

이 책에서는 2000년대에 와서 국제사회에서 지적하고 있는 북한의 인권 현안들을 중심으로 하여 변화와 지속성을 살펴보았다. 그러나 북한의 시민적 · 정치적 권리 유린을 조명하기 위해서는 북한의 정치 · 사회적 맥락도 함께 소개하였다. 그리고 최근의 추세를 파악하는 데에는 대한변호사협회에서 2006년 이래 2년 간격으로 실시해 온 탈북자 인터뷰 조사 자료들을 주로 활용하였다.

2014년 8월 20일

청도 시우당(柿友堂) 서재에서

허만호

목차

제1장

북한의 인권, 왜 우리 모두의 이야기인가?

1. 북한 인권 논의의 현황

현재 국제법상으로 인정되는 전 세계 242개 국가 중에서 인권이 중요하지 않다고, 그래서 억압해도 괜찮다고 주장하는 국가는 단 한 국가도 없다. 그러나 심각하든 그렇지 않든 일정한 수준의 인권문제는 모두 안고 있다. 이와 같이 인권문제는 그 어떤 영역보다 추구하는 바와 실제 상황 간의 간격이 크다. 그런데 북한 인권문제의 경우, 참혹한 실상만이 문제가 아니고, 현실과 그 원인에 대한 인식에 심각한 차이가 있어서 효과적인 개선책을 마련하지 못하는 것 또한 그에 못지않은 큰 문제라 할 수 있다.

북한의 인권문제에서 가장 두드러진 특징은 대외적으로 선언한 인권 관련 공약이나 북한의 국내 인권법들과 인권 현실 간에 격차가 너무도 크다는 것이다. 즉, 북한 정부는 그간 "노동자, 농민이 주인인 나라" 북한에서는 "모든 인민들이 교육과 의료혜택을 무상으로 받는 것을 비롯하여 모든 분야에서 인권을 완벽하게 향유하고 있다."라고 대외적으로 공표해 왔다. 그 말 그대로라면 북한은 가히 '인권천국'이라 할 수 있다. 그러나 북한의 인권문제는 심각한 것으로 국제사회에 오래전부터 알려져 있다. 〈국제사면위원회(Amnesty International)〉가 베네수엘라 출신 시인으로 1967년부터 1974년까지 황해도 사리원 수용소에서 복역했던 알리 라메다(Ali Lameda)의 수기를 1979년에 간행하면서 북한의 정치범 수용소가 국제사회에 처음 알려지게 되었다. 그 후 〈국제사면위원회〉가 1983년 연례보고서에 북한의 인권문제를 수록하고, 1988년에 〈아시아워치(Asia Watch)〉와 〈미네소타변호사 국제인권위원회〉가 『북한의 인권』이라는 보고서를 발행하면서 북한의 인권상황이 국제사회에 체계적으로 알려지게 되었다.

유엔기구 차원에서는 〈시민적 · 정치적 권리에 관한 국제규약(International Convenant on Civil and Political Rights, 약칭 자유권규약)〉의 이행기구인 〈유엔 인권소위원회(Human Rights Committee)〉가 1997년 8월에 북한의 인권상황 개선을 촉구하는 결의를 채택한 것이 시작이었다.[1] 이어서 유엔 경제사회이사회(Economic

---

1 그간 한국에서는 인권소위원회(Human Rights Committee), 즉 〈시민적 · 정치적 권리에 관한 국제

and Social Council) 산하에 있던 유엔 인권위원회(UN Commission on Human Rights)가 대북한 인권개선 촉구결의를 2003년부터 3년 연속 채택한 데 이어, 2005년부터는 매년 유엔총회에서도 같은 취지의 대북 인권결의를 채택하고 있다. 유엔에서의 이런 노력은 2006년에 인권위원회 체제가 인권이사회(Human Rights Council) 체제로 전환된 뒤에도 계속되고 있다.

이와 병행하여 미국, 일본과 같은 국가 차원에서도, 유럽연합과 같은 지역기구 차원에서도 같은 취지의 결의들과 관련법들이 제정 · 채택되고 있다. 그러나 대한민국 국회에서는 소수의 국회의원들을 제외하고는 이념적 편향성 때문에 혹은 국내 특정 지역 혹은 특정 연령층의 표심을 의식하여 이런 국제사회의 노력에 어깃장을 놓거나 일정한 거리를 두고 있다.

이와 같이 북한의 인권문제에 대한 인식과 논의에서 한국사회는 국제사회와 큰 차이를 보이고 있다. 특히, 한국사회에서는 과거 권위주의 정권에 대한 반작용으로, 혹은 이념적 편협성 내지 자아도취에 빠져 남한에 대한 일종의 왜곡된 대안으로 북한을 인식하거나, 자신들이 설정한 허상에 따라 북한을 포장하느라 진실은 외면하고, 인권상황에 대한 처방과 대안을 제멋대로 제시하는 세력이 결코 간과될 수 없을 정도다. 특히, 관찰자가 인권의식이 부족하여 병리적 현상을 보고도 잘못된 것이라 인식하지 못하고, 인권개선의 심각한 저해요인을 간과하거나 무시한 채 개선을 기대하고 있다. 이 책에서는 이런 이념적 편향성에서 비롯되는 문제들을 피하기 위해 북한의 인권문제를 국제사회에서 거론하고 있는 현안들을 중심으로 북한이 이미 가입해 있는 국제인권규범들과 북한의 국내법에 따라 살펴보고자 한다. 그리고 이 책에서는 '문화적 상대성'과 '내재적 접근' 운운하며 북한의 인권정책과 인권상황을 정당화하고, 인권신장을 위해 외부개입이 필요 없다고 주장하는 '북한전문가들'에게 반론도 제기하고자 한다.

북한의 인권상황은 보편적 가치와 인도주의적 관점에서도 당연히 신장되어야 하

규약 위원회〉를 인권위원회(Commission on Human Rights)와 구별하기 위해 인권이사회라고 불러왔다. 이는 잘못된 관행이었다. 2006년에 'Human Rights Council'이 창설되면서 기존의 용어는 더 이상 사용할 수 없게 되었다.

지만, 통일의 동반자인 우리에게는 이를 신장시켜야 될 또 다른 이유들이 있다.

먼저, 김정은 정권의 전쟁도발을 억지(抑止)하기 위해 북한주민들의 의견 및 표현의 자유는 최우선적으로 신장시켜야 된다.

제2차 세계대전이라는 대참사를 초래하고 '반인도적 범죄들(crimes against humanity)'을 비롯한 온갖 만행들을 저지른 군국주의 일본, 나치 독일과 파시스트 이탈리아는 바로 자국민의 의견 및 표현의 자유를 비롯한 근본적 자유(fundamental freedom)를 침해하던 비민주적 독재국가였다. 그래서 서유럽인들은 공산진영과 대치하던 냉전 상황에서 전쟁을 막기 위한 중요한 수단으로 공산진영의 인권신장을 추구하였던 것이다. 그 결과로 인권문제가 중요한 부분을 차지하는 유럽안보협력회의(CSCE)와 헬싱키 프로세스가 만들어졌고, '77헌장(Charter 77)'과 같은 중 · 동부 유럽 지식인들의 인권존중 촉구 및 헬싱키선언 지지 운동이 가능했던 것이다. 이런 서유럽인들의 인권정책과 중 · 동부 유럽인들의 노력이 이 지역에서 인권신장과 민주화를 가능하게 했던 것이다.

북한에서도 전쟁도발을 억지하고, 민주화가 가능하도록 인권신장을 우선적으로 추구해야 된다. 근본적 자유와 기본적 권리들에 대한 침해가 일상화되어 있는 사회에서 독재권력이 최후의 순간에 전쟁도발을 결정하면 주민들은 비판이나 저항을 할 수 없기 때문에 쉽게 전쟁에 동원될 수밖에 없다.

둘째, 통일 후에 남북한 양측의 주민들이 모두 일체감을 느낄 수 있는 사회를 하루 빨리 만들기 위해서는 북한주민들의 의견 및 표현의 자유와 더불어 식량권도 신장되어야 한다. 현재 북한주민들의 식량권 침해는 성장기의 만성적 영양결핍으로 자식세대가 부모세대보다 신체적으로 작을 정도로 심각하다. 이런 결과는 통일 후에 남 · 북한 주민들 간에 인종적 동질성을 해치고 사회통합을 저해할 것이다.

그런데 이보다 더 심각한 것은 정신적인 차이일 것이다. 스스로 결정하고, 행위결과에 대해 스스로 책임지는 민주시민 의식이 북한주민들에게 형성되어 있지 못하면 그들과 함께 통일된 민주사회를 건설하는 것은 대단히 어려울 것이다. 따라서 북한주민들의 의견 및 표현의 자유 신장은 화급한 사안이 아닐 수 없다.

이렇게 보았을 때 언제 이루어질지 모르지만 북한정부가 개혁 · 개방을 표방할 경우, 이것이 인권신장으로 연결되도록 개입 · 유도해야 된다.

그간 진보적임을 자처하는 인사들은 북한을 무조건 지원하여 경제상황이 호전되면 인권문제도 해결될 것으로 전망해 왔다. 그러나 북한이 개혁정책을 취하여 현재의 경제위기가 극복되더라도 중국과 베트남의 경험으로 봐서 인권상황이 나아질 것으로 낙관할 수만은 없다. 1978년에 개혁 · 개방정책을 취한 이후 최근까지 30년 이상 정치범 집단수용소(노동개조대, 노동교양소, 강제취업 등)를 유지해온 중국형보다 1986년에 도이모이 정책을 취하면서 2년 이내에 노동개조장(Trai Cai Tao Lao Dong)을 폐쇄시킨 베트남형이 되도록 유도해야 된다. 그리고 우리의 대북지원과 각종 개발사업이 그 지역주민들의 생존권을 위협하는 결과를 초래하지 않도록 감시 · 감독해야 된다.

북한의 인권문제는 구조적인 것으로 자체적 개선은 어려울 것이므로 외부의 개입(engagement)이 절대적으로 요청된다. 인권억압 국가였다가 인권신장 국가로 거듭난 사례들을 보면, 국가를 초월한 국제적 연대가 국내 저항세력들로부터 그 나라 내부의 정보를 얻고, 국제인권규범에 호소하고, 국제기구들과 자유국가들을 동원하여 그 억압국가를 다양한 방법으로 계속 압박해서 인권신장이 가능했다. 북한에서는 인권신장을 위해 그 무엇보다 북한 내부에 이런 저항세력이 형성되어야 하고, 국제적 연대가 형성되어 북한정부도 인정하고 있는 인권규범들에 호소할 수 있어야 된다. 그리고 궁극적으로는 변화를 추구할 수 있는 정치적 여지가 마련되고 확장되면서 인권이 일상사에서 쉽게 거론되고, 사회적 현안으로 부각될 수 있어야 인권이 신장된다.

2. 인권의 개념

돌쟁이 아기에게 어떤 물건을 쥐어 주면 무조건 입으로 가져간다. 아직 인식의 준거가 형성되어 있지 않아 눈으로 보아도 그것이 무엇인지 알 수 없어서 자신의 유일한 방법인 입으로 인식하려는 것이다. 이념적 편견이든 어떤 이유이든 인식의 준거가 마련되어 있지 않은 사람들이 북한의 인권문제를 이해하는 것도 이와 비슷할 것이다.

본 절에서는 북한의 인권상황과 인권현안들에 대해 논하기에 앞서 인권이 무엇이며, 어떻게 발전 혹은 변화되어 왔고, 북한을 비롯한 전 세계 모든 지역에 적용될 수 있는가를 살펴볼 것이다. 이는 북한의 인권문제를 관찰하는 데 필요한 눈과 평가하는 데 쓰일 잣대를 제공할 것이다.

인권(人權)은 '인간(人間)의 권리(權利)'로 한자 문화권에서는 영어의 '휴먼 라이츠(Human Rights, 인간의 권리들)', 혹은 라이츠 오브 맨(Rights of Man, 남자의 권리들), 프랑스어의 드롸 드 롬므(Droits de l'Homme, 남자의 권리들) 등 서양의 개념어를 번역한 것이다.

J. 도널리(Jack Donnelly)는 인권의 개념을 영어 라이츠(Rights)가 가지고 있는 2가지 의미, 즉 렉티튜드(rectitude, 올바름, 정직, 똑바름)와 인타이틀먼트(entitlement, 권리 · 자격의 부여)로 해석한다.[2] 프랑스어의 드롸(Droits)도 법, 권리 혹은 자격, 똑바름의 뜻을 가지고 있어서 영어의 라이츠(Rights)와 크게 다르지 않다. 따라서 인권이란 "인간이 부여받을 수 있는 정당한 권리 혹은 자격"이라고 말할 수 있다.

그러면 "인간은 왜, 어떤 권리를 부여받았으며, 어떻게 보장되어야 하는가?"라는 후속 질문을 제기할 수 있다.

먼저, "왜 인간이 그런 권리를 부여받았는가?"라는 원초적인 질문에 대해서는 시천주(侍天主) 사상, 즉 "인간이 한울님을 모시고 있는 가장 존귀한 존재이기 때문"이라든가 "인간을 그렇게 창조한 하느님의 뜻"이라는 등의 종교적 답변이 가능할 것이다. 아니면 '이성'과 '도덕'을 내세운 '인간 우월주의', 혹은 '인간 중심주의'에서 답을 찾을 수도 있을 것이다. 어느 쪽이든 반론의 여지는 있다. 특히, 인간의 권리가 다른 생명체의 권리를 침해해야 되는 상황에서는 "인간이 아닌 다른 생명체는 그런 권리

2 Jack Donnelly, *Universal Human Rights in Theory & Practice*, Second Edition (Ithaca: Cornell University Press, 2003), pp. 8-9.

를 부여받을 수 없는가?"라는 또 다른 원초적인 질문을 제기할 수 있다.

이와 관련하여 교부(教父) 철학자 토마스 아퀴나스(Thomas Aquinas, 1224년 혹은 1226년~1274년)처럼 성경의 '청지기론', 즉 "하느님이 인간에게 동 · 식물을 다스릴 권리를 주었기 때문에 인간이 동 · 식물을 먹을 수 있다."라고 주장하는 사람들도 있다. 이 '청지기론'을 반대로 해석하여 먹어서는 안 된다고 주장하는 생태론자들도 있다. P. 싱어(Peter Singer)는 모든 동물을 먹어서는 안 되는 것이 아니라 그 동물이 '의식'을 갖고 있는지 여부에 따라 결정해야 된다고 주장한다.[3]

인간에게 권리를 부여했다고 하여 다른 생명체의 권리를 함부로 침해해서는 안 될 것이다. 모든 생명체는 소중하므로 핍박하거나 함부로 해쳐서는 안 된다. 양자 간에 상충이 있을 때 이를 어떻게 극복할 것인가의 문제는 종교와 철학의 영역으로 생각되기에 이 책에서는 다루지 않을 것이다. 이 책에서는 "인간에게 부여되어야 할 권리"에 논의의 범위를 한정하고자 한다. 그리고 그 권리의 구체적 내용은 인류역사의 발전과 더불어 확대되어 왔기 때문에 역사적 맥락 속에서 논의되어야 할 것이다. 그런데 본 절에서는 인권에 관한 주요 문서들을 통해 인권개념이 어떻게 발전되어 왔는가를 간단히 살펴보고자 한다.

귀족권과 왕권의 긴장관계 속에서 봉건귀족의 자위적 수단으로 1215년에 탄생하게 된 〈마그나 카르타〉는 인신구속 문제를 다루고 있다. 이 문서를 통해 인권의 정치적 기초와 개인의 기본적 자유권에 대한 싹을 볼 수 있다.

1776년에 채택된 〈버지니아 권리장전〉은 "모든 사람은 태어날 때부터 자유롭고 독립해 있으며, 일정한 천부적 권리를 가진다. 이 권리는 그들이 사회를 조직함에 있어서 어떠한 계약에 의해서도 그들의 후손에게서도 박탈할 수 없다. 그러한 권리는 재산을 취득 · 소유하고 행복과 안녕을 추구 · 획득하는 수단을 수반해서 생명과 자유를 누리는 권리다."라고 천명하고 있다. 이 장전은 인권이 하늘로부터 부여받은 권리, 즉 인간이면 누구나 태어나면서부터 예외 없이 갖게 되는 권리이고, 그 권리는 대를 이어 보장되며, 권리의 구체적 내용으로 재산권, 행복 추구권, 생명권, 자유권을

3 Peter Singer, *Animal Liberation* (New York: Ecco Book/Harper Perennial, 2009).

제시한 것이다. 1776년 7월 4일에 공표된 미국의 〈독립선언〉은 평등권을 명시하며 이런 인권개념을 다시 천명하였다.

프랑스 대혁명의 〈인간과 시민의 권리선언〉(1789년 8월 26일)에는 자유권, 재산권, 안전권 그리고 압제에 대한 저항권이 명시되어 있다. 이 권리들은 1791년에 최초로 작성된 혁명헌법의 구성요소가 되었으며, 이후 모든 시민국가의 정상적인 헌법에 포함되었다. 이는 1793년의 쟈코뱅헌법으로 이어지는데, 자유권, 평등권, 안전권, 재산권, 언론과 집회의 자유, 노동과 거주의 권리, 교육의 권리, 입법에 참여할 권리, 혁명의 권리 등이 명시되었다. 이는 그 후 모든 기본권 규정의 바탕이 되었다. 특히, '가난한 사람의 사회적 보장'이 사회의 '신성한 의무'라고 규정하여 사회권의 효시가 되기도 한다.

1918년 7월 19일에 채택된 소비에트러시아 헌법은 노동자와 착취받는 사람들의 권리 선언을 내놓았으나 행동 프로그램 이상의 의미를 지니지는 못했다.

1919년에 채택된 바이마르 헌법을 통해 인간의 자유가 국가권력의 지나친 통제로부터 개인이 자유로워야 하는 것뿐만 아니라 경제적 · 사회적 권력에 대한 개인의 권리 보장도 의미하게 되었다. 이 헌법은 광범위한 기본권 규정과 함께 사회적 기본권도 프로그램 형태로나마 포함하고 있다. 그러나 동시에 기본권에 대한 제한 규정도 두고 있다.

그러다가 제2차 세계대전을 치르면서 인류는 인권에 대한 인식에 혁신적인 변화를 겪게 된다. 1948년 12월 10일에 〈세계인권선언(Universal Declaration of Human Rights)〉을 유엔총회에서 채택하면서 현대적 의미의 인권이 포괄적으로 천명되었다.

유엔헌장 제68조에는 경제사회이사회가 '인권신장을 위한 위원회'를 설치하도록 규정되어 있다. 이 규정에 따라 인권위원회가 구성되어 〈세계인권선언〉을 기초하였다.

〈세계인권선언〉은 다양한 성격의 권리들을 융합하고 있다. 제1조는 강령적 선언으로 "모든 인간은 태어날 때부터 자유로우며, 그 존엄과 권리는 동등하며, 인간은 이상과 양심을 부여받았으므로 형제애의 정신으로 행동해야 된다."라고 밝히고 있다. 제2조는 평등과 비차별의 일반원칙을, 제3~20조는 전통적 권리와 자유(3~5조 신체보전권, 6~12조 법적 권리, 14조 피보호권, 16조 가족권, 17조 재산권, 18조 사상 및 종교의 자유, 19조 표현의 자유)에 대하여, 제21조는 정치참여권, 제22~27조는 경제 · 사회 · 문화권, 제28조는 이상적 평등에 관한 규정을 담고 있다.

그런데 이 〈세계인권선언〉은 법적 구속력이 없이 권고형식을 취하고 있어서 구속성에 한계가 있고, 심지어 각 권리들 간에 충돌되는 측면도 있어서 실제 적용에 문제가 없지도 않다. 그러나 경제 · 사회권을 포함시킨 점은 인권 발전사에 중요한 의의를 갖는다.

3. 인권의 역사

인권의 역사는 크게 세 가지 시각에서 이야기할 수 있다. 즉, 인권 개념의 발전사로 볼 수도 있고, 역사적 대사건들 속에서 인권문제가 어떻게 다루어졌는지를 통해서도 볼 수 있다. 그리고 이 두 가지 발전의 누적된 결과라고 볼 수 있는 인권보호의 제도와 기구, 즉 메커니즘의 발전사라는 관점에서도 접근할 수 있다.

'인권 개념의 발전사'는 1, 2, 3세대로 나누어 접근하는 것이 일반적이다. 제1세대는 '소극적' 인권으로, 국가로부터 개인의 자유가 침해받지 않는 시민적 자유(자유권)를 말한다. 제2세대는 '적극적' 인권으로, 경제적 · 사회적 권리(평등권)를 말하며 노동권, 사회보장권이 이에 해당한다. 제3세대는 발전권, 평화권, 환경권 등으로, 집단권(연대권)을 의미한다.

제1, 2세대 인권은 국제법상 구속력이 있는 무수한 국제협약 문서에 반영되어 있다. 그러나 제3세대 인권은 법적 지위도 없을뿐더러 정치적 선언으로도 존재하지 않는다. 유엔총회와 국가 간 결의를 통해 지지는 받았지만, 국제조약에 포함되지는 않았다. 이렇게 약한 법적 기반 때문에 모두에게 영향을 미칠 수 있을 정도는 못 된다.

'인권보호 메커니즘의 발전사'는 '국가'와 '인권' 간의 관계, 즉 국가가 자국민의 인권 수호자이면서 동시에 억압자인 이중성을 갖는데, 수호자의 역할을 키우고 억압자의 역할을 견제하는 제도적 장치의 발전사라 하겠다. 본 절에서는 현재의 인권보호 메커니즘이 탄생하기까지 인류가 경험하게 된 역사를 간단하게 짚어 보고자 한다.

인류공동체의 개별 구성원들을 권리침해로부터 보호하고자 하는 메커니즘들은 인류공동체의 역사 속에 계속 존재해 왔다. 그런데 동서고금을 막론하고 인류는 그 공동체의 통치체계를 운영하면서 '보호'와 '충성'이라는 양면성을 보여 왔다. 즉, 국가와 그 국가를 운영하는 정부나 지도자는 주변의 유해한 것들로부터 자국민이 존속할 수 있도록 보호해 주지만, 동시에 그 자국민은 지도자의 명령에 복종해야만 보호와 번영을 누릴 수 있었다.

국가는 다양한 공동체들 간에 끝없이 벌어지는 자원획득 투쟁에서 구성원들의 이익을 증진시키기 위해 잘 갖추어진 조직체이다. 동시에 그 국가는 오늘날 북한에서 벌어지고 있는 바와 같이 구성원들에게 삶과 안녕에 치명적인 위협을 가할 수도 있다. 인권은 국가의 이 상반된 두 가지 측면 간의 긴장을 극복하는 데 변증법적인 기능을 가지고 있다. 즉, 인권은 인간을 지켜줄 수 있는 국가권력의 권능이나 힘과 그 국가권력으로부터 인간이 보호받는 것 간의 대립을 극복하고 화합을 유도하기 위해 설계된 것이다.

그런데 유럽에서 인권을 위한 '국가권력의 국제적 통제'가 늦어진 이유로 C. 토무샷(Christian Tomuschat)은 세 가지를 든다.

첫째, 기독교적 믿음(faith)에 기초한 자인종 중심주의(ethno-centrism)와 군주주권(royal sovereignty)은 유럽에 공통가치의 토대가 되어 이웃 국가 사람들의 권리를 보호하기 위해 행동을 취할 필요를 못 느끼게 했으며, 국가가 허락한 교의(教義, creed)와 다른 신앙을 가진 사람들에게 관대한 분위기를 형성하지 못하게 했다. 그리고 다른 세계를 무시하게 했다.

〈30년전쟁〉을 비롯하여 16세기, 17세기에 유럽에서 있었던 종교전쟁들과 같은 '인도주의적 개입'도 애타적(愛他的) 지원이라기보다는 어떤 기준도 없이 제국주의적 녹석을 위해 임의적으로 감행했던 것으로 토무샷은 평가하고 있다.[4]

헨리 4세가 1598년 4월 13일에 공포한 낭트칙령(l'Edit de Nantes)은 프랑스의 신교(新教) 위그노파 교인들(Huguenots)에게 광범위한 종교의 자유를 허용한 것이

---

4 Christian Tomuschat, *Human Rights Between Idealism and Realism*, Second Edition (Oxford: Oxford University Press, 2008), p. 8.

다. 이 칙령으로 위그노들은 파리를 제외한 프랑스 전 지역에서 공공예배를 볼 수 있게 되었으며, 완전한 시민권도 얻게 되었다. 그리고 위그노들과 구교도들로 이루어진 칙령법원(Chambre de l'Édit)을 만들어 이 칙령으로 인해 일어날 수 있는 분쟁들을 해결하도록 했다. 그뿐만 아니라 이 칙령으로 위그노파 목사들은 국가에서 급료를 받게 되었고 의무도 일부 면제되었다. 그리고 위그노들이 칙령 공포 8년 전부터 장악하고 있던 요새들을 계속 그들이 차지하면서 요새 수비 비용은 왕이 지불하게 되었다.

그러나 이 칙령은 교황 클레멘스 8세, 프랑스의 로마가톨릭 성직자들, 고등법원 등의 커다란 불만을 샀다. 구교도들은 칙령을 매우 제한적인 의미로 해석하려 했다. 뒤에 리슐리외(Richelieu) 추기경은 낭트칙령에서 정치에 관련된 조항들을 국가에 위험하다고 여겨 1629년에 알레칙령(l'Édit d'Alais)으로 그 조항들을 무효화시켰다. 그리고 마침내 루이 14세가 1685년 10월 18일에 낭트칙령을 완전히 철회하여 위그노의 모든 종교적 · 시민적 자유가 박탈되었다. 그러면서 40만 명 이상의 위그노들이 영국, 프러시아, 네덜란드, 미국 등으로 피신하였다.

그런데 당시 유럽의 주변 국가들은 위그노들을 받아들이고 특히, 프러시아는 자국의 발전에 그들의 지식과 숙련기능을 적극 활용하기까지 했지만, 이 낭트칙령 철회를 단지 프랑스 정부의 정책 변화로만 보고 다른 나라들이 간섭할 수 없는 문제라고 생각하였다.

둘째, 모니터링 기능을 위한 기관이 없었다. 이를테면 신성로마제국은 제국 내에 한정되었고, 그나마 1806년에 붕괴되었다. 1815년에 비엔나 평화회의에 따라 오스트리아, 프랑스, 영국, 프러시아, 러시아가 가입한 신성동맹(Holy Alliance)은 제국주의적 민족주의가 등장하면서 해체되기 시작했다. 이 신성동맹은 군주제의 정통성을 민주세력의 도전으로부터 지켜 주는 방패가 되기도 했지만, 1866년에 오스트리아와 프러시아가 전쟁을 함으로써 완전히 고사해 버렸다.

셋째, 인권에 대한 국제적 보호와 국내적 보호가 분리될 수 없고, 인권이 국가권력에 대적하며 성장해 왔기 때문이다.[5] 사실, 국가체계가 독재자의 철권통치나 비이

---

5 *Ibid.*, pp. 9-10.

성적인 무정부세력의 공격으로 무너져 내렸을 때 이에 대응하기 위해 '국가권력의 국제적 통제'에 대한 사상들이 일시적으로 등장하기도 했다. 그러나 인권은 국제 수준 이전에 국가 수준에서 먼저 헌법의 전문(前文)이나 조항을 통해, 헌법의 정신이나 구체적 규정으로 받아들여져야 된다. 그런데 1871년 헌법에 기초한 독일제국이나 1891년의 프랑스 제3공화국은 시민의 근본적 권리들을 다룬 어떤 구절도 헌법에 두지 않았다. 제1차 세계대전 이후에 와서 개인의 특정 기본권들을 존중하고 보장하라고 지정하며 정부의 역할을 보다 정교하게 정의할 필요가 있다는 것을 일반적으로 인식하게 되었다.

이런 측면에서 보면 인권은 '인간존중' 사상이 확산되는 한편, 국가권력에 대한 통제가 진전되면서 신장될 수 있었다. 그런데 이 인간존중 사상은 문화권마다 태고(太古) 이래 있었고[6], 인권 개념은 근대(modern) 이전에 태동되었다. 그러나 '국가권력의 통제'라는 측면에서 인권의 역사는 유럽에서도 아주 짧다. 특히, 국가권력의 범위와 적용방법에 대한 통제라고 볼 수 있는 법치(法治, rule of law)가 인권과 불가분의 관계를 갖고 있다는 점에서 더욱 그러하다. 심지어 조선에서는 『경국대전』이 1471년에 만들어진 데 비해 유럽에서는 나폴레옹 민법(Code Napoléon)이 1804년에 만들어졌을 정도로 특정 기본권의 경우, 유럽은 조선보다도 더 늦었다. 그러나 오늘날 유럽의 역사적 맥락 속에서 태동하여 신장되어 온 인권이 보편성을 갖게 된 것은 단순히 비서구지역에 대한 '서구 제국주의자들의 강압'에 의해서가 아니라 종교, 문화, 역사를 달리하더라도 그 지역의 호응성이 있기 때문이다.

4. 보편성과 불가분성

이상 살펴본 바와 같이, 인권의 역사는 주로 서양의 역사, 기독교 문명권의 역사

6 그 대표적 예로 고조선의 건국이념인 홍익인간 사상, 즉 '홍익인간 이화세계(弘益人間 理化世界)'를 들 수 있다.

와 궤를 같이해 왔다. 그래서 '인권'이 인류 모두에게 적용될 수 있는 보편적인 것이 아니라 서양의 개인주의적 가치에 기초한 기독교 문명권의 자인종 중심주의의 결과물이라고 폄하하기도 한다. 인권의 보편성에 대해 비판적인 사람들은 심지어 "보편성이란 제2차 세계대전 이후 서구 국가들이 인권 담론을 지배해 오면서 만들어 낸 환상이며, 문화제국주의를 위한 하나의 이데올로기적 위장술일 뿐"이라고 주장하기도 한다. 그들은 "인권 개념이 서구의 자유주의적 개인주의에서 비롯된 것이며, 다수의 비서구 문화에서는 그 뿌리를 찾을 수 없다."라고까지 주장한다. 그러나 문화권을 달리해도 '인간'에 대한 존중은 공통적으로 있어 왔다. 그리고 '인권의 보편성'에 대한 비판론자들은 비서구 문화권을 다루면서 다양한 도덕 개념들을 인권 개념으로 발전시킬 수 있는 역량에 대해 과소평가하고 있다.

아시아 지역에서는 정부와 비정부기구(NGO)들 간에 인권문제에 대한 현저한 인식의 차이를 보이고 있다. 예를 들어, 1993년 〈인권에 관한 아시아 · 태평양 지역 정부 선언〉에서 참여국의 정부들은 '〈유엔헌장〉과 〈세계인권선언〉에 담겨 있는 원칙들에 대한 공약을 재확인'하면서 유엔 체계의 민주화에 대한 긴박한 필요성을 강조하였다. 그리고 "개발지원의 조건으로 인권문제를 이용하는 것을 억제한다."라고 천명하면서, "국민주권과 국토보전에 대한 존중, 국가내부 문제에 대한 불간섭, 인권문제를 정치적 압력수단으로 사용하지 못한다."라는 등의 원칙을 강조하였다. 아울러 모든 인권의 보편성, 객관성, 비선택성과 더불어 이중 기준의 적용을 피할 필요성도 강조하였다. 특히 제8항에서, "인권은 그 성격상 보편적인 것이지만, 국가(nation) 및 지역의 특수성과 다양한 역사적 · 문화적 · 종교적 배경을 유념하여, 국제적 규범설정(norm-setting)의 동태적 진화 과정의 맥락에서 고려되어야 한다."라고 천명하였다.

그러나 비정부기구들은 〈1993년 인권에 관한 아시아 · 태평양 지역 비정부단체 선언〉에서 인권의 보편성과 불가분성 문제에 대해 상반된 견해를 제시했다. 먼저 보편성 문제와 관련하여, "보편적 인권 기준은 많은 문화에 그 뿌리를 두고 있다."라고 전제한 뒤, "인권이라는 것은 보편적 관심사이고, 가치에 있어서도 보편적인 것이기 때문에 인권 옹호가 국민주권에 대한 침해로 간주될 수 없다."라고 천명하였다. 그리고 불가분성 문제와 관련하여서는 "우리는 제 인권의 불가분성과 상호의존성의 원칙에 대한 우리의 책무와, 인권들이 시민적, 정치적, 경제적, 사회적, 혹은 문화적이라는 것을 확인한다."라고 하면서 "한 세트의 권리가 다른 것을 위한 흥정에 사용될 수는 없다."라고 주장하였다.[7]

서방세계는 1993년에 세계인권회의(World Conference on Human Rights)에서 채택한 〈비엔나 선언 및 행동강령(Vienna Declaration and Programme of Action)〉을 통해 비정부기구들의 입장을 지지하였다. 특히, 이 〈비엔나 선언 및 행동강령〉 제5조에 "모든 인권은 보편적이고, 불가분이며, 독립적이고, 상호의존적이며, 상호 연관되어 있다. 국제공동체는 인권을 총체적으로 공정하고 동등한 방법으로, 동일한 토대에서 동일하게 강조하며 다루어야 한다. 국가적 · 지역적 특수성의 의미와 다양한 역사적 · 문화적 · 종교적 배경은 반드시 유념해야 되지만, 국가들이 그들의 정치적 · 경제적 · 문화적 체계와 상관없이 모든 인권과 근본적 자유를 신장하고 보호하는 것은 의무다."라고 규정하였다.[8]

이와 같은 양자 간의 대립구도 속에서 북한정부는 전자의 입장을 취하고 있다. 북한정부는 1970년대부터 인권은 "인민이 응당 가져야 할 정치적, 경제적, 문화적 및 사회적 제반권리"라고 하면서도 "계급적 원쑤들에게는 철저한 독재를 실시하는 것이 인권"이라며 보편성을 부인하고 있다.[9] 아울러 국제사회에 특정한 인권기준이 있을 수 없기 때문에 "우리에게는 우리 식의 올바른 인권기준이 있다."라며 보편적 인권기준을 부인하고 있다. 북한정부는 그 연장선에서, "지구상의 모든 나라들은 각이한 전통과 민족성, 서로 다른 문화와 사회발전력사를 가지고 있으며 매개 나라의 인권기준과 보장형태도 해당 나라의 구체적실정에 따라 서로 다르다."라며 문화적 상대주의를 상소하고 있다.[10]

---

7 "Our Voice: Bangkok NGO Declaration on Human Rights. Bangkok," *Asian Cultural Forum on Human Rights*, 1993.

8 United Nations, *World Conference on Human Rights: The Vienna Declaration and Programme of Action*, June 1993, New York, UN, 1993.

9 『정치용어사전』(평양: 사회과학출판사, 1970), 718쪽.

10 「로동신문」, 2001년 3월 2일.

북한정부는 1990년대에 '서방식 인권'과 구별되는 '우리식 인권'의 기준으로 김일성이 「워싱턴 타임즈」와 한 인터뷰에서 밝힌 "인민이 좋아 하고 그들의 리익에 부합되는 것"이라고 천명하고 있다. 아울러 인권문제에 대한 국제사회의 개입을 무가치한 것으로 만들기 위해 "인권은 정치, 경제, 사상문화를 비롯한 사회생활의 모든 분야에서 인민들이 행사하여야 할 자주적권리", "자주적으로, 창조적으로 살며 발전하려는 사회적 인간의 신성한 권리"라고 규정하고 있다. 그뿐만 아니라 북한정부는 "인권은 하늘이 주는 행운이 아니다."라며 '인권 천부설'도 부인하는 측면이 있으며, 관할권 내에 있는 인민들이 권리를 향유할 수 있도록 국가가 법적 · 제도적 · 물질적 조건을 구비해 줄 때 인권이 보장된다고 주장하고 있다.[11]

비단 북한만이 아니라 인권의 보편성을 부정하는 모든 국가에게 다 해당되겠지만, 북한처럼 유엔의 인권체계가 갖추어진 뒤에 유엔 회원국이 된 경우에는 유엔이 천명한 인권 개념과 규정들을 수용한 것을 기본 전제로 한다. 그리고 다음 장(章)에서 소개할 북한의 인권실태는 북한당국이 천명한 '우리식 인권'의 기준도 충족시키지 못할뿐더러, "인민이 좋아 하고 그들의 리익에 부합되는 것"이라고 결코 말할 수 없다.

---

11 「로동신문」, 2001년 6월 24일.

제2장

북한 인권문제의 주요 현안들

1. 식량권

우리는 언론보도를 통해 북한의 식량사정이 어려운 것을 자주 접하게 된다. 언론을 통해 1990년대 말에는 북한 · 중국 접경지역에서 아사자들의 시신을 보기도 했고, 살아남기 위해 장마당에서 훔쳐 먹고 주워 먹는 '꽃제비 소년', 벌판에서 풀을 뜯어먹는 '토끼풀 소녀'를 최근까지 접하기도 했다.

그런데 왜 북한의 식량사정이 이와 같이 심각하고, 북한 일반주민들의 식량권 침해가 어떻게 발생하고 있는지에 대해서는 알 수 있는 기회가 많지 않다. 일부 진보적임을 자처하는 사람들은 북한의 식량권 문제를 북한 인권문제의 대표적 현안으로 거론하며, 그 원인을 한국과 미국의 반북한 · 봉쇄정책에서 찾는다. 그리고 그들은 북한의 인권현안들 대부분이 식량부족 때문에 발생한 것들이므로 북한에 식량을 무조건 지원해 주어서 형편이 나아지면 모든 인권문제가 자연히 해결될 것이라고 주장하고 있다. 김대중 정부, 노무현 정부의 대북 지원은 이런 논리에 기초하고 있었다.

그런데 대한변호사협회의 의뢰로 2010년에 실시한 200명의 탈북자 인터뷰에서 2007년 이후에 자신이 살던 곳에서 굶어 죽은 사람이 있었느냐는 질문에 37.1%가 그렇다고 답했다.[12] 2012년에 101명의 탈북자들에게 2009년 이후에도 아사자가 있었느냐고 한 질문에 39.6%가 그렇다고 답하였다.[13] 인터뷰 대상자가 소수이고, 지역 · 연령 · 성비 등 대표성을 고려한 표본 선택이 아니어서 정확한 의미나 전체적인 추세를 파악할 수는 없지만 식량난이 여전히 심각하다는 것은 알 수 있다.

FAO(식량농업기구)와 WFP(세계식량계획)의 2012년 11월 공동조사보고에 의하면, 식량소비점수로 보았을 때 북한주민들의 식량소비 내용은 37%가 양호하고, 26%가 열악하며, 나머지 37%는 경계선에 있는 것으로 평가되었다(그림 2-1 참조).[14]

---

12 『2010 북한인권실태 조사 보고서』, (발주기관: 대한변호사협회, 수행기관: (사)북한민주화네트워크, 2010년 5월 12일), 42쪽.

13 대한변호사협회, 『2012 북한인권실태조사 보고서』, (발주기관: 대한변호사협회 북한인권소위원회, 수행기관: (사)북한인권정보센터, 조사기간: 2012년 1월~3월), 78쪽

14 식량소비점수(Food Consumption Score, FCS)는 1주일간 소비한 식량에 일정한 가중치를 주어서 이를 합산한 것이다. FCS=2×(곡물)+3×(두류)+1×(야채)+1×(과일)+4×(육류, 어류, 달걀)+0.5

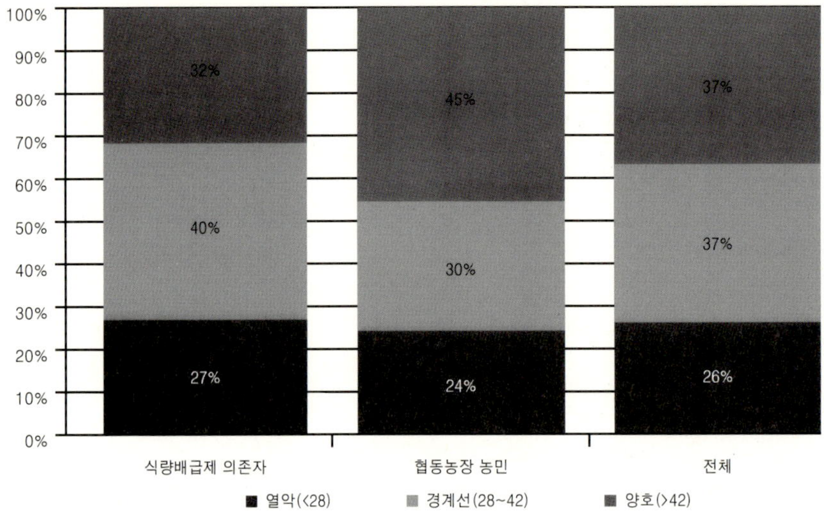

그림 2-1 식량소비점수로 분류한 북한주민들의 식량소비계층 구분

출처: *FAO/WFP Crop and Food Security Assessment Mission (2012. 11)*, 김영훈 정리, 「최근 북한 주민의 식량소비 및 영양 상황」, 한국농촌경제연구원, 『KREI 북한농업동향』, 제15권 제1호(2013. 4), 8쪽.

FAO/WFP 공동조사에서 북한 주민들은 식사를 건너뛰거나 적게 먹고, 배급에 의존하는 주민들의 경우 90% 이상이 충분한 식사를 못 하는 것으로 나타났다.

〈그림 2-2〉의 9가지 질문을 이용한 〈가구 식량불안 측정지표(Household Food Insecurity Access Scale)〉로 분류한 네 부류의 식량 부족 수준(심각한 부족, 보통 부족, 경미한 부족, 안정)으로 북한 가구들을 분류했을 경우, FAO/WFP 조사단이 인터뷰한 95가구 중에서 '안정'으로 분류된 가구는 7%에 불과했다.

북한정부가 2008년에 실시한 인구조사에 의하면 북한 인구는 2334만 9859명(시 · 도 지역별 인구 합계) 혹은 2405만 2231명(연령별 인구 합계)으로 집계되었다.[15] FAO와 WFP에서 규정하는 최소 소요량을 적용할 경우 북한의 최근 식량수급

×(지방)+0.5×(당분) 28점 미만은 열악, 28점 이상~42점 미만은 중간, 42점 이상은 양호한 것으로 평가한다. *FAO/WFP Crop and Food Security Assessment Mission (2012. 11)*, 김영훈 정리, 「최근 북한 주민의 식량소비 및 영양 상황」, 한국농촌경제연구원, 『KREI 북한농업동향』, 제15권 제1호(2013. 4), 7쪽.

15 한국농촌경제연구원, 『KREI 북한농업동향』, 제12권 제1호(2010년 4월), 6쪽.

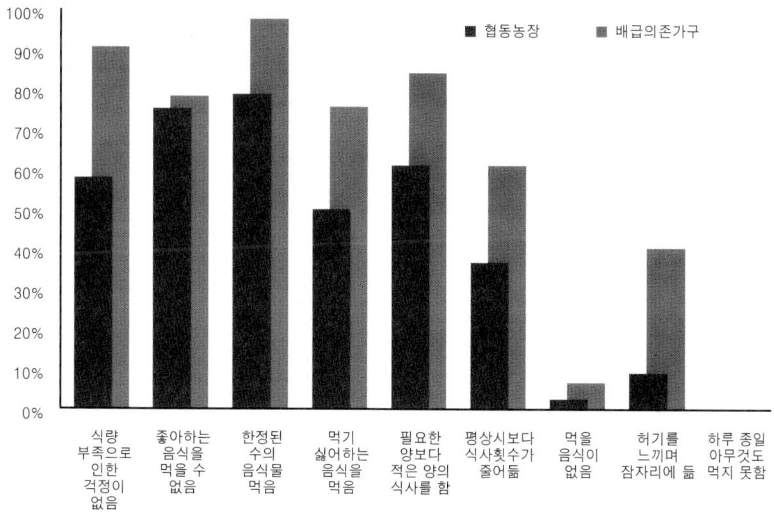

그림 2-2 북한 주민이 느끼는 식량사정

출처: *FAO/WFP Crop and Food Security Assessment Mission (2012. 11)*, 김영훈 정리, 「최근 북한 주민의 식량소비 및 영양 상황」, 한국농촌경제연구원, 『KREI 북한농업동향』, 제15권 제1호(2013. 4), 9쪽.

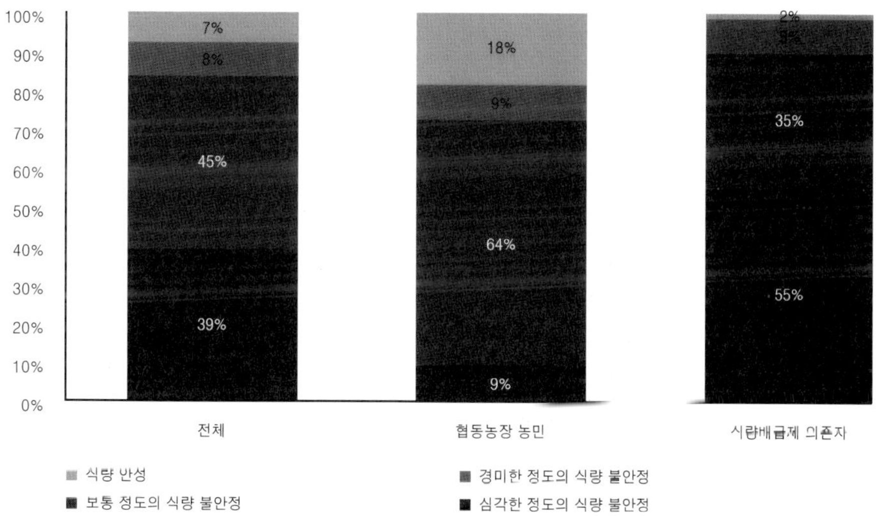

그림 2-3 북한 가구의 식량불안정 수준

출처: *FAO/WFP Crop and Food Security Assessment Mission (2012. 11)*, 김영훈 정리, 「최근 북한 주민의 식량소비 및 영양 상황」, 한국농촌경제연구원, 『KREI 북한농업동향』, 제15권 제1호(2013. 4), 11쪽.

표 2-1 북한의 식량수급 추이

(단위: 만 톤)

구분	생산량①	도입량②	최소 소요량③	과부족량
2004/05	431	115	515	+31
2005/06	454	35	518	-29
2006/07	448	75	521	+2
2007/08	401	27	523	-95
2008/09	431	[20]	526	[-75]
2009/10	411	[32]	529	[-86]
2010/11	[425]	[20]	531	[-86]
2011/12	[465.7]	[32.5]	[539.6]④	[-41.4]

주: ① 2008/09년까지는 농촌진흥청 자료, 2009/10년은 FAO/WFP 자료 ② 2007/08년까지는 WFP자료, 2008/09~11년은 상업적 수입(중국)과 국제기구 지원분 ③ FAO/WFP의 1인당 소요량을 북한인구(통계청)에 적용 ④ 인구 2457만 명으로 계산 ⑤ [ ]는 추정치 및 계획.

출처: 2010/11년까지는 『KREI 북한농업동향』 제13권 제4호(2012. 1), 6쪽. 2011/12년은 『KREI 북한농업동향』 제14권 제2호(2012. 7), 24쪽.

현황은 〈표 2-1〉과 같다.

2007년까지 최소 소요량을 기준으로 할 때 북한의 식량은 일정 수준의 수급균형을 이루고 있었다. 이는 대북 비료지원과 양호한 기상조건으로 북한의 국내 식량생산이 호조를 보였기 때문이다. 그리고 WFP 통계에 따르면 2000년대에 들어와서 연 평균 97만 톤, 특히 2005년까지는 연 평균 110여 만 톤의 식량이 한국과 국제사회로부터 지원되었다.[16] 그러나 국내생산과 외부지원이 감소함에 따라 2007년 이후부터는 다시 식량부족 현상이 확대되었다.

〈표 2-2〉의 2012/13년도 식량수급은 2010~2012년도에 비해 많이 호전되었다. 특히 2012년 가을에는 작황이 호전되어 하루 세끼 식사를 한 사람이 조사자의 81.2%로 전년 대비 5.8% 상승하기도 하였다.[17] 그러나 이는 일시적인 현상이고, 2011~2013년 기간의 영양실조 비율은 31%로 아시아 34개국 중에서 가장 높은 것

16 한국농촌경제연구원, 『KREI 북한농업동향』, 제13권 제4호(2012. 1), 6쪽.

17 서울대학교 통일평화연구원이 실시한 '2013년 북한이탈주민의 통일의식과 북한사회변동조사', 「내일신문」, '북주민 80%, 작년 세끼 식사했다', 2013년 8월 29일.

표 2-2 북한의 2012/13, 2013/14 양곡연도 식량수급 현황

(단위: 천 톤)

2012/13년 2013/14년	쌀(정곡)①	옥수수	맥류	기타	감자②	대두③	합계
국내공급량	1,769	2,285	160	59	449	200	4,922
	1,915	2,247	105	66	501	196	5,030
가을수확 작물생산	1,769	2,040		59	84	200	4,152
	1,915	2,002		66	135	196	4,314
겨울/봄 작물생산			160		315		475
			105		316		421
경사지 생산량		220					220
		220					220
텃밭 생산량		25			50		75
		25			50		75
총 소비량	1,859	2,526	247	83	449	265	5,429
	1,930	2,413	194	65	501	266	5,369
식용	1,482	1,976	215	74	304	247	4,298
	1,587	1,914	167	56	342	248	4,314
사료용		100			20		120
		100			20		120
종자용	56	62	16	3	65	8	210
	56	62	16	3	64	8	209
수확 후 손실	265	306	16	6	60	10	398
	287	337	11	7	75	10	440
비축량	55	82	0	0	0	0	137
2013/14년 항목 없음							
수입 필요량	89	241	87	24	0	65	507
	16	166	89	0	0	70	340
상업적 수입량							300
							300
실질 부족분							207
							40
지원물량							35
2013/14년 항목 없음							

주: ① 쌀은 도정률 66% ② 감자는 25% 전환율을 적용해 곡물상당치로 환산 ③ 대두는 120%의 전환율을 적용해 곡물상당치로 환산.

출처: 『KREI 북한농업동향』 제14권 제4호(2013. 1), 14쪽과 『KREI 북한농업동향』 제15권 제4호(2014. 1), 18쪽을 기초로 오류 수정 후 재작성.

으로 나타났다.[18]

그런데 북한의 기아사태는 곡물 생산량의 감소로 인한 식량부족 때문이기도 하지만, 식량이 특정 인구에게 배급되지 않았기 때문에 발생한 측면이 더 강하다.[19] 대규모의 아사자와 식량난민이 발생하는 사회에서 기근의 원인은 식량 총공급량의 감소(Food Availability Decline: FAD)에만 있는 것이 아니다. 그보다는 식량권 부여의 감소(Food Entitlement Decline: FED), 즉 식량을 획득할 수 있는 권리 혹은 가능성의 감소에 더 큰 원인이 있다.[20] 북한의 식량문제와 관련하여 현재까지 식량 총공급량의 감소에만 지나치게 역점을 두고 식량권 부여의 감소에 대해서는 등한시하여 문제의 진정한 성격과 원인을 파악하지 못한 측면이 있다.

북한 일반주민들의 '식량권 부여의 감소'는, 불안정적이고 배급 양도 적은 식량배급제에 의존하는가, 협동농장 농민같이 식량생산지에 가까이 있어서 혜택을 받을 수 있는가에 따라 다르게 나타나고, 구체적인 맥락에서는 다양한 원인들이 작용하고 있다. 그런데 대한변호사협회의 의뢰로 2006년부터 2012년까지 2년 간격으로 실시한 탈북자 인터뷰 조사[21]에 의하면, 성분에 따라 식량권 부여의 감소 혹은 증가의 정도가 정해지는 것으로 나타났다. 이 성분은 3계층 51개 부류에 기초한 계급차별정책에 의해 형성된 것이므로 '식량권 부여의 감소'는 결국 계급차별정책에 근본원인이 있다고 볼 수 있다. 그리고 1990년대 중 · 후반에 식량난으로 아사자와 탈북자가 양산된 것이 사실이지만, 그들의 절대다수는 북한사회의 취약계층에 속해 있었고, 이 사

18 FAO가 2013년 10월 1일에 발표한 '2013 세계 식량불안 상황' 보고서. 「연합뉴스」, 2013년 10월 1일.

19 Jean-Fabrice Piétri, "The Inadequacies of Food Aid In North Korea," Summary of Comments (Plenary Session II), *IVth International Conference on North Korean Human Rights and Refugees*, Prague, March, 2003.

20 오늘날 기근의 원인을 설명하는 데 두 부류의 접근방법이 사용된다. 그 한 부류의 접근방법은 식량 총공급량의 감소에서 원인을 찾는 것이고, 다른 한 부류의 접근방법은 식량권 부여의 감소에서 원인을 찾는 것이다. 정광민, 『북한기근의 정치경제학 - 수령경제 · 자력갱생 · 기근 -』, 시대정신, 2005.

21 『북한인권 실태조사 보고』, (발주기관: 대한변호사협회 북한인권소위원회, 수행기관: 북한인권정보센터), 2006년 10월 20일; 『2008 북한인권실태 조사보고서』, (발주기관: 대한변호사협회, 수행기관: (사)북한민주화네트워크), 2008년 4월 17일;『2010 북한인권실태 조사 보고서』(발주기관: 대한변호사협회, 수행기관: (사)북한민주화네트워크, 2010년 5월 12일); 대한변호사협회, 『2012 북한인권실태조사 보고서』(발주기관: 대한변호사협회 북한인권소위원회, 수행기관: (사)북한인권정보센터, 조사기간 2012년 1월~3월).

표 2-3 주민성분 조사사업

사업 명칭	시기	내용
중앙당 집중지도	1958년 12월~ 1960년 12월	불순분자 색출처단 및 산간벽지 강제이주
주민재등록	1966년 4월~ 1967년 3월	100만 적위대의 무장을 위한 주민성분 분류(직계 3대, 처가와 외가 6촌까지 내사)
3개 계층 51개 부류로 구분	1967년 4월~ 1970년 6월	주민등록사업 결과를 토대로 전 주민을 핵심계층, 동요계층, 적대계층으로 구분, 이를 다시 세분하여 51개 부류로 재분류
주민 요해 사업	1972년 2월~ 1974년	남북대화와 관련, 주민동태를 조사·파악하여 전 주민을 믿을 수 있는 자, 반신반의자, 변절자로 구분
공민증 검열사업	1980년 1월~ 1980년 12월	김정일 지시로 공민증 대조 및 갱신으로 불순분자 색출과 통제 기능 강화
외국 귀화인 및 월북자 등에 대한 요해사업	1980년 4월~ 1980년 10월	월북자 등 외부에서 입북한 자들을 13계층으로 구분, 감시자료를 체계화
북송 재일교포 요해사업	1981년 1월~ 1981년 4월	북송교포들에 대한 자료를 세분하여 동향감시 자료를 체계화
공민증 갱신사업	1983년 11월~ 1984년 3월	공민증 갱신 및 주민문건 정비
주민등록에 대한 재조사가 있었던 것으로 추정됨①	1990년 대 초	이 조사가 실시된 후, 많은 주민들이 체포되어 수용소로 보내진 것은 중·동부유럽에서 공산주의체제가 붕괴된 직후인 1990년대 초에 내부통제를 강화하기 위한 시도로 보임

주: ①은 김용 등, 탈북자들의 증언을 토대로 한 추정.
출처: 통일부, 『95 북한개요』, 통일부, 1995, 275쪽.

회적 취약계층은 계급차별정책의 결과로 생긴 것이다.

북한사회는 1958년 이후 '사회주의적 생산관계의 유일적 지배'와 '전 주민의 사회주의 프롤레타리아화'를 추구하면서 모든 주민을 '붉은계급'으로 만들기 위해서 주민들을 분류하여 '반혁명분자들'을 제거했다. 그런 목적에서 노동당은 1966년 4월부터 1967년 3월까지 '주민재등록사업'을 실시하였다. 이어서 1967년 4월부터 1970년 6월까지 '주민재등록사업'의 결과를 토대로 전 주민을 3계층 51개 부류로 분류하였다. 이때 북한당국은 핵심계층을 87만 가구의 391만 5000명, 동요계층을 70만 가

구의 351만 명 그리고 적대계층을 173만 가구의 793만 5000명으로 집계하였다.[22]

북한당국은 그 어떤 계급차별제도의 존재도 부정하지만, 탈북자들은 한결같이 이 제도의 존재와 지속적인 이용에 대해 증언하고 있다. 〈표 2-3〉에서 보는 바와 같이 북한의 정부와 당은 수차례에 걸쳐 주민들의 가족배경을 조사하였다.

3계층 51개 부류에 따른 사회적 계급 분류는 1960년대에 실시된 주민등록에 기반을 둔 것인데다가 주요 변수가 일제치하와 6 · 25전쟁 시 정치적 활동에 기초한 것이기에 오늘날에는 무의미하다고 볼 수 있다. 이 계층의 사람들은 이미 죽었거나 사회활동이 가능한 연령을 넘어섰다. 그렇지만 이 계급차별정책이 불평등의 제도화를 초래했고, 그것은 현재까지도 지속되고 있다. 이러한 계급정책은 국제인권규범들, 특히 차별을 금지하는 〈세계인권선언〉 제7조와 〈시민적 · 정치적 권리에 관한 국제규약, 약칭 자유권규약〉 제26조에 명백히 위반된다.

이러한 계급차별정책 때문에 동요계층과 적대계층의 사람들은 고등교육에 대한 기회가 주어지지 않고, 열악한 사회여건 속에서 각종 불이익을 받고 있는데, 식량권 문제가 대표적 사례다. 이것은 "이 규약의 당사국은 이 규약에서 선언된 권리들이 인종, 피부색, 성, 언어, 종교, 정치적 또는 기타 견해, 민족적 또는 사회적 출신, 재산, 출생 또는 기타의 신분 등에 의한 어떠한 종류의 차별도 없이 행사되도록 보장한다." 라고 기술되어 있는 〈경제적 · 사회적 · 문화적 권리에 관한 국제규약(International Convenant on Economic, Social and Cultural Rights, 약칭 사회권규약)〉 제2조, 제2항에 대한 명확한 위반이다.

북한의 만성적인 식량부족은 영농체계의 비효율성과 농업구조의 모순성, 공업부문의 생산마비에서 비롯된 비료와 농약의 부족과 더불어 지나친 자급자족 체제, 인센티브 부족, 비생산부문으로의 지나친 자원유출 등과 같은 경제체제의 모순에서 비

---

22 1971년 2월 1일에 북한 노동당 비서국이 하달한 「인민분류목록」에 의하면, 북한 당국은 북한주민들을 어떠한 역경 속에서도 북한정권을 지지할 '핵심계층' 12부류, 유사 시 체제에 대한 견고한 지지자로 볼 수 없는 '동요계층' 18부류, 유사 시 한국에 동조할 '적대계층' 21부류로 파악하고, 1971년 당시 총인구 중에서 핵심계층 28%, 동요계층 45%, 적대계층 27%로 집계하였다. 중앙정보부, 『북한의 인권탄압실태』 (서울: 중앙정보부, 발행연도 미상, 1970년대 초로 추정), 48~49쪽 참조.

롯된 전반적인 경제난 외에 사회주의권과의 농업협력 중단 등 복합적 요인에서 비롯된 구조적인 문제다.

게다가 경작지를 더욱 많이 획득하려는 북한정부의 정책에 따라 북한의 거의 모든 언덕과 작은 산은 개간되었다. 보다 많은 경작지를 획득하려는 북한정부의 정책은 1976년 10월 2일 제5차 당 중앙위원회 12차 전원회의에서 채택한 〈자연개조 5대 방침〉에 기초한 것이다. 이 정책은 1977년 4월에 개정된 토지법 49조에 반영되었다. 이어서 이 정책은, 1981년 10월 제6차 당 중앙위원회 4차 전원회의에서 채택한 〈4대 자연개조사업〉에 의해 다시 강화되었다. 이 정책에 따라 7개년 경제계획 기간(1978~1984)에 15만 헥타르의 산야가 '다락밭'으로 개간되었다. 그런데 관개시설이 적절하게 갖추어지지 못했고, 옥수수같이 토양을 잡아주지 못하는 1년생 작물들을 재배하였기 때문에 강한 비가 오면 산사태가 발생하여 새로이 개간한 토지뿐만 아니라 기존의 경작지까지 훼손되었다. 이러한 산사태는 또한 강의 바닥을 상승시켜 상대적으로 적은 양의 비가 왔을 때에도 홍수가 발생하도록 했다. 더 나아가 최근의 식량난과 연료부족은 북한의 산림파괴를 가속시키고 있다.

북한의 식량난이 초기에는 사회주의 농업정책의 실패와 자급자족 경제정책에 대한 지나친 집착에서 비롯되었으나, 배급제가 실제적으로 작동하지 않고 시장에서 식량을 구입해야 되는 상황에서는 '구매력의 문제'로 성격이 전환되었다. 그래서 자신들의 월급을 외화로 바꿀 수 있는 사람들이나 농민들의 경우는 타격이 덜하지만 그렇지 못한 일반 주민들은 '도시 안의 신빈곤층'이 되었다.[23]

2002년에 취한 〈7.1경제관리 개선조치〉는 암시장 가격과의 차이를 해소하기 위해 법정 가격을 높인 것이다. 그러나 급료인상률(생산부문 근로자 18배)은 주곡 가격의 상승률(쌀 558배, 옥수수 471배)을 따라가지 못했다. 북한당국이 국영기업의 손실보존 등 재정수요를 화폐발행으로 충당하지 2002년 이후 매해 평균 100% 이상의 고(高)인플레이션 현상이 나타났다.[24]

---

23 Stephan Haggard and Marcus Noland, *Hunger and Human Rights: The Politics of Famine in North Korea* (Washington, DC: U.S. Committee for Human Rights in North Korea, 2005), pp. 21-22.

24 *Ibid.*, p. 21.

북한정부는 2009년 11월 30일에 화폐개혁을 실시하여 국가재정을 확충하고 계획경제를 정상화하려 했다. 그러나 화폐개혁의 부작용으로 인한 수급불균형 때문에 쌀값이 한때 72배나 오르는 등 급격한 물가상승이 발생하였다. 그리고 2013년 1월에도 평양의 시장 쌀 가격은 전년에 비해 2.26배나 상승하였다. 물론 화폐가치가 떨어져 실질가격으로 계산하면 상승폭이 그렇게까지 높은 것은 아니라 할 수 있다.[25] 그러나 화폐경제의 혼란이 초래한 파급효과는 특정 사회집단에게 심각한 식량권 부여의 감소로 귀결될 수밖에 없다. 특히, 도시의 일반주민들의 경우, 화폐교환의 한도가 매우 낮고 임금은 2000~3000원 정도여서 식량을 충분히 구매할 수 없다. 그에 비해 농민들은 화폐개혁 직후, 1년 치 현금분배액인 1인당 1만 5000~15만 원을 받아 현금사정이 좋아지면서 쌀을 시장에 공급하지 않고 값이 더 오르기를 기다리고 있었다. 그 결과 2010년 1월 중순부터 북한 전역에서 아사자 발생이 증가했는데, 주로 도시의 노동자 가족들이 희생되었다고 한다.[26]

이와 같이 북한 일반주민들의 식량권 유린에는 사회 · 경제적 통제정책의 결과가 크게 작용하고 있으며, 식량 총공급량의 감소보다 식량권 부여의 감소에 더 큰 원인이 있다.

북한정부는 '선군정치'에 따라 군인들에게 식량을 우선적으로 배급한다. 이를 위해 한국과 국제사회에서 지원한 식량을 전용하는데, 북한정부는 감시를 피하기 위해 전용작업에 동원된 군용 자동차의 번호판을 모두 민간 번호판으로 교체하고, 동원된 군인들에게 모두 사복을 입혔다. 유엔 조사원의 시찰이 있을 경우에는 민간 창고에 쌀을 임시로 저장하였다가 시찰이 끝난 후에 다시 군부대로 옮겼다는 탈북자의 증언도 있다.[27]

이런 상황을 극복하기 위해서는 분배의 투명성이 보장되도록 모니터링을 제대로 실시해야 되는데 그간 한국의 정부 및 민간 지원단체들은 이를 애써 외면해 왔다.

---

25 한국농촌경제연구원, 『KREI 북한농업동향』, 제14권 제4호(2013년 1월), 15쪽.

26 이영훈, '북한 경제난의 현황과 전망', 제주평화연구원, 「JPI 정책포럼」, No. 2010-8 / 2010년 3월.

27 진용규, http://www.cnkr.org/zeroboard/view.php?id=kor_news&no=166(검색일: 2012년 3월 13일). 북한당국의 외국원조식량에 대한 군사적 전용 논란은 김대중 정부 이래 계속 있어 왔다. 노무현 정부는 2003년 9월 하순에 청진, 남포, 홍남에서 '식량공급소' 각 1곳을 방문하여 분배 관계자 각 4, 1, 3명과 주민 각 6, 3, 3명을 면담한 뒤에 분배가 정상적으로 이루어지고 있다는 보고서를 같은 해 10월 9일에 발간하기도 했다. 통일부, 「2003년 1차분 식량차관 1차분배 현장확인 결과보고」, 2003년 10월 9일. 그러나 이는 임의적으로 선정된 방문지가 아니며, 일반화시키기에는 표본의 수가 너무 적다.

이런 행동이 설령 이념적 편향성 때문이 아니라 선의에 따른 것이었다 하더라도 그 부정적 효과는 다른 국제지원단체들이 분배의 투명성과 감독을 북한당국에 요구하기 어렵게 했다. 그 일례로, 2004년에 WFP는 북한에 37만 톤의 식량을 지원하면서 4800여 회의 모니터링을 한 데 비해, 한국정부는 50만 톤의 식량을 지원하고도 모니터링을 단 10회만 실시했다.[28] 이와 같이 한국정부가 인도적 지원 공여국으로서 준수해야 될 관련 국제규범을 준수하지 않았기 때문에 분배의 투명성과 감독을 요구하던 국제 지원단체들이 북한에서 추방당하는 사태까지 벌어지게 되었다. WFP도 북한당국의 요구로 5개월 동안 활동을 중단했다가 사업규모를 대폭 축소한 채, 2006년 5월 11일에 겨우 재개할 수 있었다. 이와 같이 북한정부가 외부 식량지원의 수혜국으로서 준수해야 될 국제규범을 위반하고 있는 상황에서는 북한에 대한 식량지원을 독립적인 현안으로만 취급하면 상황이 개선되기 힘들다. 대북 식량지원에서 모니터링은 선의적 예외가 아닌 일반적 국제관례에 따라 반드시 실시되어야 하고, 이를 관철시킬 수 있도록 지원의 전제조건으로 고수해야 된다.

2. 고문

북한정부는 공식문건이나 선언을 통해 북한에서는 그 어떤 고문도 없다고 항상 주장하고 있다. 그리고 북한 최고인민회의 상임위원회에서 2004년 5월과 2005년 7월에 각각 수정 · 보충한 형사소송법의 제98조에 "강압, 유도의 방법으로 받은 피심자, 피소자의 진술은 증거로 쓸 수 없다. 피심자, 피소자의 진술이 유일한 증거일 경

28 WFP가 북한에서 외부지원 식량의 전용을 막기 위해 활용한 방법은 지원목표집단의 명단을 작성한 것과 지원대상기관이나 지원 프로그램에 대한 선별적인 감독이었다. 그런데 북한정부의 요구로 지원활동을 중단하기 직전에 WFP의 지원목표집단은 학교, 고아원, 병원 등 4만여 기관이었고, 지원은 군(郡) 단위의 배급소를 통해 이루어졌으며, 군 배급소는 인민위원회가 통제하고 있어서 전용가능성이 매우 높았음에도 불구하고 이를 감독한다는 것은 현실적으로 어려웠다. 그리고 식량지원 프로그램이 확정되고 나면 북한정부는 자기들이 제공하는 통역원 외의 한국어 구사 기능자를 고용할 수 없게 하여 안내원들이 WFP 요원들에게 같은 장소를 두 번 보여 주기도 하고, 요구한 방문지와 다른 곳을 보여 줘도 확인할 길이 없었다고 한다.

우에는 그의 범죄를 증명하지 못한 것으로 한다. 자수, 자백한 자료도 그와 관련있는 다른 증거를 찾아내야 인정한다."라고 규정하고 있다. 그러나 북한에서 '정치범'에게 가해지는 고문은 인간의 가학성(加虐性)이 이념적 동기로 격려되고 '집단목표 성취'로 포장되면 어떤 모습까지 떨 수 있는지를 극단적으로 보여 준다.

중국에서 체포되어 송환된 경험이 있는 대부분의 탈북자들은 그들이 중국에서 남한 사람이나 종교인들과 접촉했는지를 실토하고, 다시는 탈북할 엄두를 못 내도록 하기 위해 북한의 집결소, 국가안전보위부나 인민보안성의 구류장, 노동단련대 등에서 엄청난 구타와 온갖 비인간적인 대우를 받았다고 진술한다.[29] 사건의 성격에 따라 혹은 북한정부가 내부단속을 강화하기로 한 특정시기에는 보위사령부도 이런 잔혹행위를 하는 것으로 탈북자들은 밝히고 있다.

2006년 이래 2년 단위로 실시된 대한변호사협회의 탈북자 인터뷰 조사에서 고문피해에 대한 진술은 매번 있었다. 장작개비로 왼쪽 쇄골을 잘못 맞는 바람에 쇄골이 부러지고 왼쪽 팔 전체가 마비된 피해자와 각목, 통고무벨트, 쇠사슬 등으로 구타를 당해 살점이 떨어져 나가고 두 달 동안 일어나지도 못했을 뿐만 아니라 그 후유증으로 방향감각을 상실한 피해자도 있다. 손발을 뒤로 묶은 뒤 바닥에 닿을 정도로 매달아 놓고 구타를 하면서 각종 고문을 가하는 '비행기 고문'과 겨울에 옷을 벗긴 채 바깥에서 기마자세로 밤새 세워 두는 '동태고문'을 당했다는 진술도 있었다. 양손의 엄지손가락을 포승으로 묶은 다음 팔 위에 발을 딛고 올라가는 고문을 당한 사례도 있고, 양팔을 실내에 있는 스팀 관에 수쇄(수갑)로 묶어 앉기도 서기도 힘든 상황에서 구둣발로 차고 오승오(5cm×5cm) 각자로 마구 내려치는 고문('비둘기 고문')을 당한 사례도 있다. 이런 고문의 결과로 피해자들은 허리에 디스크 장애가 생기고, 안면마비, 하반신 마비, 폐결절, 정신불안 증세를 보였다.

---

29 탈북자 김혁, 문명옥, 배권철, 이영국, 지해남, 「고문에 관한 특별보고관에게 제출할 고문에 대한 진술의 표준질문서」 작성 인터뷰 시 증언, 2004년 2-3월 ; 안명철, 『그들이 울고 있다』(서울: 천지미디어, 1995); 안혁, 『요덕 리스트』(서울: 천지미디어, 1995); Good Friends, *Human Rights in North Korea and the Food Crisis, A Comprehensive Report on North Korean Human Rights Issues* (Seoul: Good Friends, March 2004); Hiroshi Kanto et al.(Research), *Are They Telling US the Truth? -Brutality Beyond Belief-* (Tokyo: LFNKR & NKDB, 2004).

표 2-4 고문이나 학대를 당한 희생자가 구금 중에 사망한 경우,
사망한 사람에 대한 부검이나 법의학적 검사가 이루어졌습니까?

구분	빈도	비율
있다	1	3.2
없다	29	93.6
모름	1	3.2
합계	31	100.0

표 2-5 실제 구제를 요청한 적이 있거나, 다른 사람이 구제 요청한 것을 본 적이 있습니까?

구분	빈도	비율
예	8	7.9
아니요	93	92.1
합계	101	100.0

2012년 조사에서 N056(2012)은 고문으로 척추(4번, 5번 디스크)가 주저앉았고, 왼쪽과 오른쪽 갈비뼈 전부가 부러지거나 금이 가는 상처를 입었다고 진술하였다. 특히, 2012년 조사에서 N092(2012)는 '가죽조끼 고문'을 당했다고 처음으로 진술하였다. 즉, 4~5회에 걸쳐 여러 명에게 돌아가면서 물에 불어 늘어난 소가죽조끼를 입힌 후 사면에서 난로를 틀어 가죽이 줄어들게 하는 고문을 했다는 것이다. N111(2012)은 2003년 구역 안전부 구류장에서 철창에 손을 내밀게 하고 큰 열쇠로 손가락을 휘게 하여 그 사람의 두 번째 손가락이 끊어진 것을 목격했다고 한다.

앞에 소개한 북한의 형사소송법 제98조, 즉 "강압으로 받은 피심자, 피소자의 진술은 증거로 쓸 수 없고, 그 진술이 유일한 증거인 경우에는 그의 범죄를 증명하지 못한 것으로 한다."라는 규정은 다음과 같은 탈북자(함북 회령시 **동, 198*년생, 2002년 탈북, 2003년 입국)의 주장으로 전면 부정된다.

"북한에서는 입으로 시인을 하면 내가 하지 않은 것도 죄를 지은 것으로 된다. 한국처럼 과학적인 증거로 살인자라는 증거가 나오지 않아도 누가 살인자라고

신고해서 나 살인자라고 인정하면 살인자로 된다. 반대로 내가 지은 죄도 끝까지 아니라고 우기면 죄가 되지 않는다. 이런 방법으로 법정에서 살아남은 사람도 많다. 악이 있는 사람들은 보위부 지하감방에서 1년이나 2년씩 있으면서도 끝까지 버텨서 죽은 사람들도 많지만 살아남은 사람들도 있다.

그러나 북한은 죄를 시인 받으려고 무조건 때리고 굶기고 고문하는데, 끝까지 아니라고 우기면 북한에서도 어떻게 하지 못한다. 그 과정에서 죽은 사람도 많다. …… 북한에서는 예심 도중에 맞아서 죽으면 시신도 집에 보내지 않고 그냥 아무 곳에나 묻어버린다."

수감자들에 대한 고문이나 학대는 선진사회에서도 종종 발생한다. 그러나 정상국가에서는 그 희생자들을 구제하는 절차가 있고, 실제 구제조치가 취해진다. 그러나 북한에서는 이를 엄두도 못 내고, 구제가 거의 이루어지지 않는 것으로 조사되었다.

이와 같이 체포 및 예심 과정에서 폭행과 각종 가혹행위를 가하는 것은 〈세계인권선언〉 제5조를 위반하는 것이다. 체포 후 무조건 죄인으로 보는 것은 〈세계인권선언〉 제11조 1항을 위반하는 것이고, 김일성 · 김정일 가계 비밀을 언급하였다고 처벌하는 것은 제11조 1항과 2항을 동시에 위반하는 것이다. 예심과정에서 고문으로 피의자를 사망하게 한 것은 그 자체가 큰 죄악이고 각종 북한 국내 법규들과 국제인권규범들을 위반한 것이다. 그런데 피살자의 죄가 여전히 남아 있는 것으로 간주되어 그의 가족에게 해악이 미치게 된다는 것은 〈세계인권선언〉 제11조 1항을 위반하는 것이며, 현대사회에서 금하고 있는 연좌제를 적용하는 것이다.

탈북자들을 도강죄로 처벌하고, 특히 한국행을 시도하였다고 사형 혹은 정치범수용소에 보내는 등, 엄하게 처벌하는 것은 이동 및 거주의 자유를 규정한 〈세계인권선언〉 제13조 1항과 나라를 떠나고 돌아올 자유를 규정한 제13조 2항을 위반하는 것일 뿐만 아니라, 타국에서 피난처를 찾을 수 있는 권리를 규정한 제14조 1항을 위반하는 것이다. 탈북자들이 중국에서 종교인들을 접하였다고 극형에 처하는 것은 종교탄압으로 〈세계인권선언〉 제18조를 위반하는 것이다.

현대사회에서 '정치범'이란 성립될 수 없는 개념인데, 북한에서 정치범을 체포하면 강제 이혼시키는 것은 〈세계인권선언〉 제16조 3항을 위반하는 것이고, 그들의 공민권을 박탈하는 것은 제15조 2항을 위반하는 것이며, 그들의 재산을 몰수하는 것은 제17조 2항을 위반하는 것이다.

북한정부가 아직까지 고문방지협약(〈고문과 기타 잔인하고 비인간적이거나 굴욕적인 처우 또는 처벌에 관한 협약, Convention against Torture and Other Cruel, Inhuman or Degrading Treatment or Punishment〉)에 가입하지는 않았지만 이 협약에 규정된 내용들을 준수하고 있다고 공언(公言)하고 있으므로, 탈북자들의 고문피해 사례들은 그 공약을 부정하는 것이다. 그리고 북한이 가입한 자유권규약의 관련 규정들을 위반하는 것이다.

3. 신앙의 자유

북한정부의 공언과는 달리, 북한에서 종교 및 신앙의 자유가 전혀 보장되지 않는 것이 대한변호사협회의 탈북자 인터뷰 조사에서 매번 확인되고 있다.

2010년 조사에서, "(종교생활을 하다가) 발각되면 처벌받는 것으로 알고 있었습니까?"라는 질문에 67.9%가 그렇다고 대답하였다. 이 조사에서 "이웃사람 중에 발각되어 처벌받은 것을 보거나 들은 일이 있습니까?"라는 질문에는 15.6%가 그렇다고 답하였다. 2012년 조사에서는 문항을 불교와 기독교로 분류하여 각각 질문을 하였더니 첫째 질문에 대해 불교는 47.5%, 기독교는 67.3%가 그렇다고 답하였고, 둘째 질문에 대해 불교는 38.6%, 기독교는 28.7%가 그렇다고 답하였다. 이를 통해 북한정부는 북한주민들이 불교보다 기독교를 믿는 것에 대해 더 엄혹하게 탄압하고 있는 것을 알 수 있다.

대한변호사협회의 2006년 인터뷰 조사에서 북한에 어떤 종교가 있느냐는 질문에 "비밀리에 불교가 존재한다."라는 ID025(2006)의 답변 외에 "형식상 불교, 기독교 등이 존재하지만 일반주민들은 신앙생활을 못 하고 미신과 무속신앙을 많이 믿는다."라는 대답이 전부였다. 2008년 인터뷰 조사에서는 동일한 질문이 주어지지 않았지만 응답자들의 진술은 비슷한 내용을 담고 있다. 그런데 2010년 인터뷰 조사에서는 6명의 응답자 중 3명이 북한에서 가정교회가 운영되고 있다는 이야기를 들어 본 적이 있으며, 그중 2명은 가정교회에 참석해 본 적이 있다고 답하였다. 2012년 조사에서는 101명의 응답자들 중에서 7명이 북한에 가정교회가 운영되고 있다는 얘기를 들은 적이 있고, 그중 2명이 참석해 본 적이 있다고 답하였다.

종교로 인해 직접 처벌받거나 다른 사람이 처벌당하는 것을 목격한 여러 증언들이 2010년 및 2012년 인터뷰 조사에서도 계속되고 있다. 2012년 조사에서 종교생활을 하다가 발각되어 "극형에 처해지면 대략 어느 정도의 처벌이 이루어집니까?"라는 질문에 대부분의 응답자들은 처형되거나, 정치범 수용소에 보내진다는 답변을 하였다. 심지어 "소문 없이 처형되는데 조용한 독방에서 도끼나 망치에 맞아 죽을 수 있다."라고 답한 응답자도 있었다. 이와 같이 종교생활에 대한 북한정부의 처벌이 극단적으로 가혹한 것으로 일반주민들이 인식하고 있어서 북한에서 종교생활은 자유롭지 못할 뿐만 아니라 목숨을 걸고 비밀리에 해야 되는 것으로 판단된다.

그런데 2008년 조사에서 "어떻게 기독교나 천주교, 불교 활동을 하고 있었는지, 보거나 들은 것을 자세하게 말씀하여 주십시오."라는 질문에 대한 ID001(2008)의 답변을 통해 무속신앙도 처벌된다는 사실을 확인할 수 있다. 그리고 표본의 대표성 문제 때문에 "북한주민들의 종교생활이 활성화되고 있다."라고 일반화할 수는 없지만, 2006년, 2008년, 2010년, 2012년의 조사 내용을 비교해 보면 응답자들 주변에서 종교생활이 실제적으로 이루어지고 있는 사례들이 점점 더 많아진 것을 느낄 수 있다. 즉, 2006년 조사에서는 주로 응답자 자신이 지난날 목격하고 경험했던 것이 "그때는 몰랐으나 알고 보니 기도였고 종교생활이었더라."라는 식의 답변이 주를 이루었다. 그런데 2008년 조사에서는 "어느 할머니 집에 사람들이 여러 명 모여 음식도 맛있게 해 먹고 성경책도 읽고 노래도 부르고 했다.", "중국에 살다가 기독교 신자가 된 친언니가 북한에 들어와 살면서 기도하는 것을 본 적이 많았다."라고 진술하는 등, 답변자 주변에서 종교생활이 실제적으로 이루어지고 있는 상황이 소개되고 있다. 2010년 인터뷰 조사에서는 더욱 다양한 종교생활과 처벌 사례들이 소개되었다. 그리고 이 사례들 중에는 정치범 수용소가 아닌 노동단련대에 보내지거나 노동교화형을 선고받은 경우도 여럿 있어서 처벌의 수위에 변화가 있는 것으로 보인다. 그러나 2012

표 2-6 (2012년 조사) 어버이수령이나 지도자동지를 믿으면 되고, 다른 것을 믿어서는 안 된다는 뜻의 말을 들어 보셨습니까?

구분	빈도	비율
예	87	86.1
아니요	14	13.9
합계	101	100.0

표 2-7 (2012년 조사) 북한에 있을 때 종교는 인민의 아편 혹은 마약과 같다고 배운 적이 있습니까?

구분	빈도	비율
예	78	77.2
아니요	23	22.8
합계	101	100.0

표 2-8 (2012년 조사) 북한에 있을 때 김일성은 살아 있는 신과 같다고 생각해 본 적이 있습니까?

구분	빈도	비율
예	55	54.5
아니요	46	45.5
합계	101	100.0

년 조사에서는 이런 변화에 역행하는 내용들도 진술되었다.

북한사회는 주체사상을 국교화한 종교사회다. 북한에서는 〈당의 유일사상 체계 확립의 10대원칙〉을 통해 김일성 · 김정일에 대한 숭배행위가 이루어지고 있으며, 종교의 성소(聖所)에 해당되는 〈김일성혁명사상연구실〉이 북한전역에 45만 개나 갖추어져 있다. 소위 북한의 '십계명'인 '10대원칙'은 '주체종교의 이단사'라 볼 수 있는 정치범과 사상범을 판단하는 기준이 되며, 북한의 모든 주민생활을 규제하는 궁극적인 규범으로 작용하고 있다.[30] 이런 상황에 대해 2008년 인터뷰 조사에 이어 2010년

30 Philo Kim, "New Religious Policy and the State of Religious Freedom in North Korea", in NKHR

및 2012년 조사에서도 많은 응답자들이 계속 진술하고 있다. 따라서 북한에서 일반 종교의 자유로운 신앙 활동이란 결코 허용될 수 없는 것이다.

북한의 공식통계에 따르면, 해방 후 북한주민 916만 명 중 약 22.2%인 200여 만 명이 종교인(천도교도 약 150만 명, 불교도 약 37만 5000명, 개신교도 약 20만 명, 천주교도 약 5만 7000명)이었다.[31] 물론 실제 종교 인구는 이보다 훨씬 더 많았을 것으로 남한의 종교인들과 연구가들은 추정한다.[32] 그런데 6 · 25전쟁을 겪으면서 일반 주민들이 갖게 된 반미 · 반기독교 정서를 이용하여 북한정부는 종교탄압을 본격화했다. 그 과정에서 주민성분조사(1958~1960)를 통해 종교인과 그 가족을 '반혁명적 요소'로 규정하고 탄압한 것이 본격적인 시발점으로 보인다.[33]

이어서 주민재등록사업(1966~1967)에 기초한 '3계층 51개 부류' 분류 시(1967~1970), 천도교 청우당원, 기독교 신자, 불교 신자, 천주교 신자를 적대계층의 구성부류로 규정하여 감시 · 탄압하였다. 이때 파악된 종교인과 그 가족의 수가 약 10만 가구 45만 명이고,[34] 이 시기까지 약 40만 명의 종교인 가족들이 처형되거나 정치범 수용소에 수감된 것으로 추측된다. 그리고 숙청의 대상에서 살아남은 종교인 2세대 혹은 3세대들은 정부의 감시 속에 '반동분자'인 종교인 가족으로 분류되어 관리되고 있다.[35]

그런데 북한정부가 이와 같이 '반종교정책'을 취하는 것은 단순히 종교를 사회

& HFHR, *The 5th International Conference on North Korean Human Rights & Refugees*, 29 Feb. - 2 Mar. 2004, Warsaw, Poland, pp. 77-78.

31 조선로동당출판사, 『조선중앙년감 1950』(평양: 조선로동당출판사, 1950), 365쪽, 강인철, 「월남 개신교 · 천주교의 뿌리」, 『역사비평』(1992년 여름), 109쪽에서 재인용.

32 이찬영 (편저), 『북한교회 사진명감』, 총회북한교회재건위원회, 2000, 10쪽.

33 김일성은 1962년에 사회안전성에 지시한 교시에서 다음과 같이 회고한 바 있다.
"그래서 우리는 그러한 종교인들을 함께 데리고 공산주의 사회로 갈 수가 없습니다. 그러므로 우리는 기독교, 천주교에서 집사 이상의 간부들을 모두 재판해서 처단해 버렸고, 그 밖의 일부 종교인들 중에서도 악질들은 모두 재판하였습니다. 그리고 일반 종교인들은 본인이 개심하면 일을 시키고 개심하지 않으면 수용소에 가두었습니다 …… 그래서 우리는 그 일당을 1958년에 모조리 잡아들여 처단해 버렸습니다. 그래서 종교인들은 죽여야 그 버릇을 고친다는 것을 알게 되었습니다." 고태우, 『북한의 종교정책』, 민족문화사, 1989, 79~80쪽.

34 이항구, 「북한의 종교탄압과 신앙생활」, 『현실초점』(1990년 여름), Philo Kim, *op. cit.*에서 재인용.

35 Philo Kim, *op. cit.*, p. 82.

주의혁명에 장애가 되는 '아편'으로 규정한 공산주의이념 때문만은 아니다. 그보다는 종교인들 혹은 종교단체들이 공산주의 지배체제, 보다 구체적으로 김일성 · 김정일 · 김정은 정권에 대한 저항세력이 되는 것을 우려하여 탄압하는 측면이 더 강하다. 이는 북한정부가 유교에 대해 취한 정책이 어떠했는가를 통해 알 수 있다.

북한정부가 중 · 동부유럽에서 사회주의체제가 연쇄적으로 붕괴되는 것을 목격하고 있던 1990년 10월 24일에 채택한 〈조선민주주의인민공화국 가족법〉에는 '사회주의 대가정'(전문), 부성추종의 원칙(제26조), 상대적으로 광범위한 친족의 범위(제10조), 부모 · 형제 · 자매 · 조부모 · 손자녀 간의 부양의무 규정(제27, 28, 35, 36, 37, 38조) 등, 유교적인 전통을 많이 반영하고 있다. 이는 전통적 윤리규범을 정책적으로 흡수한 것이다. 즉, 가족규범과 정치윤리를 유기적으로 연결하여 '충성의 전이'를 유도해 내고, 이를 통해 정치적 권위에 대한 무비판적인 지지와 복종을 이끌어 내기 위한 것이다.

이상과 같이 유교는 북한 최고지도부의 통치이념 창출과 권력의 운용, 그리고 사회 · 경제적 위기극복에 활용한 데 비해 기독교에 대해서는 대외선전을 위해 필요한 형식만 일부 갖추게 하고 일반주민들의 실제 종교생활에 대해서는 혹독하게 탄압하고 있다. 그러면서도 기독교의 유일신 사상은 〈수령론〉으로, 10계명은 〈당의 유일사상 체계 확립의 10대원칙〉으로 활용하고 있어 북한정부의 종교 및 신앙에 대한 정책은 그것이 공산주의이념과 어떤 관계에 있는가보다 김일성 · 김정일 · 김정은의 권력운용에 장애가 되느냐, 도움이 되느냐에 따라 결정된다는 것을 알 수 있다.

4. 자의적 구금

대한변호사협회에서 2006년에 실시한 100인의 탈북자 인터뷰 조사에서 "수사기관이 체포를 할 때 법적 절차를 준수하는가?"라는 질문에 응답자의 90%가 아니라고 답했으며, "구금시설 수용 시 법적 절차를 준수하는가?"라는 질문에 71.1%의 응답자는 "영장발부 없이 2개월 이상 수사를 계속했다."라고 답했다. 그러나 이들에게 적용되었어야 할 북한의 1999년 형사소송법 제11조에는 "법에 규정되어 있지 않는 경우나 법에 규정된 절차를 따르지 않고서는 사람을 체포하거나 구속할 수 없다. 사람을 체포하였을 때에는 48시간안으로 그의 가족 또는 소속단체에 체포 날자, 리유같은 것을 알려주어야 한다. 검사는 비법으로 체포 구류되여 있는 사람을 발견하였을 때에는 그를 놓아주어야 한다."라고 규정되어 있다.

2008년 인터뷰 조사 대상자들의 경우, 66%가 유엔 인권위원회가 처음 결의를 채택한 2003년 이후에 탈북하였으므로 2006년 조사 대상자들에 비해 대체적으로 얼마간의 시간이 경과된 뒤에 구금되었을 것인데, 형사법 및 형사소송법 적용 실태가 크게 개선된 것으로 보이지는 않는다. 이런 사실은 2010년 조사에서 확인되고 있다. 2010년 조사에서 "체포, 구금결정서 등을 제시받았다."라고 답한 사람은 4.7%에서 7.1%로, "체포, 구금되었을 때 수사기관에서 그 사실을 가족들에게 통지해 주었다."라고 답한 사람들은 34.9%에서 39.7%로 각각 변화하였으나 표본추출의 문제를 생각하면 큰 의미를 부여하기는 힘들다. 그런데 2012년 조사에서는 체포나 구금의 이유를 고지받은 비율이 32.9%로 현저히 높게 나타났다. 표본추출상의 문제인지, 전반적인 추세의 변화인지는 더 지켜봐야 될 것이다. 그러나 77.1%의 수감자들이 재판절차 없이 구금되었다는 사실은 북한에서 자의적 구금 실태가 아직까지 아주 심각하다는 것을 증명하는 것이다.

북한당국은 2005년에 개정한 형사소송법 제3조에 서방세계에서는 보기 힘든 "국가는 형사사건의 취급처리에서 군중의 힘과 지혜에 의거하도록 한다."라는 규정을 두고 있다. 이 '군중로선의 관철원칙'은 어디까지나 원칙이고, 기본정신이라고 볼 수도 있지만, '법의 정신(l'Esprit des lois)'이나 '법에 의한 지배[法治]'를 부정하고 법적용의 임의성을 의미하는 것이기도 하다.

2005년에 개정된 북한의 형사소송법 제4조에서는 형사사건을 취급 · 처리하면서 과학성과 객관성, 신중성, 공정성을 보장하여야 된다고 천명하고 있다. 그리고 이 개정 형사소송법에서는 1999년 형사소송법 제11조의 내용을 더욱 세분하여 규정하고 있다. 먼저, 제5조에 "국가는 형사사건의 취급처리에서 인권을 철저히 보장하도록 한다."라고 규정하고 있다. 그리고 제8조에서 "국가는 형사사건에 대한 취급과 처리를 이 법에 규정된 원칙과 절차, 방법에 따라 하도록한다."라고 천명한 뒤에, 177조

표 2-9 (2012년 조사) 귀하는 체포되거나 구금되기 전에 체포의 이유나 구금의 이유를 고지받았나요?

구분	빈도	비율
고지받음	23	32.9
고지받지 않음	47	67.1
합계	70	100.0

표 2-10 (2012년 조사) 체포, 구금될 때 구금결정서 등을 제시받았습니까?

구분	빈도	비율
예	15	18.1
아니요	65	78.3
모름	3	3.6
합계	83	100.0

표 2-11 (2012년 조사) 체포, 구금되었을 때 수사기관에서 그 사실을 가족들에게 통지해 주었습니까?

통지 방식		빈도	비율
예	구두방식으로 통지	12	14.5
	서면으로 통지	23	27.7
	기타방법으로 통지	6	7.2
아니요		42	50.6
합계		83	100.0

에서 이를 한 번 더 강조하면서 "검사는 비법적으로 체포, 구속되어 있는 자를 발견하였을 경우 그를 놓아주어야 한다."라고까지 규정하고 있다. 그리고 제167조에서는 "예심원은 피심자에게 강제의 방법으로 범죄를 인정시키거나 진술을 유도하지 말아야 한다."라며 강제적인 심문을 금지하고 있다. 2005년 개정 형법 제252조에는 심지어 "법일군이 비법적으로 사람을 체포, 구속, 구인 (중략) 한 경우에는 2년 이하의 로동단련형에 처한다."라는 규정도 두고 있다. 그러나 인터뷰 조사에 응한 탈북자들은

한결같이 수사받을 때 범죄사실에 대한 자백을 강요받았다고 진술하였다. 그 한 예로 2010년 인터뷰 조사에서 "만일 수사받는 범죄사실에 대해 부인할 때는 어떤 식으로 수사가 진행됩니까?"라는 질문에 대부분의 응답자들이 폭력과 협박, 구금 연장 등으로 범죄사실에 대한 인정과 억지 자백을 강요받았다고 진술하였다.

2005년 개정 형사소송법 제178조에는, "체포, 구속처분은 형사책임추궁결정을 한 다음에 한다. 특별히 필요한 경우 형사책임추궁결정을 하기전에 예심원은 검사의 승인을 받고, 체포, 구류구속처분을 할수 있다. 이 경우 10일 안으로 형사책임추궁결정을 하며 그렇게 하지 못하면 구류구속처분을 취소하여야 한다."라고 규정하고 있다. 이 규정은 2004년 개정 형사소송법에도 동일조항으로 있었다. 그러나 2010년 인터뷰 조사에서 이 규정에 위반되는 불법구금 경험자들이 많은 것으로 드러났다.

그런데 '정치범'에 대해서는 또 다른 양상을 보이고 있다. 그리고 이런 사실은 북한의 일반 주민들도 잘 인식하고 있는 것으로 보인다. 대한변호사협회의 2008년 인터뷰 조사에서 "북한에서는 일반범죄자와 정치범에 대한 조사기관 및 재판소, 재판절차, 처벌이 다른 사실을 알고 있습니까?"라는 질문에 100명 중 88명이 알고 있다고 답하였다.

2006년 조사에서 "본인 확인을 하고 체포사실을 구두로 설명한 뒤에 수갑을 채우고 잡아 간다."라고 진술한 응답자는 100명의 답변자 가운데 4명에 지나지 않았다. 나머지는 모두 설명조차 없었다고 답하였다. 대부분은 본인 확인 후 간단히 물어볼 것이 있으니 잠깐 가자고 하며 수갑이나 새끼줄, 신발 끈, 포승줄 등으로 묶어서 데리고 가며, 족쇄를 채워서 데려가는 경우도 있다고 4명이 진술했다.

탈북자 안혁이 1980년대에 경험했던 것처럼, 다른 용무로 지정한 날에 방문하라고 하든가, 심지어 취직시켜 줄 것처럼 위장하여 데려간 뒤에 체포한다는 진술들이 대한변호사협회의 인터뷰 조사들에서 반복되고 있다.[36] 그리고 "야밤에 그 누구도

---

36 탈북자 안혁의 설명에 따르면, 구속할 사람이 개인인 경우, 사회안전부(현 인민보안부) 등 일반 기관에서 정식공문이나 전화로 불러낸 뒤에 통보받은 장소로 가는 도중에 그 사람을 납치한다. 따라서 가족은 물론 통보한 기관에서조차 그가 어디로 갔는지 알 길이 없게 되어, 자연히 '행방불명'으로 처리된다는 것이다. 안혁, 앞의 책, 61쪽.

표 2-12 (2010년 조사) 48시간 안에 검사 승인을 받지 못하면 즉시 석방해야 되는데, 48시간 이상 체포 구금되어 있던 사실이 있습니까?

		응답수	비율(%)	누적비율(%)
유효응답	예	24	36.4	36.4
	아니요	42	63.6	100.0
	합계	66	100.0	
결측	무응답	10		
합계		76		

표 2-13 (2010년 조사) 범죄자라는 것이 밝혀지지 않았음에도 불구하고 10일 이상 구금되어 있던 사실이 있습니까?

		응답수	비율(%)	누적비율(%)
유효응답	예	13	18.8	18.8
	아니요	56	81.2	100.0
	합계	69	100.0	
결측	무응답	7		
합계		76		

모르게 체포하여 끌고 간다."라는 진술도 계속되고 있다. 다음은 2010년 인터뷰 조사에서 진술된 사례들이다.

[ID 001] 집에 앉아 있는데 안전원이 와서 "야 성일이 왜 너 요즘 무직 치는가. 너 좀 내 사무실에 가자." 했다. 그래서 내 신랑이 겁도 없이 따라갔더니 "네가 이틴 쇠도 삽혀본 거다."라는 것을 그때서야 밝혀 주었다.

[ID 017] 보위부원들이 떼거지로 와서 남동생을 무조건 다짜고짜 데리고 가면서 몸을 수색하고 집을 검사했다. 그랬더니 동생의 몸속에서 핸드폰이 나왔다. 나도 동생이 핸드폰을 가지고 있는지 처음 알았다. 그리고는 끌고 갔다. 죄가 무엇인지 이런 것들을 제대로 이야기해주지 않았다.

이렇게 '체포'된 피의자들에 대한 처우는 사건의 경중과 시기에 따라 적지 않은 차이가 있다. 탈북자가 거의 없었던 1980년대만 하더라도 탈북사건은 대단히 엄하게 다루어졌다. 당시에는 안혁의 경우처럼 경미한 범죄나 확실한 물증이 없는 혐의자들도 국가안전보위부의 비밀초대소나 구류장으로 연행했다.[37] 여기에서 임의로 기간을 연장해 가며(안혁의 경우 1년 8개월) 조사를 벌였는데, 그 과정에서 억지 자백을 강요하며 심한 폭력을 가하여 피의자들의 대부분이 자살을 간절히 원했을 정도였다고 한다. 그런데 예심기간이 북한의 형사소송법에 기술된 최장 6개월을 넘지 않은 경우(김혁, 문명옥, 배권철, 이영국, 지해남 등)도 있지만, 북송 재일교포 출신 탈북자 신정애의 두 아들 장경철, 장경수와 질녀 장미화는 2003년 8월에 중국에서 체포되어 10월에 북한에 이송되었지만 형 언도는 2004년 9월 초에 이루어져 실제적으로 거의 1년을 끌었다.

국가안전보위부원 출신 탈북자 윤대일은 재판과 수감절차에 대해 변호인이나 방청객은 없지만 어느 정도의 요식절차는 거친다고 주장한다.[38] 신정애의 두 아들과 질녀는 재판을 거쳐 각각 10년과 5년의 교화형을 언도받았다. 그러나 신정애 자신은 재판절차 없이 요덕수용소 혁명화구역에 1년간 수감되었다. 그리고 대한변호사협회의 2006년 인터뷰 조사에서도 한 고문피해자가 재판 없이 요덕수용소에 3년간 수감되었다고 진술했다. 2008년, 2010년 및 2012년 조사에서도 정치범의 경우에는 재판절차 없이 관리소(정치범 수용소)에 수용되는 것으로 밝혀졌다. 특히, 2012년 조사에서는 77.1%의 응답자들이 재판절차 없이 구금된 것으로 드러났다.

그런데 안혁은, '중범자'로 판명될 경우에 형기도 알려 주지 않고 완전히 밀폐된 호송차에 태워 별도로 교화소로 이송하는데, 그가 잡혀가는 것과 동시에 여러 명의 보위부원들이 그 '범죄자'의 집을 급습하여 전 재산을 몰수하고 그 가족을 관리소로 이송한다고 주장한다. 북한의 2004년 및 2005년 개정 형법 제27, 28, 33조에 '재산몰수형'이 규정되어 있고, 2000년 개정 공민등록법 제13조에 '공민증 회수'를 각각 규

---

37 탈북자들의 일반적인 심문과정은 다음을 참조하시오. David Hawk, *The Hidden GULAG, Exposing North Korea's Prison Camps* (Washington, D.C.: U.S. Committee for Human Rights in North Korea, 2003), pp. 56-72; Good Friends, *op. cit.*, pp. 63-64.

38 윤대일, 『「악의 축」 집행부 국가안전보위부의 내막』, 월간조선사, 2000, 134~135쪽.

표 2-14 (2012년 조사) 귀하는 시설에 구금되기 전에 재판절차를 거쳤습니까?

구분	빈도	비율
재판절차를 거침	16	22.9
재판절차를 거치지 않음	54	77.1
합계	70	100.0

정하고 있기 때문에 이런 실태는 현재까지 지속되고 있는 것으로 보인다.

윤대일의 진술에 의하면, 원칙적으로 국가안전보위부도 형사소송법에 따라 사건처리를 하도록 되어 있지만, 김 씨 집안의 추문에 대해 언급하거나 소문을 퍼뜨린 소위 '8, 9번 사건(10호실 사건)'은 형사소송법에 규정이 없어서 예외라는 것이다. 그래서 '김 부자의 권위를 손상시킨 행위'로 판명되면 재판도 없이 비밀리에 처형한다고 윤대일은 진술하였다.[39] 비록 2004년과 2005년에 형사소송법이 개정되었어도 관련 조항이 여전히 없어서 자의적 구금과 처벌은 계속되고 있는 것으로 보인다.

북한당국은 정치범을 체포 · 수감하는 과정에서 '죄형법정주의'를 부정하고 있다. 그리고 전 근대적이고 비인도적인 가족연좌제를 아직까지 운영하고 있다. 그런데 가장 심각한 문제는 법에 규정되어 있지 않은 수용시설들이 많이 있다는 사실이다. 위성사진과 탈북자들의 증언을 통해 부분적으로 알려져 있는 여섯 곳의 정치범관리소 외에 황장엽의 망명 후 그의 가족들이 수감되었다는 '뚝섬'이라는 시설이 있다. 그리고 군(軍) 내에 특수 수감시설들이 존재한다는 사실이 최근에 와서 증언되고 있다. 아직까지 구체적인 실체는 파악되지 않고 있지만, 군대생활을 하다가 '정치적 과오'를 저지르면 체포 · 수감되어 영원히 나오지 못하는 비공개 지하 노동시설들이 있다. 그리고 국내거주 탈북자들 중에서 아주 소수의 경험자가 있는 '호위사령부 철창'이 있다. 큰 새장 형태의 독방을 천정에 매달아 놓은 이 철창은 '정치범' 군 장교들만 수용하는 비공개시설이다. 이 시설들은 그 존재가 철저하게 은폐 · 위장되어 있는 법외의 구금시설들이라 피수용인들이 체포 · 구금되는 과정에서 법의 보호를 받을 수가 없다.

39 위의 책, 134쪽.

이와 같은 북한의 체포 · 구금 과정은 북한의 형법, 형사소송법 등 국내법에도 저촉되고, 북한이 가입한 유엔의 자유권규약에도 위반되는 것이다. 그리고 연좌제나, '재산몰수형'과 '공민증 회수' 등은 〈세계인권선언〉의 각 해당 조항을 위반하는 것이다. 물론 북한에서 자행되고 있는 이런 자의적 구금과 그 과정에서의 인권유린은 제도적 · 조직적으로 이루어지는 측면이 강하다. 그러나 탈북자들의 증언으로는 가해자들의 자의적 행위인 경우도 많이 있는데, 국내 구제절차가 작동되지 않아 상황이 더욱 심각한 것으로 보인다.

5. 의견 및 표현의 자유

북한당국은 1998년 헌법('김일성헌법') 및 2009년 개정헌법의 제67조에 '의견 및 표현의 자유'를 규정했다. 2012년 개정헌법 제67조에도 "공민은 언론, 출판, 집회, 시위와 결사의 자유를 가진다. 국가는 민주주의적정당, 사회단체의 자유로운 활동 조건을 보장한다."라고 규정하고 있다. 그리고 1999년 개정 출판법(조선민주주의인민공화국 출판법, 1999년 1월 21일 수정) 제6조에 "공민은 저작 또는 창작활동을 자유롭게 할수 있다. 국가는 광범한 대중을 저작 및 창작활동에 적극 참가시키도록 한다."라고 규정하고 있다. 그뿐만 아니라 북한정부는 기회가 주어질 때마다 주민들이 '의견 및 표현의 자유'를 완전히 구가하고 있다고 주장한다.

그러나 북한의 1998년, 2009년, 2012년 헌법 제10조에 "조선민주주의인민공화국은 로동계급이 령도하는 로농동맹에 기초한 전체 인민의 정치사상적통일에 의거한다. 국가는 사상혁명을 강화하여 사회의 모든 성원들을 혁명화, 로동계급화하며 온 사회를 동지적으로 결합된 하나의 집단으로 만든다."라고 기술하고 있다. 그리고 이 헌법들의 제63, 81, 85조에서 '전체', '인민의 정치사상적 통일', '혁명적경각성', '국가의 안전' 등을 강조하고 있어서 개인의 '의견 및 표현의 자유'를 침해할 가능성은 제도적으로 열려 있다. 그런데 일반주민들의 실생활에서 이 헌법보다 〈당의 유일사상 체계 확립의 10대원칙〉이 더 우위에 있다. 이 '10대원칙'은 독재자 김일성 · 김정일 · 김정은에 대한 숭배를 위해 개인의 '의견 및 표현의 자유'를 일상에서 철저하게 통제할 뿐만 아니라 그 통제를 적극적으로 따르지 않으면 '정치범'이 되도록 규정하고 있다.

그뿐만 아니라 개인의 '의견 및 표현의 자유'를 억압하는 각종 통제장치가 발달되어 주민들의 삶 속에 깊숙이 침투해 있다. 그 통제장치는 감시장치와 처벌장치로 대별할 수 있다. 먼저 감시장치에는 국가안전보위부, 사회안전부/인민보안(성)부, 국가검열위원회/국가검열성[40], 사회주의법무생활위원회, 인민반 등이 있다. 그리고 처벌장치로 6개소의 정치범 수용소, 최소 28개소의 집결소 및 200개소 이상으로 추정되는 노동단련대 같은 강제노동소와 8개소의 노동교양소 및 24개소의 교화소(인민보안부 소속 23개소, 인민무력부 소속 1개소) 등이 있다. 그런데 이와 같은 항시적 통제장치 외에 〈9 · 27 상무위원회〉처럼 상황별 통제장치도 만들어 운용할 만큼 통제에 대한 정책적 대응이 신속하다. 그뿐만 아니라 만 17세 이상의 전 주민 필적을 매년 갱신해 가며 보유하여 반김 · 반정부 낙서 · 전단사건 수사에 활용하고 있다.[41]

이런 통제와 억압 상황은 대한변호사협회의 4차례에 걸친 탈북자 인터뷰 조사에서도 실증적으로 나타나고 있다. 2008년 조사에서 "김일성과 김정일, 조선노동당에 대해 비판하는 말을 하거나, 한국이 잘살고 있고 한국이 좋다는 말을 해서 처벌받은 사람을 본 적이 있습니까?"라는 질문에 46.0%가 본 적이 있다고 답하였다. "한국에 대해 칭찬하는 말을 하거나, 김일성과 김정일, 조선노동당에 대해 비판하는 말을 할 때, 그 사실을 당국에 밀고하는 주민이 있습니까?"라는 질문에는 88.0%가 있다고 답하였다. "한국이나 다른 나라의 라디오 방송을 듣다가 발각되어 처벌받은 사람을 본 적이 있습니까?"라는 질문에도 46.0%가 그렇다고 답하였다. 2012년 조사에서는 다른 문항들이 주어졌지만, 의견 및 표현의 자유가 여전히 억압받고 있다는 사실은 확인된다.

대한변호사협회가 2010년에 실시한 인터뷰 조사에서 ID 056(2010)은, "한국 것은

---

40 국가검열위원회/국가검열성의 주요 업무는 행정기관의 경제기획이 당의 노선이나 김일성 · 김정일 · 김정은의 지시를 제대로 반영하고 있는지 여부를 사회주의계획경제의 지표에 따라 회계검열을 하고, 경제사업을 걸러서 김일성 · 김정일 · 김정은에게 보고하는 것이다. 북한 인민보안부 간부 출신 탈북자 김영철(가명, 2008년 2월 입국)이 진술(2010년 8월 22일 인터뷰).

41 윤대일, 앞의 책, 81~87쪽.

경찰들과 인민들이 맞서 싸우는 데모 장면이 주로 방송되는데, 한국은 인민들이 이렇게 데모를 많이 한다는 이야기를 했다. 그런 이야기만 할 수 있다. 하지만 속으로는 생각한다. '우리는 이렇게 더럽고 회색 옷들만 많은데, 데모 하는 학생들 옷이 너무 밝고 이쁜 것이 아닌가.'라고 말이다. 하지만 이런 생각들은 말로 꺼내선 안 된다."라고 진술하였다. 그리고 ID 065(2010)는 "국내외 소식에 대해서도 함부로 이야기해서는 안 된다. 혹시나 당국과 반하는 내용이 조금이라도 들어 있으면 밀고될 수도 있다. 북한에서는 3명에 1명꼴로 스파이들이 있다. 그러니 아직까지는 조심해야 한다."라고 진술하였다.

2012년 조사에서도 이와 유사한 진술들이 많이 있었다. "북한정부는 북한 주민들끼리 국내외(북한, 남한, 중국, 기타 외국) 정치 및 경제 뉴스에 관하여 이야기할 때 어디까지 의견을 교환할 수는 있는지에 대한 공식적인 허용 범위 지침이 있나요?"라는 질문에 "보도된 정도에서 벗어나면 안 된다."라는 대답이 대부분이었다. 그리고 "북한정부는 주민들이 어떤 말을 하면 처벌하는지 3가지를 말씀하여 주십시오."라는 문항에 '김일성 · 김정일과 김 씨 가계에 대한 이야기', '정책적 과오에 대한 비판', '유일사상체계나 유일지도체계에 대한 비판' 등을 예시했다.

그런데 '의견 및 표현의 자유 신장'이라는 측면에서 바람직한 현상이 북한의 식량위기 이후에 나타나고 있는 것 같다. 즉, 대한변호사협회의 2006년 인터뷰 조사에서 "생활에서 '당의 유일사상 체계 확립의 10대원칙'이 얼마나 준수되고 있습니까?"라는 질문에 일부 응답자들은 "전혀 혹은 거의 지켜지지 않는다."라고 대답했으며, 적지 않은 응답자들은 "일부 혹은 형식적으로 지켜지고 있다."라고 대답했다. 2008년과 2010년에 실시한 인터뷰 조사에서는 동일한 질문이 주어지지 않았지만, 응답자들로부터 유사한 내용의 진술들이 있었다.

그런데 2012년 조사에서는 62.4%의 응답자들이 북한에서 살면서 '유일사상 10대원칙'이나 '김일성 또는 김정일의 숭배'가 잘못된 것이라고 느낀 적이 있다고 답하였다.

그뿐만 아니라 2012년 조사 시 상기 '의견을 교환할 수는 있는 공식적인 허용 범위'에 대한 질문에서도 "한국이 잘산다, 중국은 어떻다는 정도는 가능"(N005)하고, "2009년 이후에는 한국의 발전상황 정도는 이야기해도 잡아가지 않는다."(N083, N127)라는 등, 긍정적인 변화를 보이는 진술들이 있었다.

표 2-15 (2012년 조사) 북한 주민들 사이에서 말을 잘못하여 처벌받은 사람을 보거나 들은 적이 있습니까?

구분	빈도	비율
예	73	72.3
아니요	28	27.7
합계	101	100.0

표 2-16 (2012년 조사) 북한 주민들끼리 중국 또는 한국의 경제나 정치 체제에 대한 이야기를 일상생활에서 자유롭게 나누는 것은 허용되고 있습니까?

구분	빈도	비율
예	15	14.9
아니요	86	85.1
합계	101	100.0

표 2-17 (2012년 조사) 북한에서 살면서, '유일사상 10대원칙'이나 '김일성 또는 김정일의 숭배'가 잘못된 것이라고 느낀 적이 있나요?

구분	빈도	비율
자주 있다	31	30.7
가끔 느낀 적 있다	32	31.7
없다	38	37.6
합계	101	100.0

이와 같은 현상은 의견 및 표현의 자유가 신장된 결과라기보다 식량위기 이후 급격히 늘어난 '일탈현상'에 대해 국가의 통제기제가 효과적으로 작동하지 못한 결과로 보인다. '10대원칙'이 공직자들에게는 아직도 준수되고 있고, 일반주민들에게도 자발적 동의를 이끌어 낼 수는 없지만 '생활총화' 등을 통해 '통제의 준거(reference)'로는 아직까지 구속성이 있는 것으로 보인다.

북한에서 자행되고 있는 언론 및 표현의 자유에 대한 억압은 〈세계인권선언〉 제19조, 자유권규약 제19조와 제20조, 〈아동의 권리에 관한 협약(아동권협약)〉 제12

조와 제13조를 위반하는 것이다.

전술한 바와 같이 북한의 출판법 제6조에서는 저작 또는 창작 활동의 자유를 규정하고 있지만, 제47조에서는 "출판지도기관과 해당 기관은 출판물을 통하여 기밀이 새여 나가거나 반동적인 사상과 문화, 생활풍조가 퍼지지 않도록 하며 인쇄설비를 등록하고 그 리용을 감독통제하여야 한다."라고 규정하고 있다. 그리고 제48조에 "기밀을 루설시키거나 반동적인 사상과 문화, 생활풍조를 퍼뜨릴 수 있는 출판물은 생산, 발행, 보급과 반출입을 중지시키고 회수한다."라는 규정을 두고 있다. 그뿐만 아니라 "등록하지 않고 리용한 인쇄설비는 몰수한다."라는 규정(제49조)과, "이 법을 어겨 엄중한 결과를 일으킨 기관 기업소, 단체의 책임있는 일군과 개별적공민에게는 정상에 따라 행정적 또는 형사적 책임을 지운다."라는 규정(제50조)을 두고 있다. 이런 규정들은 북한 주민들이 저작 또는 창작 활동을 자유롭게 할 수 없도록 언론 및 출판의 자유를 극도로 억압하는 것이다.

이와 같은 법규들에 따라 북한에서는 팩스(Fax)나 컴퓨터의 프린터도 등록해야 되며, 인쇄한 종이 매수까지도 감독하고 있어서 일반주민들이 팩스나 컴퓨터의 프린터를 사용하는 것은 실제적으로 불가능하다. 이는 2012년 조사(표 2-18)에서 확인되고 있다. 이런 현상은 국제규범에 어긋날 뿐만 아니라 북한의 출판법 제6조에도 배치된다.

4차례에 걸친 대한변호사협회의 인터뷰 조사를 통해 드러난 의견 및 표현의 자유침해 사례들은 북한의 헌법, 형법, 형사소송법 등에 기술된 관련 규정들이 전혀 지켜지지 않는다는 것을 여실히 보여 준다. 이는 그 자체로 〈세계인권선언〉 제6조와 7조를 북한정부가 위반하는 것이다. 그리고 김일성 · 김정일 가계 비밀을 언급하였다고 처벌하는 것은 〈세계인권선언〉 제11조 1항과 2항을 동시에 위반하는 것이다. 그뿐만 아니라 북한이 가입한 자유권규약 해당조항들도 침해하는 것이다.

6. 여성권

여성해방을 혁명의 주요 내용으로 천명하는 공산주의 국가들의 일반적인 경향에

표 2-18 인터넷을 사용하는 사람들 중 홈페이지를 개설하거나 메일 등을 이용하여 북한정부를 비판하는 활동을 하였다는 이야기를 들어본 적이 있습니까?

구분	빈도	비율
예	1	1.0
아니요	100	99.0
합계	101	100.0

따른 것이기도 하겠지만, 북한정부는 대남 비판의 일환으로 여성권과 관련된 전통적 인습을 '반동문화'로 규정하고 건국 초기부터 이를 비판해 왔다. 이 반동문화의 부정적 파생요소들이 남한에는 여전히 남아 있지만, 북한에서는 그 반동문화의 피해자였던 여성을 보호하고 권리를 신장하기 위해 〈남녀평등권에 대한 법령〉을 제정하여 운영하고 있다고 북한당국은 주장하고 있다. 그런데 〈유엔 경제적 · 사회적 · 문화적 권리 위원회(사회권규약 위원회)〉의 독립인권전문가들이 2003년 11월 19일에 북한의 「경제적 · 사회적 · 문화적 권리에 관한 제2차 정기보고서」를 심사하면서 북한에는 결정권이 있는 고위직에 여성이 적다는 지적을 하였다. 이에 대해 심형일 부단장은 "북한에서는 법적으로 남성과 여성이 평등하나, 충원이 개인의 능력에 따라 이루어지고, 여자는 남자만큼 능력을 갖추지 못해서 고위직에 여성이 적다."라고 답을 하여 전문가들이 귀를 의심하며 되묻기도 했다.

북한에서는 남존여비 사상을 "남자를 존대하고 여자를 천대하는 착취사회의 반동적 륜리도덕관이며, 근절되어야 할 봉건유교사상의 잔재"라고 규정하고 있다. 그리고 북한사회에서는 남녀평등이 법 · 제도적으로만이 아니라 현실적으로도 구현되고 있다고 북한당국은 주장하고 있다.[42] 그런데 대한변호사협회의 2012년 인터뷰 조사에서 "북한에서 여성이기 때문에 남성에 비해 차별을 받거나 어려움을 겪는 것이 있다면 대표적으로 어떤 것이 있나요?(예를 들어 교육 · 취업에서의 차별, 가정생활,

42 임순희, 「북한의 여성 · 아동 인권 실태」, 통일연구원, 『제1차 샤이오 인권포럼, 북한인권 실상과 효율적 개입방안』, 2011, 9쪽.

사회적 편견 등)"라는 질문에 응답자들은 사회적 편견과 취업, 진학, 일상생활 및 가정 내에서의 불평등 등 다양한 불평등 사례들에 대해 진술하였다. 그리고 "북한의 가정에서 아내와 남편의 관계 중 가장 불평등한 부분은 무엇인가요?"라는 질문에 전통적인 인습과 남존여비 사상에 대한 다양한 답변들이 있었다. 특히, "가정생활에서 아내의 의사를 존중하지 않는다.", "남자는 바람 피워도 정당시되지만, 여자는 안 된다.", "여자는 응당 남자를 위해 자기를 바쳐야 한다."라는 등, 남존여비 의식에서 비롯된 남녀불평등에 대해 많은 진술들이 있었다. 이런 현상은 심지어 가정폭력을 낳게 되는데, "그에 대한 법적인 통제나 보호 같은 것은 전혀 없다."라고 진술하였다. 그러나 이런 상황에 대해 북한의 여성들은 별다른 저항도 못 하고 있고, 정부도 별다른 개선책을 마련하지 않고 있는 실정이다.

현재까지 북한 내 가정폭력에 대해서는 대한변호사협회의 탈북자 인터뷰 조사 외에 전체적인 추세를 파악할 수 있는 체계적인 조사가 이루어지지 않아서 부분적인 정보가 전부다. 그러나 탈북자들의 증언이나 한국에 정주하고 있는 탈북자들의 가정을 보면 북한 내 가정폭력이 심각한 수준일 것으로 짐작된다. 앞에 소개한 2003년 북한의 「경제적 · 사회적 · 문화적 권리에 대한 제2차 정기보고서」 심사 시 위원으로 참여했던 유엔의 독립인권전문가들은 북한의 가정에서 자행되는 폭력에 대해 특별한 관심을 표명하고 적극적인 방지책 강구를 촉구하였다. 2004년에 유엔 인권위원회가 두 번째 대북결의를 채택할 때 이 주제에 대한 특별보고관을 추가로 지정한 것은 이를 반영한 것으로 판단된다.

대한변호사협회의 2006년 조사에서는 90.7%의 가정에서 가정폭력을 경험한 것으로 나타났다. 인터뷰 응답자 100명 중 해당자 54명이 진술한 가정이 북한 전체 가정에서 차지하는 대표성의 문제 때문에 일반화할 수는 없지만, 이는 대단히 높은 비율이다. 설령 북한의 일반가정이 응답한 탈북자 54명의 가정이나 그들이 목격한 가정보다 다소 덜 폭력적이라 전제하더라도 다른 국가들의 경우에 비하면 극단적으로 높은 것이다.[43]

---

43 부부폭력발생비율: 미국가정 16.1%(1985년 3520가정 조사), 재미 한국인가정 18.8%(1993년 260가정 조사), 홍콩가정 14.2%(1994년 382가정 조사), 한국가정 31.4%(1998년 1523가정 조사), 일본가정 17.0%(1999년 2800가정 조사). 김재엽, 「한국인의 가정폭력 실태와 현상」, 『가정폭력 대응

표 2-19 (2008년 조사) 귀하께서는 남편으로부터 심하게 구타당한 일이 있습니까?

항목	빈도(명)	비율(%)	유효비율(%)
예	4	7.3	8.2
아니요	40	72.7	81.6
모름	5	9.1	10.2
합계	49	89.1	100.0
무응답	6	10.9	
총합계	55	100.0	

표 2-20 (2010년 조사) 귀하께서는 남편으로부터 심하게 구타를 당한 일이 있습니까?

		응답수	비율(%)	누적비율(%)
유효응답	예	11	8.3	8.3
	아니요	114	86.4	94.7
	보름	7	5.3	100.0
	합계	132	100.0	
결측	무응답	68		
합계		200		

그런데 2008년과 2010년 인터뷰 조사에서는 “귀하께서는 남편으로부터 심하게 구타당한 일이 있습니까?”라는 질문에 각각 8.2%와 8.3%만이 “예.”라고 답하여 가정폭력 비율이 현저히 낮게 나타났다. 이는 대단한 변화를 보이는 것이지만, 여전히 응답자의 대표성 문제가 있고, 응답 내용의 진실성 문제가 있어서 유보적으로 받아들여야 될 것이다.

〈표 2-19〉와 〈표 2-20〉의 경우, 문항 구성이 적절하지 못하여 정확한 추세를 판단하기는 어렵다. 그런데 “대부분의 세대들에서 남편의 폭력이 있다.”와 “대체로 그렇지 않고 일부 남자들이 아내를 때린다.”를 합하면 2008년 조사에서는 98.1%, 2010년 조사

전략 수립을 위한 대 토론회』 (보건복지부 주최, 세계은행 The World Bank 후원, 2000년 3월 24일 ~3월 25일, 서울교육문화회관), 17쪽 〈표 2〉 참조.

에서는 98.5%로 2006년 조사보다 더욱 높게 나타나고 있다(표 2-21, 표 2-22).

대한변호사협회의 2012년 조사에서는 가정폭력에 대한 통계조사가 이루어지지 않았다. 그러나 "아내에 대한 폭행의 빈도나 폭행에 대한 남편들의 태도와 관련된 문제점은?"이라는 포괄적 질문에 대부분의 답변자들이 가정폭력을 인정하는 답변들을 하였다. 그리고 경제적 어려움, 음주, 남편의 외도, 남존여비와 같은 의식의 낙후성 등을 그 이유로 꼽았다.

북한의 가정폭력 현황과 구제노력에 대해 전체적으로 파악할 수 있는 자료가 충분하지 않아 현재로서는 일반적인 평가를 내리기 힘들고 비교연구도 불가능하다. 그런데 서방국가들에서는 지역사회의 협력적 대응이 모아지는 형태로 개입이 이루어질 때 가정폭력을 효과적으로 줄일 수 있는 것으로 나타났다. 그리고 체포나 벌금형, 집중적 보호관찰, 상담 등 여러 형태의 개입들을 혼합하면서 지역사회 전반에 걸쳐 포괄적으로 접근할 때 유용한 결과들이 도출된다는 연구들이 있다.[44] 이런 연구결과들에 따른다면, 북한에서 남편의 가정폭력에 대한 주변사람들의 반응과 개입 정도는 2006년 조사결과(우선 싸움을 말린다: 26.4%, 간섭하지 않는다: 54.7%, 아내 잘못으로 생각: 9.4%, 남편의 성격 탓으로 생각: 3.8%, 단속원에게 신고한다: 3.8%)보다 2008년과 2010년 조사결과는 다소 나아진 것으로 나타났지만, 상황해결에 도움이 되는 수준은 아니다.

그간의 탈북자 인터뷰 조사에서 매번 절대다수(2006년 조사 94.4%, 2008년 조사 88.7%, 2010년 조사 84.0%)의 응답자들이 가정폭력을 상담할 수 있는 기관이 없다고 진술하였다. 그리고 2010년 조사에서는 남편이 아내를 심하게 때려 당국에 신고를 하더라도 "아무런 처벌을 받지 않는다."라고 52.7%가 답하였으며, 25.2%는 "신고한 사람이 이상한 사람으로 취급될 뿐이다."라고 답하여 2008년 조사결과(10.9%)보다 더 부정적으로 나타났다. 2012년 조사에서도 이런 경향이 부분적으로 확인되고 있다. 이런 조사결과들은, 이 사안이 아직 북한에서 사회적으로 주목받지 못하고 있다는 사실을 증명하는 것이다.

---

44 Daniel G. Saunders, "Programs for Men Who Batter: A Summary of Models & Recent Research", July 20, 2000, *World Bank Project on Enhancing Institutional Capacity of the Ministry of Health and Welfare for Dealing in Family Violence*, Seoul, Korea.

표 2-21 (2008년 조사) 북한의 가정에서 남편이 아내에 대한 폭력이나 욕설을 심하게 하는 경우가 있습니까?

항목	빈도(명)	비율(%)	유효비율(%)
대부분의 세대들에서 남편의 폭력이 있다	32	58.2	60.4
대체로 그렇지 않고 일부 남자들이 아내를 때린다	20	36.4	37.7
기타	1	1.8	1.9
합계	53	96.4	100.0
무응답	2	3.6	
총합계	55	100.0	

표 2-22 (2010년 조사) 북한의 가정에서 남편이 아내에 대한 폭력이나 욕설을 심하게 하는 경우가 있습니까?

		응답수	비율(%)	누적비율(%)
유효응답	대부분의 세대들에서 남편의 폭력이 있다	92	69.7	69.7
	대부분 그렇지 않고 일부 남자들이 아내를 때리다	38	28.8	98.5
	남편이 아내를 때리거나 욕하는 경우는 없다	2	1.5	100.0
	합계	132	100.0	
결측	무응답	68		
합계		200		

표 2-23 (2008년 조사) 아내를 심하게 때리는 남편을 이웃들은 대체로 어떻게 생각합니까?

항목	빈도(명)	비율(%)	유효비율(%)
남의 집안일일 뿐, 다들 아무런 생각이나 느낌이 없다	9	16.4	17.0
남편이 괴팍하고 난폭한 사람이라고 생각한다 (남편이 잘못)	27	49.1	51.0
문제는 있지만 남자가 그럴 수도 있다고 생각한다	7	12.7	13.2
'아내가 어떤 잘못을 했겠지.'라고 생각한다	4	7.3	7.5
기타	6	10.9	11.3
합계	53	96.4	100.0
무응답	2	3.6	
총합계	55	100.0	

이상과 같이 북한에서는 가정폭력을 아직까지 병리현상으로 제대로 인식하지 못하고 있다. 그래서 여성을 가정폭력으로부터 보호하기 위해 필요한 입법조치를 취하지 않는 것이다. 예를 들어, 한국에는 '가정폭력 방지 및 피해자 보호 등에 관한 법률'(1998년 7월 제정), '가정폭력범죄의 처벌 등에 관한 특례법'(1998년 7월 제정, 1999년 1월 21일 수정), '성폭력 범죄의 처벌 및 피해자 보호 등에 관한 법률'(1994년 4월 제정, 1997년과 1998년 각각 수정) 등 가정폭력과 성폭력으로부터 여성을 보호하기 위한 법률과 특별법이 있다. 그러나 북한정부가 북한의 법들을 일반대중에게 알리기 위해 2004년에 처음으로 출판한 『조선민주주의인민공화국 법전(대중용)』에 헌법을 비롯한 112가지의 각종 법률이 수록되어 있지만 여성을 가정폭력이나 어떠한 폭력으로부터 구제하기 위한 법은 수록되어 있지 않다.

북한에서 가정폭력의 발생빈도가 유난히 높은 것은 경제적 어려움에서 비롯된 생활고와 의식의 낙후성에 기인한다고 평가할 수 있다. 따라서 경제성장과 의식개혁이 선행되어야 개선될 것으로 보인다. 그러나 가정에서 여성에 대한 폭력을 근절하기 위해 북한정부가 어떤 정책을 취하고 있는지는 알려진 바가 없다. 저자가 참관하였던 북한의 「경제적 · 사회적 · 문화적 권리에 대한 제2차 정기보고서」 심사 시, 유엔의 독립인권전문가들이 이에 대해 북한대표단에 질문했을 때 심형일 부단장은 "인민반 회의에서 자아비판을 하게 한다."라는 것 외에 구체적인 대책을 제시하지 못했다.

7. 아동권

〈세계인권선언〉은 제25조를 통해 "아동은 특별한 보호와 지원을 받을 권리를 가진다."라고 천명하고 있다. 이 선언 제26조에는 "모든 사람은 교육을 받을 권리를 가지고, 최소한 초등 및 기초단계에서는 무상이어야 하며, 교육은 인격의 완전한 발전과 인권, 근본적인 자유에 대한 존중의 강화를 목표로 하여야 한다."라고 규정되어 있다. 그리고 유엔 사회권규약 제10조 1항에는 "가정이 부양 아동의 양육과 교육에 책임을 맡고 있는 동안에는 가능한 한 광범위한 보호와 지원이 부여되어야 하고, 모

표 2-24 (2010년 조사) 아내를 심하게 때리는 남편을 보고 이웃들은 어떻게 생각합니까?

		응답수	비율(%)	누적비율(%)
유효응답	남의 집안일일 뿐, 다들 아무런 생각이나 느낌이 없다	71	54.6	54.6
	남편이 괴팍하고 난폭한 사람이라고 생각한다	43	33.1	87.7
	문제는 있지만 남자가 그럴 수도 있다고 생각한다	5	3.8	91.5
	'아내가 어떤 잘못을 했겠지.'라고 생각한다	4	3.1	94.6
	기타	7	5.4	100.0
	합계	130	100.0	
결측	무응답	70		
합계		200		

표 2-25 (2008년 조사) 북한에서 남편이 아내를 심하게 때리거나 욕설을 하는 경우에, 그것을 본 이웃들은 대체로 어떻게 행동하십니까?

항목	빈도(명)	비율(%)	유효비율(%)
우선 싸움을 말린다. 다른 조치는 취하지 않는다	24	43.6	45.3
남의 집안일이라 간섭하지 않는다	25	45.5	47.2
보안원에게 신고한다	3	5.5	5.6
기타	1	1.8	1.9
합계	53	96.4	100.0
무응답	2	3.6	
총합계	55	100.0	

표 2-26 (2010년 조사) 아내를 심하게 때리거나 욕설하는 경우 그것을 본 이웃들은 대체로 어떻게 행동하십니까?

		응답수	비율(%)	누적비율(%)
유효응답	우선 싸움을 말리고 다른 조치는 취하지 않는다	56	43.1	43.1
	남의 집안일이라고 간섭하지 않는다	65	50.0	93.1
	보안원에 신고한다	9	6.9	100.0
	합계	130	100.0	
결측	무응답	70		
합계		200		

든 아동은 경제적, 사회적 착취로부터 보호되어야 한다."라고 적시되어 있다. 또한 이 규약 10조 3항에는 "도덕 또는 건강에 유해하거나 또는 생명에 위험하거나 또는 정상적 발육을 저해할 우려가 있는 노동에 고용하는 것은 법률에 의하여 처벌될 수 있도록 해야 한다."라고 명시되어 있다. 그리고 자유권규약 제24조에는 "모든 어린이는 인종, 피부색, 성, 언어, 종교, 민족적 또는 사회적 출신, 재산 또는 출생에 관하여 어떠한 차별도 받지 아니하고, 자신의 가족, 사회 및 국가에 대하여 미성년자로서의 지위로 인하여 요구되는 보호조치를 받을 권리를 가진다."라고 규정되어 있다.

〈세계인권선언〉이 조약과 같은 구속력은 없다고 하나 문명국으로서, 특히 유엔 회원국으로서 북한은 상기 규정들을 준수하여야 한다. 그리고 북한은 유엔의 사회권규약과 자유권규약에 가입한 당사국이므로 이 양대 규약의 규정들을 준수해야 될 의무가 있다. 아울러 북한은 1990년 9월에 유엔 아동권협약에도 가입하였으므로 아동에 대한 특별한 보호와 권리주체로서의 아동의 권리를 명시하고 있는 이 협약을 준수해야 될 의무도 지고 있다.

그런데 아동권협약 제32조에는 "당사국은 경제적 착취 및 위험하거나, 아동의 교육에 방해되거나, 아동의 건강이나 신체적, 지적, 정신적, 도덕적 또는 사회적 발전에 유해한 어떠한 노동의 수행으로부터 보호받을 아동의 권리를 인정하여, 이를 보장하기 위한 입법적, 행정적, 사회적 및 교육적 조치를 강구하여야 한다."라고 규정되어 있다. 그리고 이 협약 제33조에는 "당사국은 마약과 향정신성 물질의 불법적 생산과 거래에 아동이 이용되는 것을 방지하기 위한 모든 적절한 조치를 취하여야 한다."라고 명시되어 있다.

북한사회 내부에 이런 아동권에 관한 국제규범들이 법제화되어 있는 수준은 다른 분야에 비해 비교적 높은 편이다. 북한의 1998년 헌법과 2010년 및 2012년 개정 헌법 제45조와 제47조에는 모든 학생들에 대한 11년제 의무교육과 무료교육 실시가 규정되어 있다. 그리고 1998년 헌법 제56조와 2010년 및 2012년 개정 헌법 제49조에는 "국가는 학령(취학연령) 전 어린이들은 탁아소와 유치원에서 국가와 사회의 부담으로 키워준다."라고 규정되어 있다. 이 세 헌법의 제77조에는 모성보호에 관한 규정들이 기술되어 있고, 제72조에는 "돌볼 사람이 없는 어린이는 물질적방조를 받을 권리를 가진다."라고 규정되어 있다. 그뿐만 아니라 〈어린이보육교양법〉(1999)

제18조에는 "부모의 보살핌을 받을수 없는 어린이는 육아원과 애육원에서 키운다." 라고 명시되어 있다.[45] 그 외에도 〈가족법〉(1993), 〈의료법〉(1997), 〈전염병예방법〉(1997), 〈교육법〉(1999), 〈민법〉(1999) 등에 아동의 건강, 위생, 생존 및 발전 등 다양한 아동보호 규정들이 포함되어 있다. 이런 규범적 · 제도적 장치들이 있지만 북한의 아동권 실태는 '아동권 보호'라는 말을 무색케 한다.

1) 교육권 침해와 노동착취

북한정부는 1977년 9월 5일에 발표된 〈사회주의 교육에 관한 테제〉와 1976년 4월 29일에 발표된 〈어린이보육교양법〉 및 교육과 관련한 김일성 · 김정일의 문건 등을 종합 정리하여 1999년에 〈교육법〉을 제정하였다.[46] 이 〈교육법〉 제12조에서는 "전반적무료의무교육제를 실시하는것은 온 사회의 문화기술수준을 높일수 있게하는 기본담보이다."라고 천명하고, "조선민주주의인민공화국 공민은 중등일빈교육을 받을 의무와 무료로 교육받을 권리를 가진다."라고 규정하고 있다. 이 법 제13조에서는 "공민은 노동할 나이가 되기까지의 기간에 11년의 중등일반의무교육을 받으며", 제14조에서는 "지방정권기관과 교육기관은 해당 지역에서 교육받을 나이에 이른 어린이를 빠짐없이 장악하여 취학시켜야 하며, 교육받을 나이에 이른 어린이의 부모 또는 보호자는 어린이의 취학을 보장할 의무를 지닌다."라고 규정하고 있다. 그 외에도 제15조에는 외진 지역의 어린이와 장애어린이의 교육과 관련하여 "지방정권기관은 깊은 산골, 외진 섬같이 주민지역과 멀리 떨어져 있는 지역 어린이와 맹, 롱아 같은 불구어린이의 중등의무교육을 보장하기 위한 조치를 취하여야 한다."라고 규정하고 있다. 제16조에서는 "조선민주주의인민공화국에서 모든 교육은 무료이다. 교육기관은 학생 또는 그의 부모나 보호자로부터 입학, 수업, 실습, 견학, 답사와 관련

45 이영환 외, 『(사) 북한인권시민연합 북한 아동권 실태보고서, 왕이라 불리는 아이들』, 생명과 인권, 2009, 51쪽.

46 북한문제연구소, 『북한 365일』, 북한문제연구소, 2004, 195쪽. 「조선민주주의인민공화국 교육법」은 1999년 7월 14일에 최고인민회의 상임위원회 정령 제847호로 채택되었다.

한 료금을 받을수 없다."라며 무료의무교육을 다시 한 번 강조하고 있다.[47]

북한정부는 이와 같이 11년 의무교육제도를 실시하여 세계에서 문맹률이 가장 낮은 나라라고 자부했었다. 그러나 1990년대 후반에 경제 및 식량 위기를 겪으면서 교육기관이 마비되고 아동들의 교육이 파행으로 치달았다.

대한변호사협회의 2012년 탈북자 인터뷰 조사에서 북한에서는 아동들이 "학교에서 돈을 내라고 하는 때가 많아서 학교에 못 간다."라는 등, 경제적 이유로 학교에 못 다닌다고 대부분의 응답자들이 진술하였다. 진술들 중에는 "학교에서 평균 주에 2번 정도 돈을 요구해서(예: 책상칠감 사야겠는데 1인당 만 원씩 내일 가져오라 등) 학교에 못 간다."라는 구체적인 내용도 있었다.

그런데 북한에서는 아동들을 정규 수업시간까지 침해해 가며 협동농장에서 일을 시키고, 교사들은 사적 목적으로 일을 시켜 아동들이 교육권을 침해당할 뿐만 아니라 노동착취도 당하고 있다.

앞에 언급한 북한의 세 헌법들 제31조와 〈로동법〉 제15조에는 "로동하는 나이는 16세부터로 그에 이르지 못한 소년들의 로동을 금지한다."라고 규정되어 있다.[48] 그뿐만 아니라 형법 제191조에는 "로동할 나이에 이르지 못한 미성년자에게 로동을 시킨 자는 2년 이하의 로동단련형에 처한다."라고까지 명시되어 있다.[49] 북한정부가 1996년에 유엔 아동권리위원회에 제출한 최초보고서에서 "해방직후부터 아동고용은 엄격히 금지되어 왔고, 현재 북한에서 그와 같은 문제는 발생하고 있지 않다(198항)."라고 보고하였다.[50] 그러나 많은 탈북자들은 "북한에서 농사는 학생들이 다 짓는다."라고 말하고 있다. 봄에는 파종, 여름에는 김매기, 가을에는 추수, 겨울에는 거름 모으기에 이르기까지 농사의 거의 모든 과정에 아동들이 동원되고 있는 실정이라는 것이다.

1991~2006년에 함경북도 온성군에서 살았던 안지연은 8세였던 1999년 소학교

---

47 이영환 외, 앞의 보고서, 51~53쪽.

48 법률출판사, 『조선민주주의인민공화국 법전(대중용) (Ⅰ)』(평양: 2004), 467쪽.

49 법률출판사, 『조선민주주의인민공화국 법전(대중용) (Ⅱ)』(평양: 2004), 819쪽.

50 UN Committee on the Rights of the Child, "Initial Report of States parties due in 1992: Democratic People's Republic of Korea (February 13, 1996)", CRC/C/3/Add.41 (June 17, 1996).

2학년 때부터 협동농장에 동원되었다고 증언하였다. 주로 강냉이 밭에서 김매기를 했는데, 오후 수업이 2시 45분에 끝나면 종례를 하고 3시부터 농장으로 이동해서 거의 매일 2~4시간씩 일했다고 한다. 저녁 7시경에 끝날 때는 집에 돌아오면 저녁도 못 먹은 채로 밤 9시가 되기 일쑤였다고 한다. "농장에서 교사들에게 어디까지 일해달라고 하면 선생님들이 아이들에게 그만큼을 다해야 집에 보내준다고 하기 때문에 집에 일찍 돌아가서 저녁을 먹사면 열심히 하는 수밖에 없었나."라고 신술하였다.[51]

1988~2006년에 함경북도 경원군에서 살았던 김한미는 7세였던 1995년 소학교 1학년 때부터 거의 이틀에 한 번씩 동원되었다고 증언한다. 김 양은 "1학년 때는 좀 덜했지만, 2학년 때부터는 많이 시켰고, 밭에서 김을 매거나, 돌을 걷어다 버리는 일을 많이 했다."라고 설명하였다. 오전수업이 끝나면 각자 집으로 가서 점심을 해결하고 작업도구를 챙겨 다시 학교로 모여 대열을 맞춰 농장으로 갔다고 한다. 최소 오후 5시, 늦을 때는 저녁 7시가 넘어야 끝나는 경우도 있기 때문에 걸어서 다시 집으로 돌아오면 깜깜한 밤이 되었다고 한다. 중학교에 다닐 때(1999~2004년)에는 봄에는 영양단지, 여름에는 김매기, 가을에는 가을걷이까지 봄부터 가을까지 1년 중 거의 대부분을 농촌지원 때문에 공부할 수 없었다고 한다. 비교적 한가할 때에는 각자 집에서 점심을 먹고 다시 모여 2시간 정도 공부하고 일은 조금할 때도 있지만, 대부분의 경우 농촌지원은 점심식사 후 다시 모이자마자 시작되었다고 한다. 농번기에는 오전 수업도 제외하고 작업에 동원되었고, 저녁 7시나 심지어 밤 9시까지 이루어졌는데, 그리고 집에 돌아가 저녁을 먹으면 밤 10시가 넘는 경우도 적지 않았다고 한다.[52]

이 외에도 많은 탈북자들이 이와 유사한 증언들을 했다. 이와 같은 아동들의 노동에 대해 북한당국은 '학업과 노동'을 병행하는 교육이고 '농촌지원'이라는 사회봉사라고 주장하지만, 이는 자발적인 봉사활동과 거리가 먼 전형적인 아동 노동착취에 해당한다. 북한인권시민연합의 북한 아동권 실태보고서 『왕이라 불리는 아이들』은 "특히 학교가 아동 노동력의 동원 및 파견의 매개체가 된다는 점에 주목할 필요가 있

51 이영환 외, 앞의 보고서, 188쪽.
52 위의 보고서, 189쪽.

다."라고 강조하고 있다.[53]

학교를 매개로 한 아동 노동착취 중에는, 정책적으로 제도화된 착취에 못지않게 교사들에 의한 사적 착취도 심각하다. 1990년대 후반에 경제 · 식량위기를 맞으면서 생활형편이 어려워진 교사들을 학생들과 학부모들이 자발적으로 돕던 것이 점차 관행으로 인식되면서 적지 않은 교사들이 이를 악용하여 심각한 아동 노동착취를 하고 있다.

1991~2006년에 평안남도 덕천시에서 살았던 김진혁은 2001년, 10세에 불과한 소학교 4학년 때부터 교사의 개인밭에서 일해 주기 시작했다고 한다. 김 군은 "학교 텃밭은 원래부터 있었는데, 그때쯤 선생님 텃밭이 따로 생겼는데, 가을걷이 날라 주러 가고, 분토 뿌려 주러 다니기도 했다."라고 진술하며, "북한에는 아이들이 쉬는 날도 없고, 매일 작업이다, 지원이다, 과제다 하면서 선생님들도 아이들 부려 먹는 것을 당연하게 생각하는 사회가 되어 버렸다."라고 지적하였다.[54]

1991~2006년에 함경북도 경원군에서 살면서 1998~2001년에 소학교를 다녔던 최미옥은 "소학교에 다닐 때부터 선생님 집에 가서 일하는 아이들이 많았는데, 짱매(강냉이 알을 빻아서 가루로 만드는 일)를 하거나 강냉이 가루로 국수 만들기, 땔감 만들기, 선생님 아이를 대신 봐주는 일도 있었다."라고 증언하였다. 최 양에 따르면, 교사가 직접 아이들을 집으로 데려가는 경우도 있지만, 자신은 학교에 남아서 일하거나 다른 볼일을 보러 가면서 학생들을 골라서 자신의 집으로 보내 이런저런 일을 해 놓으라고 시키는 경우가 더 많았다고 한다. 그럼에도 불구하고 최 양은 "당연히 해야 하는 일로 여기는 분위기였기 때문에 불평하는 아이들도 없었고, 협동농장에 동원되는 날에는 그나마 덜 힘든 선생님 집에 가서 일하겠다고 경쟁적으로 나설 정도였다."라고 설명하였다. 돌이켜 생각해 보면 어느 쪽에서 일하든 모두 부당한 일이었지만, 그나마 수월한 일이라서 좋아했다는 것이다. 중학교에 올라갔을 때에도 교사의 집안일을 할 때도 있었지만, 주로 교사의 개인밭에서 일했다고 한다.[55]

이처럼 10세 이전의 어린 나이 때부터 교사의 개인밭이나 교사의 집에서 일을 하다

---

53 위의 보고서, 187쪽.
54 위의 보고서, 204쪽.
55 위의 보고서, 205쪽.

보니 교사의 권위에 순종적이고, 부당한 대우를 받아도 비판의식이 제대로 형성되어 있지 않기 때문에 가르침을 받는 학생으로서 당연히 해야 되는 의무로 받아들인다고 한다.

2) 공개처형 관람

북한의 형법과 아동권 관련법들에서 아동들에 대한 사형을 금지하고 있지만 공개재판과 총살형을 당한 사례들이 보고되고 있다. 그런데 북한정부의 아동권 침해 사례들 중에서 가장 심각한 사례는 광범위하게 이루어지고 있는 공개처형 관람일 것이다. 다음은 아동기에 강제로 동원되거나 호기심에 의해 공개처형을 직접 관람한 당사자들의 증언들이다.

함경북도 경흥군에서 1999년까지 살았던 김지연은 "1996년부터 공개총살을 많이 했는데, 그때는 선생님들이 전교생을 데려 나가서 의무적으로 보게 했기 때문에 나는 열 살 때, 사람 죽이는 것을 처음 봤다."라고 증언하였다. 하지만, 김 양은 선천적으로 심장이 좋지 않고 그날부터 계속 악몽에 시달리다 못해 병원에 찾아가 심장이 약하다는 진단서를 받아 학교에 제출하였고, 이후부터는 공개처형장에 나가지 않아도 되도록 열외 조치되었다고 한다. 김 양에 따르면, 주로 '은덕천'이라는 강가 공터에 주민들을 모두 모아 놓고 처형했다고 하며, 여성들이나 아동들 가운데 충격을 받고 겁에 질리는 사람들이 많아져서 해가 갈수록 이런저런 이유를 대고 빠지는 사람들이 점점 늘어나기 시작했다고 한다.[56]

함경북도 온성군에서 2005년에 탈북한 안지연은 "일곱 살 때(1998년) 목매달아서 사람 죽이는 것을 처음 봤다."라며, "그 근처에서 놀고 있다가 사람들이 우르르 몰려가는 것을 보고 호기심에 따라갔다가 보게 되었다."라고 증언하였다.[57]

함경북도 회령시에서 2004년에 탈북한 이석진은 1998년에 평양에서 회령시로 추방된 이후에 곧 공개처형을 처음 목격하게 되었다고 한다. 이 곳은 탈북하기 전까지 6년 동안 '소 잡아먹은 죄', '중국 노상죄', '인신매매', '살인' 등 다양한 죄명으로

56 위의 보고서, 372~373쪽.
57 위의 보고서, 373쪽

공개처형되는 것을 15회 정도 목격했다고 증언한다.

강원도 원산시에서 2006년에 탈북한 김지선은 "강원도 쪽에는 중국으로 도망가는 사람들이 거의 없기 때문에 잡혀 오면 강하게 처벌했다."라며, "중학교 1~2학년 때(2000~2001년 사이), 중국에서 잡혀 온 한 여자가 '남조선 남자와 중국에서 살림 차리고 살았다'는 이유로 공개총살을 당하는 것을 봤다."라고 증언하였다.[58]

함경북도 경흥군에서 2007년에 탈북한 김옥화는 "2003년에 인민반에서 공개재판한다고 나와서 보라고 돌아다니면서 알려 줘서 사람들이 전부 몰려가기에 나도 친구들과 같이 구경 갔는데, 마약을 세게 하고, 중국에 사람 팔아넘겼다는 죄로 강 근처에 나무막대를 세우고 총살하는 것을 봤다."라고 증언하였다.

평안남도 남포시에서 2005년에 탈북한 김은지는 자신이 다니던 학교에서는 공개처형장에 아동들을 의무적으로 동원하는 일은 없었지만, "오늘 어디에서 사형 있다."라는 말이 들리면 호기심에 구경하러 가는 아이들이 많았다고 진술하였다. 김 양은 "내가 사람 죽는 것을 봐서 뭐하나 싶어서 안 가고 싶었는데, 2003년에 우연히 장마당 지나다가 처음 보았다."라고 증언하였다. 김 양은 "머리가 터져서 골이 튀어나오는 것을 보고 너무 끔찍해서 그다음부터는 사형이 있다고 하면 그 근처에는 아예 얼씬도 안 했다."라고 증언하였다.[59]

북한 당국이 아동들에게 공개처형 장면을 목격하게 하는 이유는 아동의 범죄예방 효과를 기대하기 때문인 것으로 보인다. 그러나 이때의 충격으로 얻게 된 정신적 외상증후군(trauma)이 수년이 지나 성인이 된 후에도 남아 있어 괴로워하고 있는 피해자들이 많이 있다.

3) 마약생산에 동원된 아동들

전술한 바와 같이 유엔 아동권협약 제33조에는 "…… 마약과 향정신성 물질의 불

---

58 위의 보고서, 373쪽.
59 위의 보고서, 374쪽.

법적 사용으로부터 아동을 보호하고, 이러한 물질의 불법적 생산과 거래에 아동이 이용되는 것을 방지하기 위하여 입법적, 행정적, 사회적, 교육적 조치를 포함한 모든 적절한 조치를 취하여야 한다."라고 명시하고 있다. 그리고 북한정부가 1995년부터 2000년까지 아동권 이행상황을 정리하여 2003년 5월 제출한 제2차 국가보고서에서도 "최초보고서의 내용과 동일하게 마약과 관련한 문제는 없다(제217항)."라고 보고하였다.

그러나 북한에서는 양귀비 재배와 채취에 아동들을 동원하고 있는데, 여기에는 정부, 군대와 학교, 교사들까지 조직적으로 연루되어 있어 문제가 아주 심각하다. 김일성종합대학교를 졸업하고 2000년에 탈북하여 2002년에 한국에 입국한 「동아일보」 기자 주성하는 다음과 같이 증언한다.

> "1990년대 중반 북한 북부지역 일부 농장에 '백도라지 분조'라는 이색적인 분조(20여 명 규모의 농업생산단위)가 생겨났다. 위장을 하기 위해 양귀비에 백도라지라는 가짜 이름을 붙이고, 가장 지력이 좋은 땅에 양귀비를 심고 가꾸었다. 7월이면 어린 학생들까지 총동원돼 아편 원액을 추출하였는데, 역한 냄새에 학생들이 쓰러지는 일도 많아 밭머리에 의료진까지 대기하였다."[60]

그뿐만 아니라 함경북도 무산군에서 농장원으로 일하다가 1998년에 탈북하여 2003년에 한국에 입국한 이숙영(가명, 여, 50세)도 "(1990년대 후반) 14세였던 딸도 학교에서 양귀비 진액을 채취하는 일에 동원되었다."라고 증언하였다.[61]

그 외에도 양귀비 생산과 채취에 학생들이 동원된다는 언론보도와 증언들은 많다. 2001년 3월 16일자 「연합뉴스」는 북-중 국경지역 등지에서 탈북자들을 돕는 한 선교단체 관계자의 설명을 인용하여, "북한당국이 함경북도 내 청진시, 김책시, 무령군, 경성군, 연사군 등 시 · 군과 양강도 주민들에게 양귀비 농사를 높은 수입을 올릴 수 있는 '약담배 농사'로 속인 후, 수확기 때 고등중학생과 대학생, 시 · 군

60 '주성하 기자의 북한 엿보기 (6): 위조담배-아편제조', 「동아일보」, 2006년 2월 1일.
61 서울대학교, 「통일포럼」, 「제6차 북한이탈주민 간담회 – 북한의 농촌 생활 모습」, 2006. 3. 28.

당 행정위원회 일꾼들을 동원, 대대적으로 양귀비 진액 채취사업을 전개했다."라고 보도하였다.[62]

2005년 10월에 함경북도 경원군에서 탈북한 김지연은 "특히 2004년부터 양귀비 재배가 더욱 활성화되면서, 중학생들도 양귀비로부터 하얀 우윳빛의 진액(즙액)을 뽑아내는 데 동원되었다."라고 증언하였다. 김 씨도 이러한 작업에 수시로 동원되었는데, "어린 학생들은 그냥 약초라고만 들어서 아직 피지 않은 꽃망울을 따서 씹어 먹기도 하였다. 여자가 약담배 농장에 가면 아기가 들어서지 않는다는 소문이 퍼져, 딸을 둔 부모들은 학생들이 약담배 농장에 동원되는 시기에는 아예 아이들을 학교에 보내지 않으려고 하였다."라고 진술하였다.[63]

북한당국이 양귀비 재배 및 채취에 어린 학생들을 동원하는 이유는 양귀비가 무엇인지 잘 모르는 학생들은 훔쳐 갈 가능성이 낮고, 파종 및 재배기간에 경계를 철저히 하지 않아도 되기 때문으로 보인다. 그러나 이렇게 마약에 노출된 북한의 아동들은 이미 중독이 되었거나 점차 중독되어 가고 있다. 이런 상황에서도 북한정부는 2001년부터 2007년까지의 아동권 이행상황을 담아 2007년 12월에 아동권위원회에 제출한 제3 · 4차 통합 국가보고서에서 "최초보고서에서 이미 밝혔던 것처럼 의사의 처방전 없이 마약을 사용한 사례는 한 건도 보고된 바가 없다."라며 기존의 주장을 되풀이하고 있다.

8. 탈북자 문제

1) 탈북의 양상

통일부의 발표에 따르면 2014년 6월까지 한국에 입국한 탈북자들의 누계 수치

62 '함경북도에서 양귀비 대량 재배', 「연합뉴스」, 2001년 3월 16일.
63 이영환 외, 앞의 보고서, 73~74쪽.

표 2-27 시기별 입국현황

구분	남성(명)	여성(명)	합계(명)	여성비율
~1998년	831	116	947	12%
~2001년	565	478	1,043	46%
2002년	510	632	1,142	55%
2003년	474	811	1,285	63%
2004년	626	1,272	1,898	67%
2005년	424	960	1,384	69%
2006년	515	1,513	2,028	75%
2007년	573	1,981	2,554	78%
2008년	608	2,195	2,803	78%
2009년	662	2,252	2,914	77%
2010년	591	1,811	2,402	75%
2011년	795	1,911	2,706	70%
2012년	404	1,098	1,502	72%
2013년	371	1,145	1,516	76%
2014년 6월(잠정)	131	601	732	82%
합계	8,078	18,776	26,854	70%

출처: http://www.unikorea.go.kr/ index.do?menuCd=DOM_000000105006006000 (검색일: 2014년 8월 17일)

는 2만 6854명인데, 그중 남자는 8078명이고 여자 1만 8776명이다.[64] 이런 성비(性比)의 불균형은 2003년부터 두드러지게 나타나고 있다. 물론 이들이 전체 탈북자들을 대표하는 것이 아니어서 〈표 2-27〉에 제시된 수치상의 비율을 곧바로 일반화하는 것은 무리가 있다. 그러나 탈북자들의 성비 구성에서 여성이 남성보다 월등히 높은 것은 많은 현장 활동가들이 이야기하는 바이다. 이는 탈북과정에 제3자의 개입, 즉 인신매매(human trafficking) 혹은 인신밀수(human smuggling)가 작용했기 때

64 「북한이탈주민 현황」, http://www.unikorea.go.kr/ (검색일: 2014년 8월 13일).

표 2-28 입국 시 연령별 현황

(2013년 6월 말 기준)

연령	0~9세	10~19세	20~29세	30~39세	40~49세	50~59세	60세 이상	계
남	586	1,525	2,081	1,825	1,050	387	280	7,734
여	590	1,826	5,032	5,748	2,759	841	785	17,581
합계(명)	1,176	3,351	7,113	7,573	3,809	1,228	1,065	25,315

출처: http://www.unikorea.go.kr/index.do?menuCd=DOM_000000105006006000 (검색일: 2014년 2월 18일)

문이다.

연령분포 비율을 통해서도 같은 해석을 할 수 있다. 즉, 〈표 2-28〉에 나타나 있는 바와 같이 탈북자들의 연령대별 분포를 보면 20대와 30대가 압도적 다수를 차지하는 가운데 여성비율이 20대 탈북자들의 경우 70.7% 이상, 30대 탈북자들은 75.9%로 나타나고 있다. 물론 40대도 72.4%, 50대는 68.5%, 60대 이상도 73.7%로 대단히 높게 나타나고 있다. 그러나 이들은 상대적으로 소수다. 그리고 여성 비율이 10세 미만은 50.2%, 10대의 경우는 54.5%를 차지하고, 숫자도 아주 적다. 이런 추세는 탈북자들에 대한 인신매매 혹은 인신밀수 조직의 선호도가 반영되었기 때문이다.

아울러 10세 미만의 탈북자들이 4.6%, 60세 이상의 탈북자들이 4.2%로 아주 낮은 데 비해, 직업 분포도(표 2-29)로 보았을 때 '무직부양'이 48.7%에 이른다는 사실은, 경제난 · 식량난이 초래한 가족해체로 10대의 미성년자들과 젊은 가정주부들이 인신매매 혹은 인신밀수 조직에 연루되어 탈북한 결과로 해석된다.

한국에 정착해 있는 탈북자들 중에서 군인(2.56%)과 공작원이 적지 않은 비율(합계 3%)을 차지하는 것은 특수한 남북한 관계의 반영으로 보인다. 즉, 그들이 갖고 있는 정보의 가치가 남한 정착에 유리하게 작용할 것이라는 주관적 · 객관적 판단은 그들의 탈북에 '끌어당기는 효과(pull effect)'로 작용했을 것이다. 그런데 과거 중 · 동부 유럽 사회주의체제에서는 문화 · 예술분야에 종사하던 창조적 지식인들 중에서 체제 이탈자들이 많았는 데 비해 탈북자들 중에는 창조적 지식인들의 비율이 아주 낮다. 이는 북한의 문화 · 예술 분야 종사자들에게 창의성보다 상부의 지침과 관리에 대한 순종이 더 요구된 결과로 보인다. 그리고 예술분야에 대한 김정일의 특이

표 2-29 재북 시 직업별 유형

(2013년 6월 말 기준, 단위: 명)

구분	관리직	군인	노동자	무직 부양	봉사 분야	예술 체육	전문직	비대상 (아동 등)	기타	계
남	307	572	3,332	2,873	69	65	180	238	98	7,734
여	98	77	6,227	9,459	921	145	323	184	147	17,581
합계	405	649	9,559	12,332	990	210	503	422	245	25,315

출처: http://www.unikorea.go.kr/index.do?menuCd=DOM_000000105006006000 (검색일: 2014년 2월 18일)

표 2-30 (2010년 조사) 탈북 동기

		응답수	비율(%)	누적비율(%)
유효응답	정치적 탄압	35	17.5	17.5
	가족과 재결합	44	22.0	39.5
	경제적 어려움	73	36.5	76.0
	체제에 대한 회의	18	9.0	85.0
	자유에 대한 동경	21	10.5	95.5
	기타	9	4.5	100.0
합계		200	100.0	

표 2-31 (2010년 조사) 귀하가 탈북하게 된 주된 이유는 무엇입니까?

		응답수	비율(%)	누적비율(%)
유효응답	경제적 어려움	21	29.6	29.6
	정치적 자유	26	36.6	66.2
	기타	24	33.8	100.0
	합계	71	100.0	
결측	무응답	129		
합계		200		

한 관심과 통제, 특별한 시혜 등도 영향을 미쳤을 것이다.

대한변호사협회의 의뢰로 2010년에 실시한 200인의 탈북자 인터뷰 조사에서 나타난 탈북 동기(표 2-30)는, 정치적 요인들('정치적 탄압' 17.5%, '체제에 대한 회의' 9.0%, '자유에 대한 동경' 10.5%)이 37%를 차지하여 경제적 요인(36.5%)이나 가족과의 재결합(22.0%)을 능가하고 있다. 즉, 탈북을 양산하는 데 '밀어내는 효과(push effect)'가 '끌어당기는 효과'보다 강하며, '밀어내는 효과'도 경제적 요인보다 정치적 요인이 더 우세하다는 것이다. 이런 성향은 〈표 2-31〉 "귀하가 탈북하게 된 주된 이유는 무엇입니까?"라는 질문에 대한 답변에서 한 번 더 확인할 수 있다.

보다 더 구체적인 탈북동기를 묻는 〈표 2-32〉 "귀하가 탈북을 하지 않으면 안 되었던 가장 중요한 이유는 무엇입니까?"라는 질문에서는 경제적 요인(중국에 가서 돈을 벌기 위해 17.5%)보다 정치적 요인(북한에서 미래가 불안해서 8.0%, 북한에 자유가 없어서 13.0%)이 더 크게 작용했던 것으로 나타났다. 그리고 '밀어내는 효과'(단속 · 처벌을 피하기 위해 8.0%, 북한에서 미래가 불안해서 8.0%, 북한에 자유가 없어서 13.0%)가 '끌어당기는 효과'(중국에 가서 돈을 벌기 위해 17.5%, 중국에 있는 가족을 만나기 위해 6.0%)보다 강하게 나타났다.

그런데 한국으로 오게 된 데에는 '밀어내는 효과'(북한의 단속과 처벌을 피하기 위해 4.0%, 중국에서 신분이 불안정 16.6%, 중국에서 살아가기 힘들어 4.5%, 북한으로 되돌아갈 수 없어서 1.5%)보다 '끌어당기는 효과'(한국에 있는 가족과 함께 살기 위해 27.6%, 경제적으로 잘살 수 있다고 해서 20.6%, 자유를 찾아 한국행 선택 15.1%)가 월등히 강하게 작용하였다(표 2-33).

대한변호사협회의 2010년 조사에서 인신매매 혹은 인신밀수를 경험한 탈북자들의 비율은 매우 낮게 나타났다. "탈북 후 중국인에게 시집가거나 특정한 일터로 팔려간 적이 있습니까?"라는 질문에 86.2%가 없다고 대답했다. 2012년 조사에서도 동일한 질문이 주어졌는데, 83.2%가 없다고 답하였다.

이와 같이 인신매매 혹은 인신밀수 경험자가 적게 조사된 것에 대해서는 3가지 다른 해석이 가능하다.

첫째, 인터뷰 대상자들이 전체 탈북자들의 모집합(母集合)에 비해 어떤 특정 부류로 편중되어 있어서 전체적 추세를 반영하지 못했을 수 있다. 2010년 조사의 경우 200명, 2012년 조사의 경우 101명을 상대로 인터뷰 조사를 한 것이어서 충분히 그럴

표 2-32 (2010년 조사) 귀하가 탈북을 하지 않으면 안 되었던 가장 중요한 이유는 무엇입니까?

		응답수	비율(%)	누적비율(%)
유효응답	중국에 가서 돈을 벌기 위해	35	17.5	17.5
	중국에 있는 가족을 만나기 위해	12	6.0	23.5
	단속.처벌을 피하기 위해	16	8.0	31.5
	북한에서 미래가 불안해	16	8.0	39.5
	한국으로 가기 위해	71	35.5	75.0
	북한에 자유가 없어서	26	13.0	88.0
	다른 이유	24	12.0	100.0
합계		200	100.0	

표 2-33 (2010년 조사) 귀하가 한국으로 오게 된 가장 중요한 이유는 무엇이었습니까?

		응답수	비율(%)	누적비율(%)
유효응답	한국에 있는 가족과 함께 살기 위해	55	27.6	27.6
	경제적으로 잘살 수 있다고 해서	41	20.6	48.2
	북한의 단속과 처벌을 피하기 위해	8	4.0	52.3
	중국에서 신분이 불안정	33	16.6	68.8
	중국에서 살아가기 힘들어	9	4.5	73.4
	북한으로 되돌아갈 수 없어서	3	1.5	74.9
	자유를 찾아 한국행 선택	30	15.1	89.9
	다른 이유	20	10.1	100.0
	합계	199	100.0	
결측	무응답	1		
합계		200		

수 있다.

둘째, 최근에 와서 탈북의 양태가 인신매매나 인신밀수보다 외부의 조력자가 알선해 준 브로커를 통해 이루어지고 있다. 실제 2012년 조사에서 101명의 응답자들 중에서 91명이 중국에서 한국으로 직행하였으므로 인신매매나 인신밀수를 경험하

표 2-34 (2012년 조사) 북한에서 탈북하기 직전에, 중국으로 가면 팔려 가게 된다는 것을 알고 있었습니까?

구분	빈도	비율
알고 있었음	21	20.8
몰랐음	30	29.7
해당 없음	50	49.5
합계	101	100.0

지 않았을 수도 있다.

셋째, 인터뷰 대상자들 중에서 진술한 답변을 하지 않은 사람들이 많이 있다.

대한변호사협회의 2008년 인터뷰 조사와 2010년 인터뷰 조사에서 "사람장사꾼(인신매매범)이 여성을 속여서 탈북시킨 후 강제로 중국 사람에게 시집보낸 일을 보거나 들은 적 있습니까?"라는 질문에 대해서는 각각 69.1%와 55.0%의 응답자들이 보거나 들었다고 답변했다. 2012년 인터뷰 조사에서는 101명의 응답자들 가운데 51명이 해당자들이었는데, 그중 21명이 "북한에서 탈북하기 직전에, 중국으로 가면 팔려 가게 된다는 것을 알고 있었다."라고 답하였다(표 2-34). 특히, 2010년 조사에서 98.0%가 몰래 도강하였고, 72.4%가 탈북 시 안내자가 있었다고 하면서, 37.1%가 돈을 지불하지 않았다고 답하였다. 이들은 인신매매 혹은 인신밀수 형식으로 탈북을 하였을 가능성이 높다. 따라서 첫째 해석과 셋째 해석도 유효한 것으로 판단된다.

그러나 2010년 조사에서 응답자의 39.9%가 한국에 있는 가족의 도움으로 한국행 비용을 마련하였다고 답변(표 2-35)한 것이나, 주관식 진술에서 친인척 등 다양한 외부 조력자의 주선으로 브로커 혹은 탈북안내자를 만나게 되었다고 답변한 것으로 봐서 탈북의 양상이 변하여 인신매매 혹은 인신밀수의 비율이 낮아진 것일 수도 있다. 그리고 2012년 조사에서는 응답자 101명 중에서 해당자 전원이라 볼 수 있는 96명이 몰래 도강을 하였고, 67명은 안내자가 있었다. 그런데 돈을 지불하지 않은 경우가 9명밖에 되지 않고, 41.6%는 한국에 있는 가족의 도움으로, 30.7%는 정착금으로 한국행 비용을 지불하여 한국에 먼저 정착한 가족 등 외부조력자의 도움이나 한국정부의 지원제도를 활용하여 탈북 및 한국행을 한 사람들이 늘어난 결과일 가능성

표 2-35 (2010년 조사) 귀하는 한국행 비용을 어떻게 조달하였습니까?

		응답수	비율(%)	누적비율(%)
유효응답	북한에서 모은 돈	9	4.9	4.9
	중국에서 본인이 번 돈	11	6.0	10.9
	한국에 있는 가족의 도움	73	39.9	50.8
	중국 남편의 도움	2	1.1	51.9
	기타	88	48.1	100.0
	합계	183	100.0	
결측	무응답	17		
합계		200		

표 2-36 (2012년 조사) 귀하는 한국행 비용을 어떻게 조달하였습니까?

구분	응답수	비율
북한에서 모든 돈	4	4.3
중국에서 본인이 번 돈	3	3.3
한국에 있는 가족의 도움	42	45.6
중국 남편의 도움	3	3.3
정착금	30	32.6
기타	10	10.9
합계	92	100.0

표 2-37 (2010년 조사) 북한에서 탈출하기 직전에, 중국으로 가면 팔려 가게 된다는 것을 알았습니까?

		응답수	비율(%)	누적비율(%)
유효응답	알고 있었음	6	24.0	24.0
	몰랐음	19	76.0	100.0
	합계	25	100.0	
결측	무응답	2		
합계		27		

도 크다.

대한변호사협회의 2010년 조사에서, "북한에서 탈출하기 직전에 중국으로 가면 팔려 가게 된다는 것을 알았습니까?"라는 질문에 관련자 27명 중에서 19명(76.0%)이 몰랐다고 답하였고, 6명(24.0%)만이 알고 있었다고 답하였다(표 2-37). 2012년 조사에서는 관련자 51명 중에서 30명(58.8%)이 몰랐고, 21명(41.2%)이 알았다고 답하였다(표 2-34). 여전히 인터뷰 조사 대상자들의 대표성 문제로 인해 일반화할 수는 없지만, 이들에 한해서는 인신밀수보다 인신매매가 압도적으로 높은 비율을 차지하는 것이다.

인신매매는 "착취의 목적으로 위협적 수단, 폭력이나 여타 형태의 강제수단의 사용, 납치, 사기, 기만, 권력남용 또는 상대방의 열등한 지위의 악용에 의해, 특정인에 대한 지배력을 가지고 있는 사람으로부터 약속이행의 대가로 금품이나 기타 이익을 수수하여 인신의 충원, 수송, 전송, 은닉 또는 수령하는 행위"로 정의된다. 이때 18세 미만 아동의 경우, 동의는 아무 의미가 없다. 위에서 말한 수단들이 사용되었다면 성인의 경우에도 피해자의 동의는 아무런 의미가 없다. 그러나 이 범주에 속하지 않은 성인들의 경우는 '인신밀수'에 해당되고 당사자는 불법 월경자로 처벌의 대상이 된다.

그런데 탈북자들의 경우에는 이와 같은 구분이 무의미하다. 앞에서 살펴본 바와 같이 탈북동기가 다분히 정치적이다. 설령 탈북 당시에는 탈북동기가 정치성을 띠고 있지 않았다 하더라도 탈북이 아사를 면할 수 있는 유일한 기회였고 강제 송환된 뒤에 탈북자들은 단순 불법 월경자가 아닌 정치범으로 처벌되고 있다. 이런 현실을 고려하면 탈북자들의 경우, 인신밀수와 인신매매를 구분하여 처벌과 구조(救助)를 결정하는 것은 큰 오류를 범하는 것이다. 그래서 위팃 문타폰(Vitit Muntarbhorn) 전 북한인권특별보고관은 탈북자들을 모두 현장난민(refugee sur place)으로 규정해야 된다고 주장하였다.

탈북자들의 북한 거주지는 함경북도에 편중되어 있다. 2013년 6월 말 현재 국내 거주 전체 탈북자 2만 5315명 중에서 1만 6456명이 함경북도 출신이고, 대한변호사협회의 인터뷰 조사 응답자들도 2010년 조사의 경우 75.0%, 2012년 조사의 경우 60.4%로 타 지역에 비해 압도적으로 높게 나타났다. 이와 같이 재북 시 거주지가 탈

표 2-38 (2010년 조사) 재북 시 거주지

		응답수	비율(%)	누적비율(%)
유효응답	강원도	2	1.0	1.0
	양강도	15	7.5	8.5
	평안남도	4	2.0	10.5
	평안북도	3	1.5	12.0
	평양	6	3.0	15.0
	함경남도	16	8.0	23.0
	함경북도	150	75.0	98.0
	황해남도	1	0.5	98.5
	황해도	1	0.5	99.0
	황해북도	2	1.0	100.0
합계		200	100.0	

표 2-39 (2012년 조사) 재북 시 거주지

구분	빈도	비율
함경북도	61	60.4
함경남도	10	9.9
평안북도	1	1.0
평안남도	5	4.9
평양	1	1.0
양강도	17	16.8
강원도	2	2.0
황해북도	3	3.0
러시아	1	1.0
합계	101	100.0

북에 유리한 지역에 편중되어 있다는 사실은 물리적 통제만 약화되면 다른 지역에서도 탈북자가 양산될 것이라는 예측을 가능하게 한다.

추출된 표본의 대표성 문제와 출생지와 재북 시 거주지 간의 연계성, 즉 태어나서

표 2-40 (2012년 조사) 출생지

구분	빈도	비율
함경북도	50	49.5
함경남도	9	8.9
평안북도	4	4.0
평안남도	4	4.0
평양	6	5.9
양강도	13	12.8
자강도	2	2.0
강원도	7	6.9
황해북도	2	2.0
일본	4	4.0
합계	101	100.0

표 2-41 (2010년 조사) 북한에서의 마지막 직업

		응답수	비율(%)	누적비율(%)
유효응답	노동자	57	28.5	28.5
	농민	8	4.0	32.5
	사무원	19	9.5	42.0
	학생	12	6.0	48.0
	군인	5	2.5	50.5
	무직	13	6.5	57.0
	전업주부	30	15.0	72.0
	기타	56	28.0	100.0
합계		200	100.0	

탈북할 때까지 같은 지역에서 살았는지 여부가 밝혀져 있지 않아 명확한 해석을 할 수는 없었다. 그런데 2010년 조사와 2012년 조사에서 출생지는 함경북도가 각각 56.5%와 49.5%를 차지하는 데 비해, 재북 시 거주지는 각각 75.0%와 60.4%를 차지하여 현저한 차이를 보이는 것도 북한-중국 국경선까지의 거리, 즉 극복해야 될 물리적

표 2-42 (2012년 조사) 북한에서의 직업

구분	빈도	비율
노동자	22	21.8
농민	4	4.0
사무원	25	24.7
학생	4	4.0
군인	4	4.0
무직	7	6.9
전업주부	26	25.7
기타	9	8.9
합계	101	100.0

표 2-43 (2010년 조사) 부모의 직업

		응답수	비율(%)	누적비율(%)
유효응답	노동자	67	33.8	33.8
	농민	35	17.7	51.5
	사무원	27	13.6	65.2
	학생	1	0.5	65.7
	군인	12	6.1	71.7
	무직	19	9.6	81.3
	전업주부	10	5.1	86.4
	기타	27	13.6	100.0
	합계	198	100.0	
결측	무응답	2		
합계		200		

장애가 많고 적음이 탈북에 영향을 미치고 있다는 것을 의미한다. 이 또한 북한 당국의 물리적 통제가 약화되면 타 지역에서도 탈북자가 양산될 것이라는 것을 시사한다.

그리고 탈북자들이 출생지와 거주지에서 소외된 지역, 즉 '성분'이 좋지 못한 주민들이 많이 사는 지역인 함경북도가 압도적 비중을 차지한다는 사실을 통해 '성분'

이 탈북자들에게 '밀어내는 효과'로 작용하는 것을 알 수 있다. 이런 사실은 북한에서의 직업(표 2-41, 표 2-42)과 부모의 직업(표 2-43), 북한에서의 생활수준(표 2-44, 표 2-45)을 통해서도 확인할 수 있다.

그런데 이런 해석에 상반되는 통계도 있다. 북한 전체 주민 대비 노동당원 비율이 13~14% 정도 되는 데 비해, 2010년도 조사의 응답자 200명 중에는 19.0%, 2012년 조사의 응답자 101명 중에는 29.7%를 차지하고 있어 상대적으로 아주 높게 나타나고 있다. 이는 물론 외부정보를 얻고 탈북에 필요한 기회와 수단을 확보하는 데 당원들이 유리하기 때문이다. 이런 현상을 북한체제의 해체 국면을 보여 주는 것으로 해석할 수도 있다. 그러나 2006년 조사 대상자들 100명 중에는 노동당원 비율이 30.0%로 월등히 높았는 데 비해, 2008년 인터뷰 조사 대상자들 100명 중에는 노동당원 비율이 8.0%로 오히려 전체 북한주민 대비 13~14%보다 현저히 낮았던 것으로 봐서 2010년 및 2012년 조사 대상자들의 노동당원 비율이 높은 것은 표본추출의 문제일 가능성도 있다.

2) 인신매매

여성 탈북자들이 인신매매 혹은 인신밀수를 당하면서 정도의 차이는 있지만 거의 모두 정신적 · 육체적 폭력에 시달리게 된다. 2000년에 〈북한인권시민연합〉이 중국 내몽골을 중심으로 현지조사를 한 결과, 탈북자들의 60~70%가 여성이고, 그 여성들의 70~80%가 인신매매(인신밀수 포함)를 당했고, 거의 모두 다양한 형태의 정신적 · 육체적 폭력을 경험한 것으로 판단하였다.[65] 그런데 대한변호사협회의 2010년도 인터뷰 조사에서 인신매매를 경험한 탈북자들 가운데 24%가 강제 · 납치 혹은 속임수에 의한 인신매매를 당했고 76%가 인신밀수를 당했던 것으로 파악되었다. 강제 · 납치에 의한 인신매매의 경우, 탈북여성들이 경험하게 되는 폭력 피해는 더욱

65 김영자, 「중국내 탈북여성들의 인권실태와 정책제안」, 북한인권시민연합, 『제2회 북한인권 · 난민문제 국제회의』, 2000년 12월 8일, 서울.

표 2-44 (2010년 조사) 북한에서의 생활수준

		응답수	비율(%)	누적비율(%)
유효응답	최상	6	3.0	3.0
	상	21	10.5	13.5
	중	74	37.0	50.5
	하	86	43.0	93.5
	최하	13	6.5	100.0
합계		200	100.0	

표 2-45 (2012년 조사) 북한에서의 생활

구분	빈도	비율
최상	2	2.0
상	12	11.9
중	40	39.6
하	31	30.7
최하	16	15.8
합계	101	100.0

표 2-46 (2010년 조사) 북한에서 노동당원 여부

		응답수	비율(%)	누적비율(%)
유효응답	예	38	19.0	19.0
	아니요	162	81.0	100.0
합계		200	100.0	

표 2-47 (2012년 조사) 당원 여부

구분	빈도	비율
당원	30	29.7
비당원	71	70.3
합계	101	100.0

심각하다. '강제 · 납치형 인신매매'는 보통 3단계로 이루어진다. 먼저, 1단계에서는 조선족 현지모집책이 국경지대에서 탈북 여성들을 속임수와 협박으로 납치한다. 2단계에서는, 중간상이 피랍 여성들을 사서 중소도시로 이송한다. 3단계에서는, 중국 전문 인신매매조직이 개입하여 피랍 여성들을 중국의 내륙지방 혹은 대도시에서 매매한다.

국경지역에서 납치된 여성들은 국경 주변 도시의 아파트, 빈집, 창고 등에 집결되어 거래자를 기다리게 된다. 이 단계에서 피랍 여성들이 도망가지 못하게 옷을 벗기거나 폭력을 행사한다. 거래자와 흥정이 이루어지면 여성들은 차량이나 기차로 대도시 혹은 내륙지방으로 이송된다. 여성들은 나이, 미모, 결혼 여부 등의 등급에 따라 가격이 매겨지는데, 2000년의 경우 3단계 수요지역인 외몽골에서 2000~5000위안(圓) 정도(2000년 8월 내몽골의 가축가격: 양 1300위안, 말 2000위안, 육우 4000위안)에 거래되는 것으로 조사되었다.[66] 2007년에는 1단계 공급지역인 국경지대에서 3000~7000위안에 거래되는 것으로 보도된 바 있다.[67] 그런데 중국 내 인신매매가 범죄집단에 의해서 조직적으로 저질러지기 때문에 그 과정에서 탈출을 시도하다가 대부분 다시 잡혀서 엄청난 폭력을 당하게 된다고 한다.

대한변호사협회의 2010년 및 2012년 조사에서도 이런 인신매매 과정이 계속되고 있는 것으로 드러났다. 2010년 조사에서 "중국에서 팔려 가는 과정에 대해 상세하게 말씀해 주십시오(강제성, 폭력, 브로커 등)."라는 질문에 응답자들은 다음과 같이 진술하였다. ID 180(2010)은, "중국(에 있던) 가족에게 가려고 했어요. 도문까지 왔는데 도중에 같이 오던 남자들이 한족에게 (나를) 팔았어요."라고 진술하여 전형적인 강제 · 납치형 인신매매를 당했던 것으로 보인다. ID 062(2010)는, "브로커가 중국에서 돈을 벌 수 있다는 거짓말(을) 하고 중국으로 데리고 갔다."라고 진술하여 속임수를 쓴 인신매매를 당했던 것으로 판단된다. ID 177(2010)도, "고난의 시기에 탈북해서 중국에 시집을 가는지 생판 모르고 갔다. 연천 쪽에서 아르바이트 한다고 해서 따라갔다. 숙박하고 있는 민박집 주인이, 여자는 숙박집에 있으면 안 된다고

---

66 위의 보고서.
67 「조선일보」, 2008년 3월 3일.

해서 내지(內地) 라자구 지역의 할머니 집에 맡겨졌다. 다음날 한족 집에 팔려갔다. 나중에 중국말을 알게 돼서 내가 팔려온 줄 알게 됐다."라고 진술하여 속아서 인신매매를 당한 사례에 해당한다. ID 067(2010)은, "안내자를 따라서 중국에 갔더니 한족 사람들에게 계속 나를 넘겼다. 중간 매매자들이 돈을 남기면서 나를 연길에서 요녕성까지 넘겼다."라고 진술하여 전술한 인신매매의 3단계를 모두 거친 전형적인 사례로 보인다. ID 084(2010)도, "돈 벌러 간다고만 들었다. 브로커와 같이 강을 넘었다. 함경남도 무산을 통해서 산길을 7~8시간을 걸었다. 도강한 다음에는 조선족이 거주하는 집이 있는데, 거기서 저녁밥을 해 먹고 용정 시내로 나왔다. 거기서 하룻밤 자고, 다른 브로커 손으로 넘겨졌다. 연흥성 개원시로 갔다. (연흥성 개원시에) 들어와서 이틀 만에 팔려 갔다. 이틀 만에 (결혼할 사람을) 만났다. 보니까 사람도 괜찮아서 그냥 결혼했다."라고 진술하여 3단계를 모두 거친 사례로 보인다. 2012년 조사에서는 N122(2012)가 "브로커 등으로 소개를 받아 팔려 가는데 우선 사람이 국적이 없으니까 자연히 응하게 됩니다."라고 진술하여 '상대방의 열등한 지위'를 악용한 사례를 보여 주고 있다. 이 조사에서 N124(2012)는 "무산군 칠성리에서 두만강을 혼자 넘어 길진으로 넘어갔다. 그런데 한 집에 들어가니 그 집 할아버지가 누구를 데리고 와서 넘겨주었는데, 중국 사람장사꾼인 것 같았다. 2007년에 1만 5000위안에 화룡에 사는 남자에게 팔려갔다."라고 진술하여 불우한 상황에서 부지불식간에 저항 한 번 못 하고 인신매매를 당한 사례를 보여 주고 있다. 최근에는 북한-중국 국경지역을 통과하는 것이 매우 어려워져 몸값이 올라가고, 심지어 중국 남자와 몇 개월간 동거하는 조건으로 브로커가 도강을 시켜 주는 사례도 있다고 한다.

그런데 다수의 여성 탈북자들이 브로커 혹은 안내자들에게 강간 혹은 윤간을 당하는 것으로 보고되고 있다. 2010년 조사에서 ID 103(2010)은, 자기를 처음 샀던 조선족 남자가 목단강 여관에 자기를 팔아넘겼고, (그 여관에서) 60세가 넘은 중국인(브로커)이 자기를 취하려 해서 자기가 거절하니까 다른 탈북여성을 대신 취했다는 것이다. 그 과정에서 자기를 대신 한 북한 여자가 "이것도 각오 못했냐?"라고 그래서 ID 103(2010)은, "난 시집은 가도, 이렇게 브로커에게까지 바치지는 못 하겠다."라고 대답했다고 한다. ID 103(2010)은 그다음에도 (자신의 몸을 요구한) 브로커가 또 있었는데, 그놈한테는 (자신이) 매독 걸렸다고 하며 10일을 버텼고, 그동안 신랑감을 골라 시집갔다고 진술했다. 2012년 조사에서도 N022(2012)는 "그 사람들은 자기 돈을 벌기 위하여 이 일을 하였으며 여자 혼자 몸으로 남성을 따라가기 때문에 성폭행도 당한 적이 있다."라고 진술하여 상황이 개선되지 않고 있음을 알 수 있다. 물론 극단적인 사례이기는 하겠지만, 탈북과정과 중국 내의 3~4구역에서 각각 안내하는 브로커가 다른데, 각 구역 브로커들에게 강간 혹은 윤간을 당한 10대 소녀 탈북자도 있는 것으로 보고되고 있다.[68]

대한변호사협회의 2012년 조사에서는 문항설정이 적절하지 않아 인신매매 과정에서의 폭력 경험을 충분히 추적할 수 없었다. 그러나 N109(2012)는 "인신매매 과정에서 브로커에게 폭행을 당했습니다."라고 진술했으며, N118(2012)도 "1998년 중국 동경성 차위드위 마을에서 한족에게 5000위안에 팔려갔다. 가지 않겠다고 해서 브로커에게 구타당했다."라고 진술하였다.

흔히 인신매매의 원인을 규명하고, 해결책을 마련하는 데 '밀어내는 효과'와 '끌어당기는 효과'라는 개념이 사용된다. 즉, 전쟁, 기근, 질병, 가난 등 인신매매 희생자들이 고향을 떠날 수밖에 없도록 만드는 요인들과 그들을 필요로 하여 불러들이는 요인들이 함께 인신매매에 작용하고 있으며, 양자가 모두 고려되고 제거 내지 치유되어야 근본적으로 인신매매가 근절될 수 있다는 관점이다. 탈북자들을 양산하는 요인들을 '밀어내는 효과'와 '끌어당기는 효과'로 나누어 봤을 때, 현재로서는 북한사회의 내부적 요인들이 초래한 '밀어내는 효과'가 더 강하게 작용하고 있다. 이 '밀어내는 효과'는 정치 · 이념적인 요소와 경제적인 요소로 구성되어 있다. 정치 · 이념적 요소는 이념으로 포장된 김 씨 일가의 폐쇄적 족벌체제가 지속되는 한 제거되지 않을 것이다. 그리고 북한의 경제도 '빈곤의 늪'에서 빠져 나올 수 있는 가능성이 현재로서는 매우 낮다. 전문가들의 진단으로는 성장을 위한 투입변수들(inject variables)을 극대화하고, 중화학공업 부문의 낙후된 에너지 다(多)소비형 설비들을 교체해야 되며, 기초 원자재들과 투자재원이 외부로부터 대규모로 유입되어야 경제상황을 개

68 북한인권시민연합 김영자 사무국장의 진술, 2010년 7월 30일.

선시킬 수 있는데 현 체제의 대내 · 외 정책이 지속되는 한 불가능하다.[69] 따라서 '밀어내는 효과'의 경제적 요소도 제거되기는 어렵다.

탈북자들의 국제법적 지위가 인신매매를 당한 희생자인지, 인신밀수에 동참한 범법자인지 일각에서 논란거리가 되고 있다. 특히 중국정부는 그들을 '불법 월경자'로 규정하고 있다. 그러나 여러 차례의 실태조사를 통해 대부분이 인신매매의 희생자인 것이 밝혀졌고, 인신밀수의 형태를 띤 경우에도 북한의 현실적 여건에 비추어 범죄시만 할 수는 없다. 그들 중 다수가 경제적 · 사회적 이유로 탈북하였다 하더라도 그들의 경제적 · 사회적 권리 박탈이 계급차별정책과 같은 정치성을 띠고 있으며, 그들이 강제 송환된 뒤에 정치범으로 가혹한 처벌을 받게 되는 점을 고려하면 그들은 '현장난민'이다.

중국에서 임신한 채로 강제 송환된 탈북여성들에게 북한에서 자행되고 있는 영아살해, 즉 유도분만 또는 자연분만하게 한 뒤에 아기를 살해하는 행위는 그 자체가 반인륜적 범죄행위다. 그런데 그것이 "중국 놈의 더러운 씨를 배어 왔다."라는 인종적인 이유로 체계적으로 이루어지고 있어서 제노사이드 범죄에 해당된다. 이는 동시에 "모든 아이들은 결혼에 의한 출생이든, 혼외 출생이든 동일한 사회적 보호를 누릴 수 있다."라고 규정한 〈세계인권선언〉 제25조 2항을 위반하는 것이다. 따라서 한국 및 중국 정부는 북한정부가 더 이상 제노사이드 범죄를 짓지 못하도록 예방조치들을 취해야 되며, 〈세계인권선언〉 제25조 2항을 준수하기 위해서도 구체적인 조치를 취해야 된다.

9. 정치범 수용소

북한 정치범 집단수용소의 정식 명칭은 '○○호 관리소'다. 이는 해당 정치범 수용소를 경비하는 부대의 번호 끝 두 자리 숫자를 따고, '양정관리소'처럼 행정업무를

69 「북한경제의 현황과 과제」, 137쪽, http://www.unikorea.go.kr/kr/CMSF/CMSFBsub.jsp?topmenu=3&menu=2&sub=&act=&main_uid=&subsub= (검색일: 2010년 7월 28일).

보는 기관으로 위장한 것이다. 북한당국이 정치범 수용소를 이렇게 명명하는 것은 물론 그 기능과 위치를 숨기기 위한 것이지만, 구소련의 정치범 수용소도 GULAG, 즉 '일반행정관리소'로 불렸던 것을 보면 소련의 영향을 받은 것으로 보인다. 북한의 정치범 수용소를 북한주민들은 '특별독재대상구역', '정치범 집단수용소', '유배소', '종파굴', '이주구역' 등으로 부르고 있다.

1) 정치범 수용소의 종류

현재까지 알려져 있는 북한의 집단수용소는 여섯 곳의 대규모 '정치범관리소' 외에 서방세계의 감옥에 해당하는 노동교양소와 교화소가 있다. 그리고 집결소, 노동단련대 등과 같이 단기간 수용되는 강제노동소뿐만 아니라 식량사정이 악화되면서 급격히 늘어난 유랑 · 걸식인들을 수용하는 시설들도 있다. 최근에 와서는 '뚝섬'과 같은 특수 수용소와 군(軍) 내의 정치범들을 수용하는 특수 집단수용소도 있는 것으로 탈북자들은 증언하고 있다.[70] 그런데 아직까지 그 실체가 구체적으로 알려져 있지 않은 '뚝섬'을 제외하면 북한주민들의 인권을 가장 심각하게 유린하고 있는 곳은 정치범관리소이다.

중국과 베트남의 정치범 수용소인 라오가이(勞改)와 노동개조장(Trai Cai Tao Lao Dong)이 계급투쟁의 산물이라면, 북한의 정치범관리소는 1956년 '8월 종파사건'이라는 권력투쟁의 산물이다. 그리고 북한의 정치범관리소는 개인숭배와 권력세습 과정에서 반대세력을 제거하고 격리시키기 위해 확대 · 재생산되고 있다.

6 · 25전쟁 당시 미국 국무부가 노획한 북한문서상으로 1947년 10월에 이미 17개소의 '특별노무자수용소'가 있었던 것으로 보아서 북한의 강제수용소는 해방 직후부터 있었다. 그러나 이 수용소들의 수감자는 소장의 허가를 받으면 가족과 면회도 할 수 있고, 영화 관람을 위해 외출도 할 수가 있었다고 한다.[71] 따라서 이 '특별노무

---

70 대한변호사협회, 『2010 북한인권백서』, 대한변호사협회, 2010, 89쪽.
71 萩原 遼 (編), 『北朝鮮の秘密文書』(上) (東京: 夏の書房, 1996).

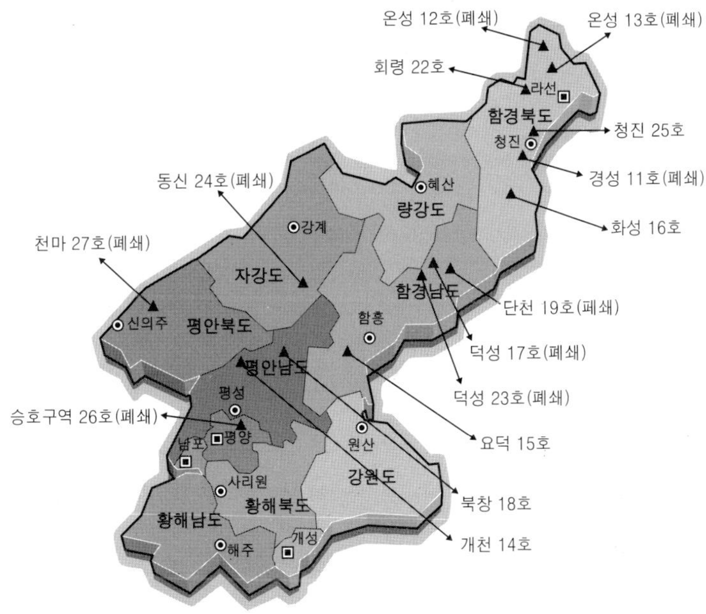

그림 2-4 북한의 정치범 수용소 분포도

출처: 윤여상 외, 『북한 정치범수용소의 운영체계와 인권실태』, 북한인권정보센터 부설 북한인권기록보존소, 2011, 75쪽을 참조하여 재작성.

자수용소'는 현재의 정치범 수용소와는 완전히 달랐다.

1959년 이전(1956년 말~1957년)부터 형성되기 시작했던 북한의 정치범 수용소는 1968년에 군 경비대를 배치하고, 1972년에 국가보위부(현 국가안전보위부)가 직접 관장하면서 현재의 형태를 갖추게 되었다.[72] 1987년까지 북한 전역에 걸쳐 12곳의 정치범 수용소가 있었으나, 그 후 1990년까지 통폐합을 하여 현재 6곳이 있는 것으로 파악된다. 북한정부는 정치범 수용소를 '특별독재대상구역'(혹은 '완전통제구역')과 '혁명화대상구역'(혹은 '혁명화구역')으로 나누어 관리하고 있는데, 종신 수감되는 '특별독재대상구역'은 아직 그 실상이 외부에 별로 알려져 있지 않다.[73] 이 수용

72 북한 정치범 수용소의 초기 형성과정에 대해서는 다음을 참조하시오. 허만호, 『북한의 개혁 · 개방과 인권: 후기공산사회에서의 정치변동과 사회통제에 대한 비교론적 접근』, 명인문화사, 2009, 228~230쪽.

73 통일원, 『북한의 인권실태』, 통일원 정보분석실, 1994년 8월, 65~66쪽.

소들에 대해서는 다음과 같이 외부세계에 부분적으로 알려져 있다.

〈14호 관리소〉는 국가안전보위부 소속으로, 평안남도 개천군 보봉리와 외동리에 위치하며, 280제곱킬로미터 정도의 크기에 약 5만 명을 수용하고 있다. 개천 14호 관리소 내에서 태어나 자란 신동혁은 이 수용소의 위치를 평안남도 개천시 외동리로 밝히며, 1983년에 이전하기 전에는 평안남도 개천과 봉창을 포함한 지역에 위치했다고 진술한다.[74] 1950년대 말~1960년대 말 사이에 김일성 체제에 반대했던 당, 정, 군의 고위관료들과 그들의 가족 · 친지들이 주로 수용되어 있다.

1999년 12월에 귀순한 탈북자 김용의 경우를 보면, 간첩죄로 처형된 사람들의 가족도 수용되는 것으로 보인다. 김용은 아버지가 1957년에 간첩으로 몰려 처형된 뒤에, 호적을 위조하여 전쟁고아로 신분위조를 했다가 뒤늦게 발각되어 1993년 5월에 수용되었다. 당시 14호 관리소에는 비슷한 처지의 사람들이 많이 있었다고 한다.[75]

신동혁의 진술에 따르면, 이 수용소는 본 마을과 5개 골안(골짜기)으로 구성되어 있는데, 처음 수용되면 주로 4, 5호 골안에 수용되어 독신생활을 하다가 일을 잘 하면 1, 2, 3호 골안으로 옮겨져서 정상적인 결혼 생활은 못해도 '포상결혼'을 하여 아이도 낳을 수 있으며, 아이들은 학교를 다닐 수 있다고 한다. 4, 5호 골안 피수용인들은 골 밖으로 나올 수 없어서 아이들은 학교도 다닐 수 없다고 한다. 신동혁은 자신이 2005년 1월에 탈출할 때까지 골안으로 새롭게 들어온 사람은 많이 보았어도 방면되어 나가는 사람은 못 보았다고 한다.[76]

〈15호 관리소〉 역시 국가안전보위부 소속이다. 함경남도 요덕군에 위치하며, 약 460제곱킬로미터의 면적에 5만 명 정도를 수용하고 있다. 이 수용소에는 월남자 가족, 지주 및 자본가 가족, 재일교포 가족 중에서 당과 국가에 대해 불만을 표현한 사람들이 주로 수용되어 있다. 그런데 이 수용소에는 당, 정, 군에서 혁명화 대상자로 분류된 사람들도 수용되어 있다고 한다. 이 혁명화 대상자는 공민권을 유지한 채 수

---

74 신동혁, 『북한 정치범수용소 완전통제구역 세상 밖으로 나오다』, 북한인권정보센터, 2007, 34쪽.
75 김용삼, 「'북한의 아우슈비치' 14호 관리소의 내막」, 『월간조선』 2000년 5월호 참조.
76 신동혁, 앞의 책, 34~44쪽.

용되며, 일정한 기간이 지난 후에 석방되는 사람들로서 상대적으로 가벼운 처벌을 받은 사람들이다. 이 관리소는 강철환이 1977년부터 1987년까지 수감되어 있던 곳으로 1992년에 탈북해서 한국에 온 이후 탈북자 안혁과 함께 그 실상을 외부에 알려왔다. 그리고 1990년대 말부터 탈북자들이 늘어나면서 이 요덕수용소의 혁명화구역에서 출소한 탈북자들도 많이 입국하고 있어 비교적 많은 정보를 얻을 수 있는 곳이기도 하다.

요덕수용소에 1995년부터 1999년까지 수용되어 있었던 이영국(2001년 증언 당시 44세)은 1999년까지 대숙리 8호구역의 피수용인 15명의 명단을 제시하였다. 그 중 일부를 소개하면 다음과 같다. 이원조(47세, 1996년 수감, 전 인도네시아 주재 북한대사, 북한의 폐쇄적 외교정책에 대해 비난한 죄), 김대성(62세, 1996년 수감, 전 리비아 주재 무역참사, 리비아 재직 시 아들이 한국으로 망명한 죄), 김희철(61세, 1997년 수감, 황해남도 무역관리소 소장, 김정일의 경제정책 실패 비난 죄), 백남칠(42세, 1996년 수감, 전 대남 연락소 3호청사 지도원, 웅담회사인 〈곰열회사〉 설립 실패 죄), 김형섭(29세, 1997년 수감, 전 사회안전성 하사관, 사회안전부 하사관학교 동창생 7명과 함께 "북한 당국이 자유를 짓밟고 있다."라며 인민무력상, 사회안전상 등 주요 인물들에게 테러를 가하려 했던 죄), 이철(57세, 1997년 수감, 전 함경남도 태권도연맹 위원장, 북한의 식량난에 대해 "김정일이가 백성의 시체 위에 올라선다."라고 말한 죄), 김명화(일본인 여성, 1960년 8월 2일생, 1991년 수감, 니노키 사관학교 출신이라고 간첩죄를 적용, 일본 이름은 미쯔비시 다미코이며 1997년 9월에 용평구역으로 끌려간 뒤 사망) 등.[77]

그런데 15호 요덕관리소는 1990년대 중반 이후 거의 '완전통제구역'으로 전환되었다. 1987년 이전에는 요덕군 구읍리, 립석리, 대숙리를 포함해 수용소 면적 절반 정도가 '혁명화구역'이었고, 벼농사가 가능한 평야지대인 룡평리, 평전리가 '완전통제구역'이었나. 그러나 1987년경 구읍리, 립석리 혁명화구역이 완전통제구역으로 전환되면서 이 지역에 수감되어 있던 가족세대는 15호 관리소의 끝자락에 위치한

77 http://monthly.chosun.com/html/200101/200101220008_5.html (검색일: 2003년 6월 18일)

대숙리로 옮겨졌다. 그래서 수용소의 80%가 '완전통제구역'으로 변하고 대숙리만이 혁명화구역으로 남았다.[78]

그리고 1990년대 중반에 다시 혁명화구역의 가족세대가 완전통제구역으로 옮겨가거나 대거 출소하게 되는 큰 변화가 있었다. 1995년에 출소한 이영희(가명, 증언 당시 38세)의 진술에 따르면 혁명화구역의 수감자들은 1987년부터 꾸준히 풀려나기 시작했는데, 일본에서 온 북송교포 세대가 먼저 나가고 일반 세대도 점차 풀려났다고 한다. 1984년에 일본에서 남편을 만나기 위해 북한을 방문했다가 아들 · 딸과 함께 수용소에 수감됐던 이춘옥의 가족은 출소해서 함남 고원군에 거주하고 있는 것으로 알려졌다. 그러나 20년 이상 장기 수용돼 '관리소 고정재산'으로 불리던 북송교포 김대인의 가족과 박순옥의 가족은 다시 완전통제구역으로 들어갔다고 한다. 이들처럼 '악질반동'으로 분류된 가족세대는 '완전통제구역'으로 이동시켰다는 것이다. 여기에는 재독(在獨) 학자 송두율 교수의 권유로 가족과 함께 북한에 들어갔다가 북한 대표단의 유럽 방문 시 통역원으로 다시 유럽으로 나온 후 탈출하여 한국으로 돌아온 오길남의 부인인 신숙자와 두 딸 혜원, 규원이 포함돼 있다. 그리고 최초의 김일성 전용기 조종사였다가 1978년에 '곁가지사건(김정일의 이복동생 김평일과의 권력 투쟁 사건)'으로 수용됐던 김형락과 그의 아들 · 딸, 그리고 1978년에 월남한 이영선의 부모 형제들도 포함돼 있다고 한다.

〈16호 관리소〉도 국가안전보위부 소속으로 함경남도 화성군 고창리에 위치해 있으며, 아직까지 그 규모가 구체적으로 알려져 있지 않으나 1만 명 정도가 수용되어 있는 것으로 추정되고 있다. 전 부주석 김동규의 경우처럼, 1970년대~1980년대 초 사이에 김정일 후계체제 형성과정에서 이에 반대하여 반당 · 반혁명 분자로 분류된 사람들이 주로 수용되어 있다.[79]

〈21호 관리소〉 역시 국가안전보위부 소속이며, 함경남도 경성군 창평리에 위치한다. 박금철, 김도만, 최창익, 김광협 등 1950년대 말~1970년대 초 사이에 김일성

---

78 강철환(2001.11.06), 「요덕수용소'에선 지금 무슨 일이? 탈북자들 '살벌 기류' 증언」 NKchosun.com, http://nk.chosun.com/news/news.html?ACT=detail&cat=4&res_id=12176(검색일: 2012년 3월 13일).

79 허만호, 앞의 책, 232쪽.

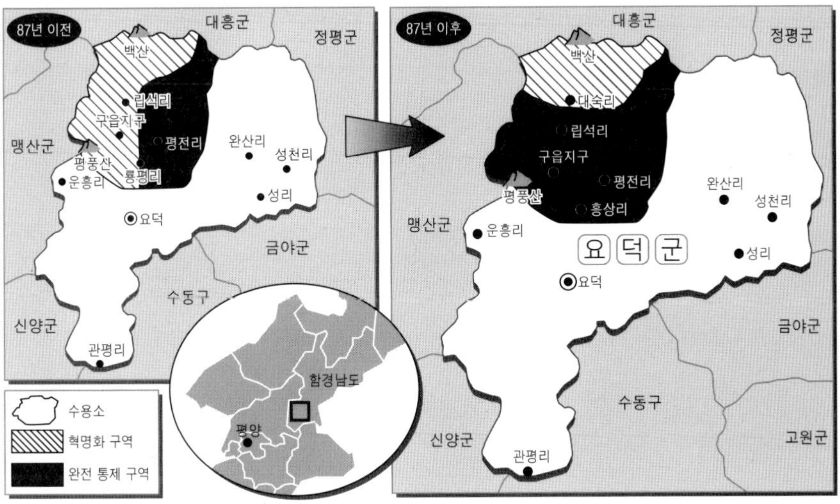

그림 2-5 15호 관리소의 변화
출처: 강철환, NKchosun.com, 2001/11/06.

체제를 반대했던 고위관료들과 그 추종세력들 1만 5000명 정도가 수용되어 있었는데, 현재는 한 명도 남아 있지 않다고 한다.

함경북도 회령시에 위치한 〈22호 관리소〉는 그 크기가 중봉리, 굴산리, 행영리, 락생리, 사을리, 남석리 등에 걸쳐 약 650제곱킬로미터에 이르며, 5만여 명이 수용되어 있는 것으로 알려져 있다. 이 수용소는 1974년에 설립되었는데, 일제시대 지주, 순사, 자본가, 기생, 종교인, 월남자 가족, 종파분자 가족, 유일체제 반대자 가족, 치안대 가담자 가족이 수감되어 있다. 그래서 25~45세가 70%를 차지하고, 남녀 성비도 4 대 6 정도가 된다고 한다.[80]

〈25호 관리소〉로도 불리는 청진시 수성 정치범 교화소는 청진시 수남구역에 위치하며, 약 3000명이 수용되어 있다. 여기에는 평양에서 추방된 인사들의 가족, 종교

---

80 대한변호사협회, 『2010 북한인권백서』, 앞의 책, 431쪽. 북한의 정치범 수용소에 대해 일반인들이 아무런 실증자료를 접하지 못했던 2002년에 22호 정치범 수용소의 일부인 행영지구와 중봉지구가 위성사진으로 J. 라킨(John Lakin) 기자에 의해 처음 공개되었다. John Lakin, "North Korea Exposed-Kim's Slave Camps", *Far Eastern Economic Review*, Dec.12, 2002, pp. 14-16.

지도자 가족, 재일교포 가족 등으로 국가 · 사회체제에 반항했거나 불만을 가진 사람들이 수용되어 있다. 그 실례로 과거 재일교포 출신 강회택의 가족이 수용되기도 했으며, 황해남도의 목사와 장로들의 가족이 수용되어 있다고 한다.

〈18호 관리소〉는 유일하게 사회안전부(현 인민보안부) 소속이다. 평안남도 북창군 원평리, 봉창리, 명학리, 심산리, 득장리, 보피리, 갈골리에 위치하며, 2만 7000명 정도가 수용되어 있다. 이 수용소는 1983년에 14호 관리소가 대동강 북쪽으로 옮겨 가면서 그 자리에 생긴 것으로 알려지기도 했다. 그러나 김혜숙(가명)의 가족은 1970년에 수용되었고, 김혜숙 본인이 1975년에 수용되었을 때 이미 오래전부터 수용되어 있던 노인들이 있었던 것으로 보아서 18호 수용소는 14호 수용소와 별개로 그전에 이미 형성되어 있었던 것으로 보인다.[81] 여기에는 월남자 가족, 종교인 가족, 상습범죄자 가족, 혁명화 대상자들이 수용된다. 김혜숙의 증언에 의하면, 아주 소수의 인원에 지나지 않지만 피수용인들 중에는 '포상결혼'도 하고, 일정 기간 수용된 뒤에 수감이 해제되어 사회에 환원되는 사람들도 있다고 한다.

그런데 김혜숙은 18호 관리소에도 국가안전보위부 사무실과 보위원들이 있고, 폐쇄된 것으로 그간 알려져 있던 12호 관리소가 18호 관리소와 14호 관리소 인근에 있다고 주장한다. 김혜숙 본인과 몇 명의 동료 수감자들이 길을 잃고 12호 관리소 구역에 실수로 들어갔다가 경비원들에게 잡혀서 눈이 가려진 채로 차에 실려 나온 적이 있다고 한다.[82]

이 정치범 수용소들의 피수용인들은 모두 노예노동과 고문, 강간 등 각종 잔혹행위들을 당하며 인간 이하의 생활을 하고 있다. 특히 18호 관리소와 15호 관리소의 일부 혁명화대상구역 피수용인들을 제외한 나머지 피수용인들은 공민권마저 박탈되어 인간으로서 당연히 보장받아야 할 기본적 권리도 부정되고 있다. 이들의 수를 15만 명 내지 20만 명으로 외부세계에서는 파악하고 있으나, 탈북자 강명도는 30만 명 이상 된다고 주장한다.[83]

---

81 김혜숙, 『눈물로 그린 수용소』, 시대정신, 2011.
82 김혜숙과의 인터뷰, 2012년 4월 14일.
83 강명도, 「북한의 인권」, 『북한의 인권문제』, 경북대학교 평화문제연구소 1997년 통일안보포럼 자료

이상과 같이 정치범 수용소의 종류와 성격, 수감 대상자들을 놓고 보면 재론의 여지가 없이 국제형사재판소에 관한 로마규정(Rome Statute of the International Criminal Court) 7조상의 '절멸', '박해', '사람들의 강제실종'에 해당되고, 법적용의 실효성은 차치하더라도 북한의 최고 위정자들이 '인도에 반한 죄'를 범한 것이다. 그리고 '로마규정'을 접어두더라도 북한정부는 이미 가입한 유엔의 사회권규약과 자유권규약, '집단살해범죄의 방지와 처벌에 관한 협약', '아동의 권리에 관한 협약', '모든 형태의 여성차별철폐에 관한 협약'의 해당 규정들을 위반한 것이다.

2) 북한 정치범 수용소의 인권유린 실태

북한정부 당국이 북한의 민간인들을 정치범 수용소에 수감하는 목적이나, 수감하는 절차, 수감 후의 처우 등은 예외 없이 로마규정 제7조상의 제 조항들에 해당된다.[84] 북한은 로마규정의 당사국이 아니어서 이 규정을 적용하는 데 일정한 한계가 있지만, 각종 인권유린의 범죄행위들에 대한 평가의 기준으로 로마규정을 활용할 수 있다. 그뿐만 아니라 이 규정이 발효된 2002년 이후에도 이런 인권유린이 대규모로 체계적이고, 지속적으로 이루어지고 있어서 이 규정을 적용할 수 있는 여지가 전혀 없는 것은 아니다.

(1) 관리소의 10대 법과 규정

신동혁이 기억하는 〈관리소의 10대 법과 규정〉은 2005년 1월에 탈출할 때까지 14호 개천 정치범 관리소에서 적용되고 있었으므로 국제 인권규범들을 적용할 수 있는 증거가 된다. 이 〈관리소의 10대 법과 규정〉에 따르면 경미한 규정위반들에 대해서도 총살형에 처해지게 되어 있다. 제1조 1항 "도주시 즉시 총살한다." 2항 "도주기도시 목격하고 신고하지 않은 자는 즉시 총살한다." 제2조 1항 "담당 보위원 선생

집(1997. 11. 21).

84 이와 관련하여 데이비드 호크(David Hawk)는 14가지로 집약하여 지적하고 있다. David Hawk, *Concentrations of Inhumanity*, Freedom House, May 2007, pp. 22-29.

님의 승인 없이 다른 지역으로 무단 이동할 경우 즉시 총살한다." 2항 "보위원 마을로 승인 없이 무단 침입하거나 시설물을 파괴한 자는 즉시 총살한다." 제3조 1항 "무기류를 도둑질하거나 소지하고 있는 자는 즉시 총살한다." 2항 "무기류를 도둑질하거나 소지하고 있는 자를 신고하지 않거나 공모한 자는 즉시 총살한다." 3항 "관리소 내의 모든 식량을 도둑질하거나 감추는 자는 즉시 총살한다." 4항 "관리소 내의 모든 기자재를 고의적으로 파손하거나 도둑질한 자는 총살한다." 제4조 1항 "담당 보위원 선생님에게 불만을 품거나 구타를 하였을 경우 즉시 총살한다." 2항 "담당 보위원 선생님의 지시에 불성실한 자, 불복종한 자는 즉시 총살한다." 제5조 1항 "외부인을 감추어두거나 보호한 자는 즉시 총살한다." 2항 "외부의 물품을 소지하거나 감추어둔 자, 공모한 자, 신고하지 않은 자는 즉시 총살한다." 제7조 1항 "자신에게 맡겨진 과제에 태만하거나 수행하지 않을 경우 법에 불만을 품은 것으로 간주하고 즉시 총살한다." 제8조 1항 "승인 없이 남녀간에 신체접촉이 있을 경우 즉시 총살한다." 제9조 1항 "자기 죄를 인정하지 않고 자기 죄에 대하여 불복종하거나 의견을 갖는 자는 즉시 총살한다."[85]

이와 같은 규정들은 피수감자들을 철저하게 외부로부터 고립시키고, 의견 및 표현의 자유를 억압하고, 최소한의 신체적 자유도 박탈하여 노예노동에 순응하도록 하기 위한 것이다. 따라서 이 규정들은 로마규정 제7조상의 '살해', '절멸', '노예화'에 해당된다.

(2) 과도한 노동과 영양부족

수용소에서의 일과는 수용소마다 다소간의 차이가 있고, 각 수용소에서도 시기와 업무에 따라 다소간 달라질 수 있다고 한다. 그러나 큰 틀은 대략 다음과 같다.

새벽 5시에 기상(안혁이 수용되었던 요덕 15호 관리소에서는 4시에 기상)하여 6시까지 아침식사를 하고, 6시 30분에 대열점검을 한 뒤에 7시에 작업장에 간다고 한다. 작업장에 도착하면 갱에 들여보내기 전에 몸수색을 하여 폭약 소지 여부를 확인

---

85 '관리소의 10대 법과 규정'의 전문은 다음을 참조하시오. 신동혁, 앞의 책, 59~62쪽.

한다. 그래서 오전 8시부터 12시까지 오전 작업을 하고, 12시부터 12시 30분까지 점심식사를 한 뒤에 곧바로 20시까지 오후작업을 하게 되는데, 요덕 15호 관리소에서는 오후에 휴식시간이 한 번 있는 데 비해 14호 관리소에서는 없다고 한다.

김용의 증언으로는, 14호 관리소에서는 토 · 일요일 휴무(休務)가 없고, 1월 1일 하루만 휴무하는데, 관리소 규정에는 김일성, 김정일 생일이 휴무일로 되어 있으나 이날도 노동을 했다는 것이다. 신동혁은 매달 1일이 휴일인데, 이날도 일을 안 하는 것은 아니며 작업반 정리나 산에 화목(火木)을 채취하러 가는 등 상대적으로 덜 힘든 일을 하게 된다고 진술한다.[86] 그리고 김용의 경험으로는, 14호 관리소의 경우 수감자들의 생산성이 워낙 낮아 생산계획이라는 것이 존재하지 않았지만, 18호 관리소에서는 생산계획이 있어 이 작업량을 중요하게 여겼다는 것이다.

따라서 북한의 정치범 수용소에서는 하루 평균 12시간 노동을 하는데, 작업계획에 따른 작업량이 달성되지 않으면 보통 23시까지 작업을 하여 하루 평균 15시간 노동을 하게 된다고 한다.

이러한 현실은 "이 규약의 당사국은 특히, (d) 휴식, 여가 및 합리적 근로시간의 제한, 공휴일에 대한 보수와 정기적인 유급휴일이 확보되는 공정하고 유리한 근로조건을 모든 사람이 향유할 권리를 가지는 것을 인정한다."라는 유엔의 사회권규약 제7조 제d항에 위배된다.

김혜숙은 18호 관리소에 있는 동안 정상배급을 받을 경우 7~8인 가족이 4.5~5킬로그램 정도의 말린 옥수수로 한 달을 연명해야 되었다고 한다. 즉, 하루 1인당 20.83~21.43그램의 옥수수에 각종 나뭇잎과 풀을 섞어 먹었다는 것이다(한국의 식당 공기밥 한 그릇의 양은 쌀 100그램). 김용의 증언에 따르면, 14호 관리소 수감자들의 한 끼 양식은 통강냉이 20~30알과 배춧잎이 둥둥 뜬 소금국이 전부라고 한다. 그 결과 수감자들이 생도에서 100미터 이동하는 데 15분 이상이 걸리고, 삽질 한 번 하는 것도 현기증이 난다는 것이다. 수감자 대부분이 펠라그라(pellagra)라는 단백질 결핍증에 걸려 있으며, 영양 결핍에서 오는 각종 전염병과, 심지어 정신병까지 앓

86 위의 책, 45쪽.

게 된다고 한다. 이와 같은 현실은 '유엔의 수감자의 처우에 관한 최소한의 기준(UN Standard Minimum Rules for the Treatment of Prisoners)'에 위배되는 것이다.

수감자들은 이런 극도의 허기를 면하기 위해 돼지사료도 훔쳐 먹고, 심지어 생선 저장탱크 씻은 물에 밥을 말아 먹는 일도 있으며, 쥐와 벌레도 잡아먹고, 나무껍질도 벗겨 먹고, 풀도 뜯어 먹는다고 한다. 그나마 이런 일도 허용되는 것이 아니어서 지도원에게 들키면 죽음에까지 이를 수 있는 가혹한 징벌을 받는다고 한다.

(3) 수용소 내에서의 처벌

북한에는 '정치범'들이 수용소에 최종적으로 수감되기 전에 예심을 받으면서 수감되는 구류장뿐만 아니라 수용소 내에 처벌을 목적으로 한 구류장을 두고 있다. 수감자들에게 가혹한 육체적 · 정신적 고통을 주는 것으로는 어느 쪽이든 비슷해 보이는데, 수용소 내 구류장의 경우 수감자가 일단 끌려가게 되면 남녀를 불문하고 모두 삭발한 후에 1차로 초주검이 되도록 매를 때린다. 그리고 질질 끌고 가서 두 무릎 사이에 각목 형태의 4각 각자를 끼우고 24시간 동안 꿇어앉히는데, 조금이라도 움직이거나 불손하게 행동하면 사정없이 구타한다는 것이다. 식량사정이 악화되기 전에는 하루에 100그램의 콩밥과 시래기 소금국이 지급되었는데, 그것도 말을 잘 듣지 않거나 움직이면 처벌로 밥을 주지 않았다고 한다. 그래서 수감자들은 양식을 얻기 위해 다리에 피가 통하지 않아 일주일 후부터는 살이 썩어 들어가도 참는다고 한다. 그 결과 3개월 후에는 폐인이 되어 들것에 실려 나가 5개월 후에는 병사한다고 한다. 그래서 수감자들 사이에는 구류장에 들어가는 것은 곧 죽음을 의미하는 것으로 인식되어 있다는 것이다.[87]

김용은 14호 관리소에서 2년 동안 15건의 즉결처분을 목격했고, 18호 관리소로 이송된 뒤에는 3년 동안 30회 정도의 공개처형 장면을 목격했다고 한다. 14호 관리소에서는 공개처형 대신에 주로 비밀처형을 했는데, 이렇게 공개처형이 비밀처형으로 바뀐 것은 수용소 내에서 너무 자주 공개처형을 해서 일벌백계(一罰百戒)의 효과

---

87 안명철, 『그들이 울고 있다』, 천지미디어, 1995, 107~108쪽.

도 없고, 오히려 수감자들을 자극하여 1990년에는 이 관리소 내에서 폭동이 일어나 1500명의 수감자가 사살된 적도 있었기 때문이라고 한다.[88]

안명철의 증언에 따르면, 경비대는 도주자를 잡으면 크게 표창한다는 말에 수감자들을 사살하는 일이 빈발하였다고 한다.[89]

개천 14호 관리소에서는 피수용인들이 늙어도 은퇴나 노동에서 면제해 주는 일은 없어서 죽는 순간까지 일을 해야 된다고 한다. 신동혁의 증언에 따르면 이 수용소에 60~80세 노인작업반이 있는데, 1999년 12월경에 10리 정도 거리의 경사지 밭에 노인 4명이 거름을 지게에 가득 지고 나르다가 중간에 쉰 것이 담당 보위지도원에게 들키어 영하의 추위 속에 속옷 바람으로 오후 2시부터 7시까지 무릎을 꿇려 벌을 세운 뒤, 다시 휴게실의 구들장에 꿇어앉혀서는 장작불을 때서 동상과 화상을 입혀 죽게 했다고 한다.[90]

(4) 영아 살해

북한의 정치범 수용소에서 "종파분자와 계급의 원쑤는 그가 누구이건 3대에 걸쳐서 씨를 없애야 한다."라는 김일성의 교시가 철저하게 지켜진 결과는 '영아(嬰兒) 살해'라고 볼 수 있다. 수용소에 가족 단위로 수감되거나, 수감 후 '표창결혼'을 한 예외적인 경우를 제외하고 일반 정치범 수용소 내에서의 임신과 출산은 앞에 소개한 〈관리소의 10대 법과 규정〉 제8조 1항에 의하면 총살형에 처해지는 중죄를 짓는 것이다. 그래서 본인들은 죽음에 이르는 처벌을 받게 되며, 아기는 곧 바로 살해되는데 그 방법 또한 "처참하다."라는 표현이 부적절할 정도로 비인도적인 것으로 보인다.

사실 영아 살해에 대한 증언은 여러 맥락에서 있어 왔다. 그 한 예로, 13호 관리소 19반 수감원 최 양(회계원)이 경비대 부소대장 김만순과 성관계를 가져 아이를 낳자 보위1과에서 아이를 개에게 던져 주고 최 양은 성기(性器)와 배에 막대기를 쑤아 살

88 김용삼, 앞의 취재기사, 339쪽.
89 안명철, 앞의 책, 62~64쪽.
90 신동혁, 앞의 책, 76~77쪽.

해했다고 한다.[91]

2012년에 대한변호사협회의 의뢰로 실시된 탈북자 인터뷰에서도 N113은 "신의주 출신 28살 여자(도강)와 38세 여성이 관리소 내에서 성폭행을 당해 임신하자 강제 낙태시켜 태아를 뒷산에 묻었습니다."라고 진술했다.[92]

이런 사례들은 '로마규정' 제7조, '고문방지협약'뿐만 아니라 북한이 가입한 '아동의 권리에 관한 협약'과 '모든 형태의 여성차별 철폐에 관한 협약'을 위반하는 것이다.

(5) 여성들에 대한 성적 학대(性的 虐待)와 살해

정치범 수용소에 수용된 여성들의 경우 얼굴이 예쁘게 생겼을수록 수난을 많이 당하는 것으로 보인다. 국가보위부장이었던 김병하는 관리소에 내려오면 자기 별장에서 예쁘게 생긴 여자들을 골라 동침하고는 보위부 3국(예심국) 국장에게 넘겨 실험용으로 쓰이다가 죽게 했다고 한다.

김용도 같이 수감되어 있던 김영일을 통해 들은 이와 유사한 내용의 진술을 다음과 같이 했다.

> "14호 관리소에는 간부 초대소라는 것이 있는데 이곳은 평양에서 부부장(차관)급이 내려오면 숙식하는 일종의 특각입니다. 평양에서 간부들이 내려오면 여성 수감자 중에서 얼굴이 반반한 21~25세 사이의 처녀들을 선발하여 목욕을 시킨 후 간부들에게 바친다고 합니다. 간부들은 이런 여성들을 온갖 성적(性的) 노리개로 삼은 후 비밀유지를 위해 '도주분자'로 몰아 비밀리에 죽인답니다."[93]

이는 로마규정 제7조 1항에 규정된 강간, 성적 노예화, 살해의 죄를 저지른 것일 뿐만 아니라 북한이 가입한 '모든 형태의 여성차별 철폐에 관한 협약'을 위반하는 것이다.

그리고 김병하는 보위원들과 여자 수감원들 간에 성추문(부화사건)이 자주 생기

---

91 안명철, 앞의 책, 40~41쪽.
92 대한변호사협회, 『2012 북한인권실태조사 보고서』, 551쪽.
93 김용삼, 앞의 취재기사, 339쪽.

자 모든 관리소에 얼굴이 곱게 생긴 여자들을 모두 죽여버리라는 명령을 내려 1970년대 말에는 250여 명의 여수감원들이 처형되었다고 한다.[94]

1989년 가을경 종성관리소 풍계지구 17반 보위원 자살사건이 있었는데 안명철은 이에 대해 다음과 같이 증언한다.

17반 지도원(보위원)은 자기 담당 작업반 내의 정치범 여자들을 모두 성적 노리개로 삼았다. 그중 통계원 여자 수감원이 임신을 했다가 발각되자 보위1과 계호원들이 그녀의 배를 갈라 태아를 꺼내 밟아 죽이고, 산모의 음부에 지렛대를 박아 전기를 투입해 죽였다고 한다. 그 보위원은 정치범이 될 것을 두려워하여 자살하였다는 것이다.[95]

신동혁은 자신의 생모(生母)가 보위원에게 성적 노리개로 수모를 당하고 있는 장면을 목격하였는데, 상황으로 보아서 처음은 아닌 것 같았다고 진술하였다. 그리고 이런 일은 비단 자신의 어머니에만 한정되는 일이 아니었다는 것이다.[96] "보위원들이 여자들을 집적거리는 것을 다 알고 이런 일들이 자주 일어나지만 아무 말도 못한다. 보위원들이 처녀를 건드려서 임신한 경우에 임신 사실이 알려지면 처녀는 그 즉시 사라진다. 이렇게 임신한 처녀가 사라지는 일이 자주 일어난다."[97]라고 신동혁은 진술하여 여성 수감자들에 대한 성적 학대와 살해를 포괄적으로 확인해 주었다.

10. 북한 억류 한국군 포로 및 민간인 납북자

6 · 25전쟁이 60여 년 전에 종전되었으나, 북한에 억류된 한국군 포로 문제는 여전히 해결되지 않은 채로 남아 있다.

1899년 헤이그(Hague)협약은 포로를 자국에 대항하는 군 복무에 종사하도록 강요할 수 없다고 규정하고 있다. 이 규정은 1907년 헤이그협약에서도 재천명되어

94 안명철, 앞의 책, 129쪽.
95 위의 책, 128~129쪽.
96 신동혁, 앞의 책, 27~28쪽.
97 위의 책, 67쪽.

6 · 25전쟁 당시 국제관습법이 되어 있었다. 그럼에도 불구하고 북한은 한국군 포로들을 북한군에 강제로 편입시켜 전투행위를 강요했다. 이는 많은 증언으로 뒷받침되기도 하지만, 전쟁 당시 유엔군이 생포한 북한군 포로들 중 11% 정도는 국군 포로 출신이었다는 사실에 의해 증명된다. 휴전협상 과정에서 유엔군 측이 이에 대한 실태조사를 하자고 주장하자, 북한 측이 이를 "인민군 10만 명 이상을 납치하려는 음모다."라고 했던 것으로 봐서 10만 명 이상의 남한 출신 민간인이나 국군 포로가 강제적이었든, 자발적이었든 인민군에 입대했던 것으로 보인다.[98]

생포된 국군 포로들 중 적지 않은 수가 고문, 생체실험 등 각종 잔혹행위를 당하고, 살해되었다. 이는 1899년 헤이그협약과 1929년 제네바협약[99] 등, 포로에 대한 국제법 위반이다. 그리고 포로들에게 위험한 작업을 시키지 못하도록 규정한 1949년 제네바 제3협약에도 불구하고, 한국군 포로들을 폭격 중인 비행장 복구, 철로 보수 등 위험한 전시작업(戰時作業)에 종사시켰다. 전쟁이 끝난 뒤, 이들 중 대부분이 한국으로 귀환되지 못하고 북한에 억류되었다. 억류된 국군 포로 대다수는 사망했을 것으로 추정되며, 생존자들도 비참한 상황에서 죽어 가고 있다.[100] 북한당국은 그들의 존재를 지금까지도 부인하고 있으며, 한국정부도 그들을 구원하기 위해 최선을 다하지 않았다.

한국정부는 6 · 25전쟁 이후 납북 사건이 발생할 경우 다양한 경로를 통하여 해결 노력을 기울여 왔다. 그러한 결과로 6 · 25전쟁 이후 시기 납북자 3835명 중에는 516명의 억류자를 제외한 대부분은 귀환(송환 3310명, 탈북 9명)하였다.[101] 그러나 6 · 25전쟁 당시 납북자들에 대해서는 전쟁이라는 당시의 상황과 납북과 월북에 대한 객관적 평가의 어려움, 그리고 50여 년이라는 세월의 경과를 이유로 제시하며 한

---

98 Heo Man-Ho, "Les prisonniers de guerre sud-coréens retenus en Corée du Nord: LES HOMMES DANS L'HISTOIRE?", in Yim Seong-Sook, *La Corée, le peuple et ses valeurs culturelles: d'hier à aujourd'hui* (Québec: LES PRESSES DE L'UNIVERSITE DE MONTREAL, 2000), pp. 35-36.

99 제네바협약은 1864년에 제정되어 1906년과 1929년에 개정 및 보완된 뒤, 전투원 보호뿐만 아니라 민간인을 보호하기 위한 협약이 추가되면서 1949년에 제네바 4대 협약으로 집대성되었다. 그중 포로의 대우에 대한 제3협약은 1929년 7월 27일에 확정되어 1931년 7월 19일에 발표되었다.

100 2001년 9월 9일에 파악된 생존자는 385명이다. 국방부 군사편찬연구소, 「한국전쟁 포로 관련 자료집」, 2001년 10월 25일, 20쪽. 2004년 9월 말 현재 한국정부가 명단을 확보하고 있는 생존 추정 국군 포로는 538명이다. 국방부, 『국군 포로 문제 -실상과 대책-』, 2004, 15쪽.

101 한동호 외, 『북한인권백서 2014』, 통일연구원, 2014, 550쪽.

국정부는 매우 소극적인 태도로 일관해 왔다.

그래서 6 · 25전쟁 시 피랍인사들의 가족들은 모임을 결성하여 전쟁 당시에 한국정부가 작성한 납북자 명부도 발굴하고, 수많은 납북자 가족들과 피랍탈출자들의 관련 증언들도 채록하며, '전시납북사건'에 대해 증거를 통한 '객관적 사실화' 작업을 수행해 왔다. 이와 같은 객관적 자료들의 발굴에도 불구하고 한국정부는 당시 상황에 대한 판단근거 부족과 북한이 납북자의 존재를 부인하고 있다는 현실적 이유를 제시하면서 넓은 의미의 이산가족으로서 생사확인과 서신교환, 그리고 제한적인 상봉에 대한 노력만을 밝혀 왔다. 이러한 입장은 납북자 문제가 북한과 '화해 · 협력 관계'를 유지하려는 한국정부의 거시적 대북정책과 상충될 가능성이 높기 때문으로 보인다. 즉, 납북자 문제가 북한 당국자들을 자극하는 요인으로 작용할 것을 우려하여 매우 소극적인 접근 방법을 채택해 온 것이다. 그러나 6 · 25전쟁의 종전을 제도적으로 완결하려면 5만 명 이상으로 추정되는 북한 억류 한국군 포로 문제와 10만 명 이상으로 추정되는 남한 민간인 납북자 문제가 주요 의제로 다루어져 일정 수준 이상의 해결책을 마련하여야 된다.

지난 2010년 3월에는 〈6 · 25전쟁 납북피해 진상규명 및 납북피해자 명예회복에 관한 법률〉이 채택되었다. 이 법률로 한국 내에서는 진상규명과 피해자 명예회복을 위한 제도적 장치가 마련되었지만, 궁극적으로 북한정부의 협력이 없으면 해결책 마련에 한계가 있을 수밖에 없다. 그런데 북한당국이 대규모의 남한 민간인들을 납북하여 억류한 사실을 부정하고 있으므로 이런 북한당국에 사실관계를 증명하고, 해결책 마련에 협조하도록 설득 · 압박하기 위해서는 전시 민간인 납북사건에 대해 다각도에 걸친 실태파악이 우선되어야 한다.

〈6 · 25전쟁납북인사가족협의회〉는 정부와 세인(世人)의 관심을 유도하기 위해 부단히 노력한 결과 본 사건의 실증자료들을 많이 발굴하였다. 현재까지 9종의 전시 납북자 명단이 존재하는 것을 파악하였고, 그중 7종을 확보하여 본 사안의 '사실화' 작업에 크게 기여했다. 이 명단들은 〈표 2-48〉과 같다.

본 절에서는 개개인의 인적 정보를 가장 자세하게 담고 있는 「실향사민등록자명단」, 즉 1956년 6월 15일부터 8월 15일까지 대한적십자사가 신고받은 7034명의 납북자 명단을 활용하여 민간인 납북사건의 특징들을 파악하고자 한다. 그리고 총체적인 분석과 현황 파악 및 교차확인을 위해 상기 명단과 「서울특별시 피해자명부」, 「6 · 25사변피납치인사명부」, 「6 · 25사변 피납치자명부」, 「6 · 25동란으로 인한 피납치자명부」상의 11만 2687명 중에서 중복 등록된 사람들을 제외한 9만 6013명의 신상명세도 활용하겠다.[102]

1) 6 · 25전쟁 한국군 실종자와 포로

북한에 억류된 한국군 포로의 정확한 숫자는 알려져 있지 않다. 따라서 통계들을 비교하며 수치를 추정할 수밖에 없다.

유엔군 총사령관 클라크 장군(Mark W. Clark)은 자신의 회고록에서 개략적인 숫자를 제시했다. "…… 그들은 전쟁 초기에 5만 명의 한국군 포로들을 전선에서 석방했다. 물론 그것은 이들이 인민군에 강제로 편입되었다는 것을 의미한다."[103] 북한에 억류된 한국군 포로였던 북한문제 전문가 이기봉은 약 7만 명의 한국군 포로가 북한에 억류되었다고 추정한다. 인민군으로 한국군 포로들을 감시했던 북한문제 전문가 이항구는 8만 7000~8만 8000명의 한국군 포로들 중에서 8341명이 송환되었고, 2만~3만 명은 전쟁 중에 사망했고, 나머지 5만~6만 명은 북한에 억류되었을 것이라 추정한다.[104] 서울 국립묘지 위패봉안관에서 미확인 전사 및 실종자로 게시되

---

102 이들 중에는 납북된 뒤에 북한 공산군에 전투요원이나 전투지원 인력으로 편입되어 전선에 배치되었다가 유엔군의 포로가 되어 거제도 포로수용소에서 일정 기간 수감생활을 한 뒤 풀려나 귀환한 사람들이 있다. 본 저자는 연구 보조원들의 도움을 받아 명단 대조작업을 하고, 그 결과에 대해 〈한국전쟁납북사건자료원〉의 확인 작업을 거쳐 9만 6013명의 전시 민간인 납북자들 중에서 413명은 거제도 포로수용소에서 풀려난 것으로 파악할 수 있었다. 그러나 활용할 수 있는 정보가 제한되어 있어서 동명이인(同名異人)인지 아니면 동일인(同一人)인지를 확인할 수 없는 경우도 적지 않게 있었다. 그런데 납북된 후에 어떤 형태로든 귀환한 사람들의 수는 북한에 억류된 납북자의 수에는 영향을 줄 수 있지만, 전체 납북자 수 자체에는 영향을 줄 수 없기 때문에 납북의 양태와 규모를 파악하는 데 9만 6013명을 대상으로 할 것이다.

103 Mark W. Clark, *From the Danube to the Yalu* (New York: Harper & Brothers, 1954), p. 102.

104 국제인권옹호 한국연맹, 「북한억류 한국군 포로들의 실태 보고서」, 15쪽. 본 보고서는 동일한 제목으로 다음에 요약 수록되어 있다. 「북한억류 한국군 포로들의 실태 보고서」, 『새물결』, 자유평론사, 1995년 10월호, 101쪽.

표 2-48 6 · 25전쟁 납북자 명부들

구분	제목	조사·작성자	조사(발행) 일시	조사대상 지역	피납치자 수	명부발견 여부	비고
1	Persons Arrested in Seoul by the North Koreans	미국 CIA	1950. 10. 15	서울 지역	653	O	북한당국이 피랍자들을 심문하여 작성한 명부를 토대로 미국 CIA가 작성한 것으로 추정. 북한명부는 미발견
2	서울특별시 피해사 명부	공보처 통계국	1950. 12. 1	서울	2,438	O	서울지역에 국한. 유명인사 위주로 작성
3	六·二五事變被拉致人士名簿	六·二五事變被拉致人士家族會	1951. 9.	서울	2,316	O	서울 인근에서 납치된 주요인사 위주.신익희 전 국회의장 유품에서 발견
4	六·二五事變被拉致者名簿	공보처 통계국	1952. 10.	인근	82,959	O	휴전회담 협상을 위해 전국 단위로 작성
5	6·25사변피납치자	내무부 치안국	(1952. 10.)	전국	126,325	X	국무회의에서 숫자가 인용되었으나 실제 명부는 미발견
6	6·25사변피납치자명부	공보처 통계국	1953	전국	84,532	X	4번 명부를 추가 보완하여 작성한 것으로 추정되나 실제 명부는 미발견
7	6·25동란으로 인한 피납치자명부	내무부 치안국	1954	전국	17,940	O	의용군 제외, 세대주 중심으로 작성
8	실향사민등록자명단	대한 적십자사	1956	전국	7,034	O	국제적십자사를 통한 안부 의뢰를 위해 대한적십자사가 2달간 가족 신고를 받아 작성
9	실향사민명부	국방부	1963	전국	11,700	1권: O 2권: X	국방부 작성, 제1권 1만 1700명 수록 명단만 발견

출처: 한국전쟁납북사건자료원, 「6 · 25전쟁 휴전회담회의록을 통해 살펴 본 – '전쟁 납북자 송환 문제'」, 2011년 9월, 4쪽을 수정 · 보완 및 재구성.

어 있던 사람들을 1997년 7~8월에 자체 실사(實査)한 결과, 10만 2384명이 그 대상자들인 것으로 최종 확인되었다(육군: 장군 1명, 장교 2924명, 사병 9만 2213명; 해군: 장교 49명, 사병 1173명; 공군: 장교 4명, 사병 68명; 종군자 및 군무원: 3672; 경찰: 간부 352명, 비간부 1578명; 경찰애국청년단원: 267명; 제1학도 의용군: 83명). 그런데 실무자들은 그들 중 반수인 약 5만 명 정도는 종전 후 북한에 억류되었을 것으로 추정하고 있다.[105] 휴전협상 의제 중의 하나로 포로문제를 다루기 시작했던 1951년 12월에 유엔군 측에서 파악한 한국군 실종자 수는 8만 8000명 정도였다. 그런데 같은 해 12월 18일에 포로명단 교환 시 공산군 측은 한국군 포로로 7412명의 명단만을 제시하였다.[106] 유엔군 측이 실제적인 실종자의 수와 공산군 측이 제시한 포로명단상의 수 사이의 현저한 차이에 대해 항의하자, 공산군 측은 "나머지는 유엔군의 폭격과 질병 등으로 사망하거나, 과오를 시인하는 포로는 전선에서 석방하여 본대(本隊)나 고향으로 귀환하는 것을 허용하였기 때문"이라는 옹색한 변명만을 되풀이했다. 이에 대해 유엔군 측은 강제로 북한군에 입대시킨 모든 남한 출신자들을 포로로서 송환할 것을 주장하며, 쌍방의 전체장병을 면담하여 본인의 의사를 확인하도록 하자고 제안했다. 그러나 공산군 측은 전부가 자발적인 지원자라고 강변하며, 유엔군 측 제안은 10만 명 이상의 북한군을 납치하려는 음모라고 매도했다.

그런데 6 · 25전쟁에 관한 중국의 공간사(公刊史)인 『중국인민지원군 항미원조전사(中國人民志願軍 抗美援朝戰史)』에 따르면, 1950년 10월 25일부터 1953년 7월 27일 사이에 중공군에 의해서만 3만 7815명의 한국군이 생포되었다.[107] 이 문헌에서 중국 측은 '살상', '포로', '투항'으로 전과(戰果)를 구분하고 있고, 이 3만 7815명은 포로와 투항 인원을 합한 수치이므로 이 한국군 포로들은 종전 시 생존해 있었을 가능성이 매우 높다. 그리고 같은 기간에 북한군에 의해 포로가 된 한국군과 전쟁 초

---

105 한국정부는 1954년부터 1974년까지 총 8회에 걸쳐 유가족 신고, 내무부 자체조사, 경찰서 확인, 미신고자 특별 구제조치 등을 거쳐 총 8만 8466명을 전사 처리하였다. 이후 1974년 8월에 한국 국방부는 총 5만 5108명의 「실종자 명부」를 작성하였다. 1993년 7월부터 1994년 10월 말까지 「실종자 명부」에서 이중등록자, 파견자, 전공상자, 형 확정자 등으로 분류된 사람들을 제외한 4만 1954명의 명부를 작성하였고, 그 후 재확인을 거쳐 1997년 10월에 4만 1971명을 「전사 및 실종자」로 정리하여 명부를 작성하였다. 다시 1997년 10월부터 12월까지 국방부, 계룡대 및 전국 7개 향토사단에 비치하여 관련자들이 열람하고 추가 신고토록 했다. 그 결과 264건이 신고되어 이중등재, 전역, 탈영 등을 제외한 132명을 추가로 전사 처리하였다. 국방부, 『국군 포로 문제 -실상과 대책-』, 18쪽.

106 1951년 12월 18일 현재의 포로 현황으로 유엔군 측은 공산군 13만 2474명(북한군 11만 1754명, 중공군 2만 720명)을, 공산군 측은 유엔군 1만 1559명(한국군 7142명, 미군 3198명, 영국군 919명, 터키군 234명, 기타 66명)을 체포한 것으로 각각 발표하였다. 국방정보본부, 『군사정전위원회편람』, 1986, 23쪽, GHQ FEC & UNC, Command Report, Aug. 1953, HD 1563, pp. 120-121을 근거로 오류 수정 후 인용.

107 軍事科學院軍事歷史研究所 編著, 『中國人民志願軍 抗美援朝戰史』(北京: 軍事科學出版社, 1988), 한국전략문제연구소 역, 『중공군의 한국전쟁사』, 세경사, 1991.

기 4개월간, 특히 개전부터 낙동강방어전선으로 후퇴하는 동안에 한국군 포로들이 많이 발생했을 것을 감안한다면, 공산군 측에 생포된 한국군 포로는 한국 국방부가 1994년에 공식 집계했던 수치인 1만 9409명보다 훨씬 많을 것으로 추정된다.[108]

조사시점에서의 누락 가능성 때문에 정확한 계산은 사실상 불가능하지만, 현재까지 인용된 통계수치에 따라 다음과 같은 추론은 할 수 있다. 즉, 한국군 최종 실종자 10만 2384명에서 1951년 말까지의 실종자 8만 8000명을 뺀 수치인 1만 4384명은 전선이 고정된 뒤에 실종된 것이다. 그런데 이들 중에서 중공군에 의해 포획된 한국군 포로는 7885명이다. 북한군에 의해 획득된 포로도 있을 것이므로 한국군 실종자들 중에서 포로 발생비율은 60%가 훨씬 넘을 것으로 판단된다. 그런데 통상 전선이 수시로 변하는 운동전(運動戰) 시기에 포로가 많이 발생하고, 북한이 부족한 전시인력을 한국군 포로로 충당하려 했다는 점을 고려한다면 1951년 말에 파악된 실종자 8만 8000명 중에는 포로 발생비율이 훨씬 더 높을 것이다.

당시 공산군 측이 발표한 바에 의하면, 공산군은 한국군을 포함한 유엔 측 포로를 1950년 6월 25일~12월 25일 사이에 3만 8500명, 1950년 12월 26일~1951년 3월 25일 사이에 2만 6865명을 각각 포획했다.[109] 비록 발표된 포로의 수가 정치선전의 목적에서 과장되었을 가능성이 있지만, 그것은 앞의 가정을 확인시켜 준다. 1951년 말까지 중공군에 의해서 포로가 된 1만 1000~1만 2000명의 군인과 북한 인민군에게 포로가 되었을 군인의 수를 개전 후 최초 9개월 동안 포로가 된 6만 5365명에 더하면, 유엔군 측 실종자(MIAs) 9만 9500명 중에서 8만 명 이상이 포로가 되었다는 결론을 내릴 수 있다. 이와 같이 높은 유엔 측의 실종자 대 포로 발생비율을 고려하

---

108 한국정부는 1994년에 실종자들을 그들의 소속부대를 통해 집계 · 검토를 한 후에 1만 9409명의 한국군이 공산군에 체포된 뒤에 사망하였거나 억류된 것으로 공식 발표하였다. 국방부, 『국군 포로 문제』, 1999, 17쪽, 31쪽. 한국 국방부는 행방불명자 신고와 병적부 확인을 거쳐 최종 집계한 1만 9409명의 「6 · 25참전 행불자(실종자)명부」를 1997년 10월에 공개하였다. 그런데 이 수치는 행방불명자 신고를 받아 군적과 대조한 뒤에 정리한 것이므로 신고하지 않은 인원은 누락될 수밖에 없었고, 군적에 있는 인원만 정리한 것이기 때문에 학도의용군이나 유격대원 등은 제외된 한계가 있다고 국방부도 인정하고 있다. 국방부, 『국군 포로 문제 -실상과 대책-』, 13쪽. 그런데 유엔군 측은 1953년에 한국군 실종자를 총 8만 2319명으로 집계했다.

109 유병화, 「북한 억류자 송환의 법적 문제와 해결방안」, 최성철 (편), 『북한인권의 이해』, 한양대학교 통일전략연구소, 1997, 265쪽.

면, 한국군 실종자들 중에서도 80% 이상이 포로가 되었을 것이다.

이 비율(운동전 시기의 실종자 80%, 진지전 시기의 실종자 60%)에 따라 10만여 명의 한국군 실종자들 중에서 8만여 명은 포로가 되었을 것이라는 확신을 가질 수 있다.[110] 이 포로들 중에 적지 않은 수가 위험한 전시 복구작업 과정에서, 혹은 생체 실험을 포함한 각종 비인도적 학대로 희생되었어도 5만~6만 명은 종전 시에 생존해 있었을 것이다.[111] 그런데 유엔군(사실상 미군)은 미군포로에 대해서만 관심을 갖고 절대 다수를 이루었던 한국군 포로에 대해서는 별 관심을 갖지 않았다. 더욱이 포로 송환방식에 주요 쟁점이 형성되면서 한국군 포로들의 존재와 그들의 송환 여부 그 자체는 등한시되어 버렸다. 그리고 시간이 흐름에 따라 5만 명 이상의 한국군 포로들은 세인의 기억 속에서 점점 사라졌다. 이 문제의 해답을 찾기 위해서는 왜 그렇게 많은 한국군 포로들이 송환되지 않았는지 그 이유를 명확히 할 필요가 있다.

공산군 측은 한국군 포로를 전쟁포로로 인정하지 않았다. 북한 외상 박헌영은 1950년 7월 13일에 유엔 사무총장에게 전문을 보내, 북한이 1949년 제네바협정의 제 원칙을 준수할 것이라고 선언했다. 그러나 전쟁에 참여한 유엔 측 군인들을 '인민에 대한 전범'으로 간주한다며, 이들에 대해서는 1949년 제네바 제3협약 제85조에 대해 유보한다는 입장을 취했다. 그리고 이념 투쟁의 책략에 따른 인질로 이들을 억류하여 대다수의 한국군 포로들을 중립국송환위원회의 관리하에 인도하지 않았다.

포로 석방방식에 대해 한·미 간의 갈등이 심각해지자, 이승만 정부가 1953년 6월 18일과 19일에 반공 북한포로 3만 3206명 중에서 2만 7000명 이상을 일방적으로 석방함으로써 상황은 더욱 악화되었다. 그러나 한국군 포로의 미송환 문제에 이러한

---

110 2012년까지 한국정부가 한국 내에서 발굴한 국군전사자의 유해는 6996구이다. 국방부 유해발굴감식단, 「유해발굴사업정책 고객소식지」, 2013, Vol. 1.

111 미국하원 국가안보위 군인소위원회에서 1996년 9월 17일에 개최된 '한국전 및 월남전 참전 실종 미군 관련 청문회'에서 전 체코군 고위관계자 잔 사스나와 아이젠하워 대통령의 군사보좌관이었던 필립 코로소의 증언에 따르면, 6·25전쟁 발발 직후에 소련은 북한에 병원을 세워 포로들을 대상으로 각종 인체 및 심리실험을 했다고 한다. 소련은 심지어 한국군, 미군 등 각 국가별로 다른 환경에서 성장한 인종들이 특정 약물, 생화학무기, 방사능 등에 어떻게 반응하는지도 실험했다고 한다. 이들은 소련, 체코, 중국 등에도 실험용으로 집단적으로 보내졌으며, 6·25전쟁이 끝났을 때 북한에서 실험대상으로 쓰이던 포로들 중 약 100명 정도는 살아 있었는데, 체코에서 신체검사를 받은 후 소련으로 이송되었다고 한다. 「조선일보」, 1996년 9월 19일.

표 2-49 중공군의 포로획득 추이

작전 기간		한국군	유엔군	합계
유격전 시기	제1차 전역(1950년 10월 25일~11월 5일)	4,741	527	5,268
	제2차 전역(1950년 11월 25일~12월 24일)	5,568	3,523	9,091
	제3차 전역(1950년 12월 31일~1951년 1월 8일)	5,967	367	6,334
	제4차 전역(1951년 1월 25일~4월 21일)	7,769	1,216	8,985
	제5차 전역(1951년 4월 22일~6월 10일)	5,233	2,073	7,306
진지전 시기	1951년 하계 방어작전 시기 (1951년 6월 11일~10월 30일)	652	334	986
	1952년 춘계 진지공고 기간 (1951년 12월 1일~1952년 3월 31일)	834	124	958
	전술반격과 상감령 방어작전 기간 (1952년 9월 1일~10월 30일)	919	160	1,079
	1953년 봄 대 상륙작전 준비 기간 (1952년 12월 1일~1953년 4월 30일)	555	134	689
	하계반격작전 기간(1953년 5월 1일~7월 27일)	5,577	250	5,827
합계		37,815	8,708	46,523

출처: 軍事科學院軍事歷史硏究所 編著, 『中國人民志願軍 抗美援朝戰史』(北京: 軍事科學出版社, 1988), 부록 2, 3을 발췌 · 재구성함.

조처가 결정적인 변수로 작용했다고 볼 수는 없다. 왜냐하면 공산군 측은 전쟁포로 문제가 휴전협상의 쟁점으로 대두되기 이전에 이미 포로를 송환하지 않으려는 의도를 명백히 가지고 있었기 때문이다. 그래서 그들은 1951년 12월 18일 양 진영 간에 포로명단을 교환했을 때 한국군 포로의 수를 7412명으로 축소했던 것이다.[112]

북한에 억류된 한국군 포로들은 공산주의자들의 이념투쟁과 휴전조건의 희생자들로서, 통일이 전제되지 않은 휴전에 반대하면서 휴전협상에 수동적인 자세를 취했던 한국정부로부터 필요한 지원을 받지 못했다.

112 한국군 포로의 북한 억류 원인을 전쟁포로에 대한 전통적 인식에서 찾아야 된다는 주장도 있다. 즉, 승자가 패자인 포로들의 생사여탈권(生死與奪權)을 가질 수 있고, 그들을 승자 자신의 진영에 합류시킴으로써 '관용의 미덕'을 보이고, 자신의 정통성을 더욱 강화시킨다고 생각했던 전통적 사고에서 비롯된 것이라는 주장이다. 한국국방연구원 문광건 박사와의 인터뷰, 2002년 7월 9일.

2) 납북자 명부를 통해서 본 전시 남한 민간인 납북 규모 및 양태

앞에 소개한 다섯 가지 명부들을 통해 파악한 바로는 6 · 25전쟁 발발 직전 시기까지 포함하여 전체 전쟁기간에 9만 6013명의 남한 민간인들이 납북되었다. 이를 지역별로 보면 충청도에서 2만 3664명이 납북되어 가장 많고, 서울시에서 2만 2348명, 경기도에서 1만 8270명, 강원도에서 1만 1375명, 전라도에서 1만 853명, 경상도에서 9503명이 납북된 것으로 나타나고 있다.[113] 서울시를 제외한 다른 지역의 당시 인구현황을 파악할 수 있는 통계가 없어 정확한 백분율(百分率)을 계산해 낼 수는 없으나, 몇 가지 추론적 사실규명은 할 수 있다.

먼저, 지역별 납북자 수에서 다음과 같은 특징적 측면에 유의할 필요가 있다. 첫째, 공산군이 점령했던 모든 지역에서 예외 없이 납북자가 발생했다. 둘째, 가장 인구가 많았던 경상도에서 공산군의 점령기간이 짧고, 점령지역이 제한되었기 때문에 납북자 수가 가장 적었다. 셋째, 서울, 경기도, 강원도, 충청도, 즉 개전 초기에 공산군이 점령했던 지역이며, 점령기간이 상대적으로 긴 지역에서 납북자가 압도적으로 많이 발생했다. 이 세 가지 사실을 통해 "민간인 납북은 북한정부의 총체적인 전쟁정책의 중요한 한 부분으로 이루어졌다."라는 추론을 할 수 있다. 그리고 납북자들의 ① 납치 시기 ② 납치 가담자 ③ 납북 과정 ④ 피랍인의 직업 ⑤ 예상되는 피랍인의 가치 및 납북 목적을 기준으로 분류해 보면 또 다른 각도에서 일정한 추세와 의미를 파악할 수 있다.

(1) 북한의 남침계획 변화와 납북정책

인구가 서울(1950년 4월 말 현재 169만 명)보다는 많았을 것이지만 다른 도(道)에 비해서는 많지 않았을 충청도에서 납북자가 가장 많이 발생한 이유를 현재 가용한 통계자료로 설명하는 것은 힘들다. 이는 당시 공산군의 침략노선, 즉 진격로(進擊路)와 시간대별 진격 지점, 납치방법 등에 대한 정교한 자료 분석이 있어야 적확(的確)한 설명이 가능할 것이다.

---

113 한국전쟁납북사건자료원, 『한국전쟁납북사건사료집, 2006. 9』, 2006년 9월, 1118쪽.

충청도의 경우, 6 · 25전쟁이 발발하여 일정한 시간이 경과한 뒤에 공산군이 진격 · 점령하여 납치해 갔으므로 전황이 반영된 전쟁정책 속에서 일정한 범주에 속하는 사람들을 다수 납치한 것으로 추정된다. 이는 '연령대에 따른 지역별 납북자 수'에 있어 충청도에서 납북된 사람들의 연령분포(82.67%: 16~20세 6303명, 21~25세 8927명, 26~30세 4334명)가 서울시의 납북자들(61.19%)에 비해 청년층에 월등히 더 집중되어 있고, 이런 경향은 전국 평균(74.83%)보다 더 높게 나타나고 있는 점과, '직업에 따른 지역별 납북자 수'로 볼 때 농업이 1만 9566명으로 압도적 다수를 차지하고 있다는 사실로 증명할 수 있다. 즉, 충청도에서 가장 많은 납북자들이 발생한 것은 북한 공산군의 전쟁 수행과정에서 전시인력 충원계획과 밀접한 관련이 있었던 것으로 보인다.

북한 공산군의 초기 남침계획은 3단계로 구성되어 있었는데, 제1단계는 한국군의 방어선 돌파 및 주력 섬멸단계로 3일 이내에 서울을 점령한 후 서울(수원)~원주~삼척선까지 진출하는 것이었다. 제2단계는 전과확대 및 예비대 섬멸단계로 군산~대구~포항까지 진출하고, 제3단계는 소탕 및 남해안으로의 진출단계로써 부산~여수~목포로 전개하는 것이었다(그림 2-6 참조).[114]

여기서 주목해야 할 사실은 북한군의 1단계 작전목표가 서울 점령에만 있는 것이 아니라 한국군의 주력을 포위 · 섬멸하는 데 있다는 것이다. 이에 따라 한국군의 주력을 섬멸한 이후의 제2단계와 제3단계 작전은, 한국군이 이미 저항능력을 상실하여 조직적인 저항은 없을 것이라는 전제하에 전과확대 및 섬멸 단계로 돌입해서 남해계선까지 진출한다는 것이다. 이러한 계획은 전쟁이 개시되면 후방에 있는 한국군 사단들이 서울을 방어하기 위해 서울지역에 투입될 것이라는 가정에 따라 수립된 것인데, 실제 정확하게 들어맞았다. 즉, 북한군 제1군단이 서부축선에서 내리밀면서 한국군의 전방사단들을 압박하자 서울방어를 위해 3일간에 걸쳐 후방의 제2, 3, 5사단과 수도경비사령부 등 4개 사단 모두가 서울 이북지역에 투입되어 있었다.

---

114 육군대학 교수부 중령 전종순, 「북한군 서울 지체 3일의 미스테리」, http://cafe.naver.com/nuke928/77061 (검색일: 2008년 4월 20일).

이때 북한군 제2군단이 춘천과 홍천으로부터 수원 방향으로 우회기동(迂回起動)을 실시하여 한국군의 퇴로를 차단하게 되면 포위망 내의 한국군 주력은 소멸될 수밖에 없었다. 적에게 밀리는 상황에서 한강은 적의 진출을 저지하기보다는 아군의 철수를 방해하는 장애물로 바뀌기 때문에 아군의 전력(戰力)은 더욱 크게 손상될 수밖에 없었다.

서울을 점령한 후 한강 이남에 대한 작전은 한국군의 주력이 이미 소멸된 상태이기 때문에 별 저항을 받지 않고 전과확대 및 추격 단계로 전환하여 단숨에 남해계선까지 진출할 수 있다는 것이다.

그런데 1950년 6월 28일 당시 북한군의 전선 상황을 살펴보면 북한정부의 초기 침략계획이 실패하여 전쟁정책이 바뀌게 된 과정을 좀 더 자세히 이해할 수 있다.

먼저, 북한군 제1군단의 주공인 제3, 4사단은 6월 26일 저녁에 의정부를 점령하고, 6월 27일에는 이미 서울 외곽에 육박하였다. 북한군의 이 2개 사단은 6월 28일 05시에 서울 시내로 돌입하여 11시 30분경에는 서울을 점령하였다. 군단의 조공인 제6사단은 6월 25일에 개성을 점령하였고, 제1사단은 고랑포를 거쳐 임진강 북안(北岸)에 도착하였다. 개성을 점령한 제6사단은 한강을 도하한 후 김포반도로 진출하여 6월 28일에는 김포읍을 점령한 상황이었다. 그런데 임진강에 도착한 북한군 제1사단은 한국군 제1사단의 조직적인 저항에 부딪쳐 타 사단에 비해 진출이 지연되면서 문산 일대에서 저지되고 있었다. 의정부 회랑지대를 내려온 북한군 제3, 4사단은 거침없이 진격하여 서울을 점령함으로써 중앙돌파의 형태로 쐐기를 박듯이 돌출해 나오게 되었다. 이러한 상황은 북한군의 서울 포위계획에서 본다면 지나치게 이른 것이었다.[115]

---

115 전종순, 앞의 논문.

116 '선제 타격 계획'의 진위에 대해 의구심을 갖는 학자도 있다. 그러나 이에 대한 유성철의 증언은 다음과 같다. 소련이 김일성의 남침계획을 승인하면서 1950년 5월에 "북한에 파견한 군사 고문단을 전쟁 경험이 풍부한 인물로 전원 교체했다. 수석 군사 고문은 스미르노프 소장에서 독 · 소 전쟁 영웅인 바실리예프 중장으로 바뀌었다. 6 · 25 남침 계획은 바로 이 소련 고문단이 직접 초안을 작성한 것이며, 그 명칭은 '선제 타격 작전 계획'이었다." 이 계획을 총참모장 강건의 지시에 따라 유성철이 1950년 5월 초에 한국어로 번역하였다고 한다. 유성철, 「6 · 25남침 '선제 타격 계획' 내가 짰다 -6 · 25 당시 북한군 작전 국장 유성철의 증언」, 김철범 엮음, 『진실과 증언, 40년 만에 밝혀진 한국

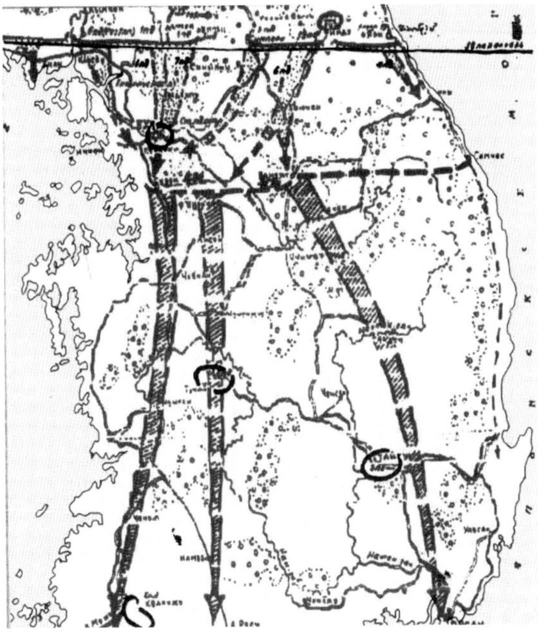

그림 2-6 북한군 남침계획(선제 타격 작전 계획)[116]

출처: 국방군사연구소, 『한국전쟁』, 상권, 1995, 81쪽.

그에 비해 동부전선에서는 북한군의 진격상황이 판이하게 달랐다. 당시 춘천지역 방어임무를 담당했던 한국군 제6사단의 선전(善戰)으로 인해 6월 25일 당일 내로 춘천을 점령하려 했던 북한군 제2군단의 계획은 공격개시 3일 만인 6월 27일에야 가능했고, 제1군단이 서울을 점령한 6월 28일까지도 홍천 일대에서 맴돌고 있었다. 한편 동해안의 북한군 제5사단 역시 한국군 제8사단에 의해 진출이 저지되었다가 6월 28일에야 강릉을 점령한 상태였다.

이와 같은 진출상황은 북한군의 초기 작전계획에 비추어 보면 엄청난 차질을 빚은 것이었다. 즉, 한강 이남에서 한국군의 퇴로를 차단하여 한국군의 주력을 섬멸하려던 초기 계획은 한국군 제6사단이 북한군 제2군단의 진출을 저지함으로써 완전

전쟁의 진상』, 을유문화사, 1990, 144~145쪽.

히 틀어지게 되었다. 이로 인해 한국군은 북한군의 초기 작전계획과는 달리 포위망을 벗어나 새로운 전선을 형성할 수 있었던 것이다.[117]

당초의 계획대로라면 한강 이남에서의 작전은 한국군의 주력이 이미 소멸된 상태에서 별 저항을 받지 않고 '전과확대 및 추격'을 하는 것이었으나, 북한군이 직면한 새로운 상황에서는 전투인력을 대폭 보강해야만 되었다. 서울 이남 지역에서 청년층의 납북자들이 서울보다 많고, 특히 충청지역에서 그 비율이 유난히 높은 것은 이와 같은 전쟁정책의 변화와 관련이 있는 것으로 추정된다.

(2) 지역별 북한군의 진퇴 시기 대(對) 납북 시기 및 장소

전국적인 납북자들의 피랍 시기를 보면, 1950년 7월부터 1950년 9월까지 3개월 동안에 납북된 사람들이 8만 4659명으로 전체 납북자들의 88.2%에 이른다. 1950년 10~12월에 납북된 사람들이 2299명, 1951년 이후에 납북된 사람들이 3172명으로 상대적으로 아주 낮은 비율을 차지한다. 그런데 북한 인민군의 지역별 진퇴(進退) 상황을 고려하면, 대부분의 납북자들이 해당지역에 공산군이 진입한 초기에 납치되었고, 얼마간 시간이 경과한 뒤에 납치된 경우도 있으나 이는 숨어 지내다 뒤늦게 발각되거나 혹은 유인책에 이끌리어 나갔다가 납치된 것으로 보아서 납북계획이 미리 세워져 있었던 것을 알 수 있다. 이런 납치시점이 공산군 측의 전쟁정책에 납북계획이 포함되어 있었다는 것을 주장할 수 있는 좋은 논거가 된다.

전체 납북자들의 납치 장소로 보면, 납북자들의 자택에서 납치가 이루어진 경우가 72.1%, 자택 근처에서 납치된 경우가 8.2%로 도합 80.3%에 이른다. 이는 북한정부가 피랍자들의 인적 사항을 사전에 파악하여 계획적으로 납치한 것이라는 사실을 반증하는 것이다.

그런데 여기서 주목해야 될 점은 납북자들이 자택과 자택 근처에서 납치된 비율이 서울(75.35%), 경기도(54.61%)와 단기간에 제한적으로만 점령했던 경상도

---

117 김일성은 이에 대해 별오리 회의(1950년 12월 21일~12월 23일)에서 "적들의 유생역량을 소멸하는 것이 군사승리의 제1건임을 망각하고 적들을 분산 · 도망하도록 해서 적들에게 시간적 여유를 줌으로써 적들이 다시 부대를 수습하여 반격할 수 있도록 했다."라고 지적하였다.

표 2-50 시도별 납북자들의 납치 시기 분포

납치시기 \ 시도	서울시	경기도	강원도	충청도	경상도	전라도	합계
1950년 6월 이전	47	49	22	32	30	257	437
1950년 6월	708	310	188	95	23	142	1,466
1950년 7월	8,623	5,833	2,813	6,122	690	517	24,598
1950년 8월	8,559	7,492	5,393	10,795	3,739	4,302	40,280
1950년 9월	3,447	2,844	1,890	3,905	4,092	3,603	19,781
1950년 10~12월	39	455	348	169	175	1,113	2,299
1951년 이후	240	421	629	399	711	772	3,172
미기재	685	866	92	2,147	43	147	3,980
합계	22,348	18,270	11,375	23,664	9,503	10,853	96,013

출처: 한국전쟁납북사건자료원, 『한국전쟁납북사건사료집, 2006. 9』, 1128쪽.

표 2-51 전체 납북자들이 납치 장소 분포

납치장소 \ 시도	서울시	경기도	강원도	충청도	경상도	전라도	합계
자택	16,417	9,145	9,612	18,643	6,109	9,256	69,182
자택 근처	422	832	1,501	3,266	1,146	707	7,874
직장	664	78	29	8	6	4	789
노상	966	338	10	11	13	14	1,352
기타	1,104	5,896	179	410	514	113	8,216
미기재	2,775	1,981	44	1,326	1,715	759	8,600
합계	22,348	18,270	11,375	23,664	9,503	10,853	96,013

출처: 한국전쟁납북사건자료원, 『한국전쟁납북사건사료집, 2006. 9』, 1129쪽.

(76.34%)에서는 상대적으로 낮게 나타난 데 비해, 초기의 남침계획이 달라진 이후에 점령한 지역들인 강원도(97.70%), 충청도(92.58%), 전라도(91.80%)에서는 아주 높게 나타나고 있다는 사실이다. 이는 앞에 설명한 바와 같이 북한정부의 남침직진 초기계

획이 틀어짐에 따라 전쟁정책이 수정되면서 그에 필요한 전시인력 확보를 위해 수립된 총체적 계획(over-all plan)에 따라 납북이 자행된 것임을 반증하는 것이다.

그런데 내무서원들이 피랍인들의 거주지에서 직접 납치한 경우가 많은 것으로 보아서 정책적으로 납북이 이루어졌다는 사실을 또 다른 측면에서 알 수 있다. 특히, 789명(0.82%)은 주도면밀하게 직장에서 상사가 출근명령을 내리게 하여 출근하게 한 뒤에 납치하였고, 심지어 친구를 동원하여 유인한 뒤에 납치했던 것으로 보아서 납북이 체계적이고 조직적으로 이루어진 것을 알 수 있다.

(3) 피랍인들의 연령과 납북 목적

연령대별로는 군의 전투인력으로 징집 가능한 연령층인 16~20세가 2만 409명, 21~25세가 3만 2357명, 26~30세가 1만 9079명으로 전체의 74.83%를 차지한다. 31~35세를 이 범주에 넣을 경우 백분율은 84.61%로 더욱 늘어난다. 그런데 납북자들의 전체적 연령층을 보면, 16세부터 30세까지가 가장 많고, 5세 간격 납북자 수가 2만~3만 명에 이르는 데 비해 31~35세는 9395명으로 현저히 줄어든 것으로 보아서 31~35세는 전투인력보다는 전쟁 노무자로 활용하기 위해 납북했을 가능성이 더 크다. 전쟁노무자의 연령층은 넓어서 적확하게 지적하기는 힘들지만, 36~40세 5378명, 41~45세 2959명, 45~50세 2497명인 데 비해 50대는 800명대로 줄어든 것으로 보아서 30대와 40대를 전쟁노무자, 즉 후방 전쟁물자 생산 및 이송 근로인력과 전방의 전투 지원인력으로 활용하기 위해 납북한 것으로 추정된다.

이런 추정은 1950년 8월에 납북되어 10년간 북한에서 억류생활을 하고 생환(生還)한 조철(趙澈)의 증언으로 확인된다. 조철의 증언에 의하면, 1950년 8월 말경에 (북한)인민군 경비대가 4만 명의 피랍인들을 5리씩 간격을 두고 800명을 단위로 하여 해주시를 중심으로 벽성군(壁城郡) 서원리(書院里), 재령군(載寧郡) 부천면(富川面), 신천군(信川郡), 평산군(平山郡)의 야산 일대에 분산시켜 짚으로 막을 지어 기거하게 했다고 한다. 이때 북한당국은 이 피랍자들에게 주로 군사훈련을 시키고 방공호 굴착, 도로 교량 수리, 양곡 운반 등 중노동을 시켰으며, 청년들을 뽑아서 신분조사와 사상검토를 한 뒤에 인민군에 편입시키고 있었다고 조철은 증언한다.[118] 이를 증명하는 구체적 사례로, 「대구매일」 1951년(단기 4284년) 5월 1일에 보도된 「경북경찰국공보실발표」를 들 수 있다. 이 발표에 의하면, 공산군 점령 지역에서 잔류하여 강제로 끌려간 자들 중에서 한국의 군과 경찰, 유엔군에 의해 포로가 된 자들은 당시 부산수용소에 수용되어 있었다고 한다. 그래서 경북경찰국장이 직원을 보내 경북지역 출신 포로들을 조사하면서 명단을 작성하여 경북지역 관하의 각 경찰서에 송부하였으니 "장시일 안부를 모르고 궁금하였던 관계 가족은 관할 경찰서에 생존을 문의해 달라."라는 것이었다.[119]

(4) 피랍인들의 직업과 납북 목적

피랍인들의 직업을 보면 납북목적을 구체적으로 추정할 수 있다. 전체 9만 6013명의 납북자들 가운데 농민이 5만 8373명(61%)으로 단일 직업으로는 가장 많다. 그러나 이는 당시 농민이 80% 정도를 차지했던 전체 인구의 직업구성비에 비하면 현저히 낮은 것이다. 그들은 전시 노동력을 제공받고자 납북해 간 것으로 판단된다.

당시 남한의 사회여건상 전체 인구대비 전문 인력 비율이 높지 않았을 것이다. 이를 감안하면 행정공무원 2919명, 법조인 190명, 교수 111명, 교사 752명, 의사 368명, 약사 158명, 기술자 2836명은 대단히 많은 수다. 이와 같이 다수의 전문인을 납북해 간 것은 북한의 소위 '국가건설'에 활용하기 위한 것으로 보인다. 사회단체 879명, 정당인 106명, 국회의원 63명은 정통성(legitimacy) 확보와 통일전선(united national front) 구축에 활용하기 위한 것으로 보인다.

특히, 조소앙 선생과 같은 정치인을 최우선적인 신변확보 및 납북 대상자로 선정하여 김일성 정권에 대한 정통성 보강과 통일전선 혹은 '사이비연립(Bogus Coalition)'[120] 형성에 활용하였다. 따라서 민간인 납북는 선생군비 과정에서 치밀하

118 趙澈, 『죽음의 歲月』, 聖峰閣, 1964, 41~42쪽.

119 '慶北出身 拉致者 釜山收容所서 保護中', 「대구매일」, 1951년(단기 4284년) 5월 1일.

120 제2차 세계대전 종전 과정에서 소련이 자국에서 교육 · 훈련시킨 주 · 동부 유럽 특정 국가의 공산주의자들을 해당 국가에 보내어 현지 정치세력들과의 역학구조 속에서 친소정부를 수립해 가는 과

게 준비된 전쟁정책의 일부였다고 할 수 있다.

정치적 탄압의 대상자들인 종교인(기독교인 178명, 기타 종교인 39명), 우익단체 단원, 친미파 특히 54명의 미(美) 군무원 등의 납치 목적은 분명하지 않다. 그런데 베트남의 공산화통일 후 남부 우익인사들을 1, 2, 3급 반동으로 분류하여 정치범 수용소(노동개조장, 강제노동을 통한 재교육을 위한 집단수용소)와 신경제지구로 보냈던 것으로 보아서 처벌 및 격리수용의 목적에 따라 납북한 것으로 추정된다.

그리고 각 도내 시군별 납북자 수와 백분율을 보면 북한으로 간 사람들이 자진월북한 것이 아니라 강제로 납치되어 간 것임을 알 수 있다. 납북자들이 납북이 아니라 자진월북한 것이라면 지역별로 고르게 발생했어야 된다. 굳이 차별성을 보인다면, 해방 후 대구 10 · 1사건, 여 · 순반란사건 등, 좌익사건이 발생했던 지역에서 많이 발생하고, 그 외 지역에서는 적게 발생했어야 설득력이 있을 것이다.

정교한 분석을 위해서는 각 시 · 군별 전체인구 현황과 공산군의 진입 시기 및 점령 기간이 파악되어야 하겠지만, 공산군이 점령했던 지역에는 예외 없이 납북자가 일정 수 이상 있고, 공산군이 지나가거나 단기간 점령했던 지역에는 납북자가 현저히 적다는 사실은 '자진월북'이 아니라 납북이었다는 사실을 증명하는 것이다.

각 지역의 성별 납북자 수를 통해서도 그들에 대한 북한정부의 '자진월북' 주장에 대해 반론을 제기할 수 있다. 먼저, 전체 남녀 성비(性比)가 100 대 1.96을 보이고 있어, 당시 여성들의 사회활동이 저조했던 현실을 감안하더라도 이렇게까지 남녀 성비가 남성에게 편중된 것은 전시인력 수급을 위해 납북을 자행했다는 사실을 반증하는 것이다. 둘째, 지역적으로 남녀 성비에 있어 적지 않은 차이를 보이고 있다. 서울(100 : 2.64)의 경우, 여성 비율이 전국 평균의 거의 1.4배에 이른다. 이는 서울 여성들의 사회활동이 상대적으로 여타지역에 비해 활성화되어 있었기 때문으로 볼 수도

정을 시튼-왓슨(Hugh Seton-Watson)은 '화차정부론(baggage train government)'에서 3단계로 설명한다. 즉, 토착 우파 민족주의자들과의 순수한 협력(genuine cooperation) 단계, 중도 및 좌파 세력들과의 사이비 연립(bogus coalition) 단계를 거쳐 마침내 단일주 체제(monolithic regime)를 형성한다는 것이다. Hugh Seton-Watson, *The East European Revolution* (New York: Praeger, 1961). 양호민, 김학준, 서대숙 등은 각자 약간의 차이를 보이면서 이 '화차정부론'을 북한에 적용하여 설명하고 있다.

있지만, 초기의 전쟁정책이 바뀌면서 여타지역에서의 납북정책이 바뀌었기 때문으로 보인다.

직업-납치일 교차분석에서 다음과 같은 추세를 파악할 수 있다. 전체적으로 공산군이 해당 지역에 진입했던 초기에 납치가 이루어졌다. 서울의 경우, 지역의 전체 피랍자들 중에서 40.2%가 7월에, 39.4%가 8월에 납치되었을 정도로 7, 8월에 편중되어 있다. 직업별로는 국회의원, 정당인, 사회단체원, 행정공무원, 경찰, 판검사 등 소위 주동적인 '계급의 적'에 해당되는 사람들은 두드러지게 납치 시기가 7월에 편중되어 있다. 공산군이 서울에 6월 28일에 진입하여 3일이 채 안 되는 짧은 기간에도 국회의원 5명, 정당인 2명, 사회단체원 22명, 행정공무원 61명, 경찰 57명, 판검사 4명이 납치되었다는 사실은 남침전쟁 시작 전에 납치계획이 명백히 서 있었다는 것을 증명한다.

그런데 기독교인과 기타 종교인들, 기업체 임원, 상업 종사자들은 납치 시기가 8월에 편중되어 있다. 즉, 북한 사회주의체제에 해를 줄 수 있는 이들은 공산군이 성공적으로 남쪽으로 진군을 하고 있던 8월에 더 많이 납치되었는데, 전쟁에서의 승리를 확신하여 납치를 자행한 것으로 보인다.

경상도와 전라도의 경우, 납북자들의 절대 다수를 차지하는 농민과 노동자들의 납치 시기가 8월과 9월에 편중되어 있다. 이 지역들에 공산군이 진입하였다가 퇴각했던 시기를 생각하면 점령 초기와 후퇴 시기에 전시(戰時) 인력 확보를 위해 납치를 자행한 것이므로 민간인 납북이 정책적으로 이루어졌다는 사실을 확인할 수 있다. 강원도와 충청도에서는 납치가 8월에 편중되어 자행되었으면서도 7월과 9월에도 여전히 많은 수가 납치되어 서울 · 경기 지역과 경상도 · 전라도의 중간 추세를 보이고 있다. 즉, 납치의 지역별 발생시기와 피랍자의 직업이 공산군의 진입 및 퇴각 시기에 따라 일정한 양태를 보이므로 북한의 선생성책에 따라 민간인 납북이 자행되었음을 알 수 있다.

이와 같은 민간인 납북 사실에 대해 북한당국은 지금까지도 철저하게 부정하고 있다. 이들의 북한생활은 국군 포로나 종전 후에 납북된 민간인들의 예를 통해 짐작할 수 있다.

3) 전후 남한 민간인 납북 및 베트남전쟁 한국군 포로의 북한 억류

북한정부는 휴전 이후 1955년 5월에 대성호 어부들을 납치하여 10명을 억류한 것을 필두로 하여 현재까지 총 3729명의 어부를 납치하여 457명을 억류하고 있다.[121] 그리고 1969년 12월에 대한항공 여객기 승무원 및 승객 중에서 11명과 1970년 6월에 납치한 I-2정 승무원 21명을 억류하고 있다. 그 외에 북한은 1970년 4월에 노르웨이 대사관에서 납치한 교사 고상문과 1983년 7월에 납치한 재미 유학생 이재환, 1995년 7월에 중국 옌지(延吉)에서 납치한 순복음교회 목사 안승운 등을 억류하고 있는 것으로 알려져 있다.[122]

아울러 북한정부는 일본인 16명, 레바논인 4명, 말레이시아인 4명, 프랑스인 3명, 이탈리아인 3명, 중국인 2명, 네덜란드인 2명, 태국인 · 루마니아인 · 싱가포르인 · 요르단인 각 1명을 억류하고 있는 것으로 알려져 있다.[123]

그런데 북한당국이 저지른 비인도적 범죄행위의 극단적인 사례는 미성년자들을 납치하여 비밀공작원 양성에 이용한 것이다. 서해안에서 1977년에 납치된 당시 고교생 최승민과 이민교, 1978년 8월에 선유도 해수욕장에서 납치된 당시 고교생 김영남, 홍도 해수욕장에서 실종된 당시 고교생 홍건표와 이명우 등이 그 희생자들이다.

---

121 2008년에 실시한 대한변호사협회의 인터뷰 조사에서 진술한 ID 085(2008)의 납북과정은 다른 유사 사례들을 이해하는 데 유용할 것이다.

"울릉도 부근 공해에서 오징어잡이를 하고 있었는데, 새벽 3시경에 배 한 척이 접근해 와서 보니 북한 경비정이었습니다. 처음에는 우리 배를 빙빙 돌더니 곧 위협사격을 하고 배를 옆에 대더니 군인 2명이 우리 배에 올랐습니다. 바로 무전기 선을 끊더니 장교가 우리 배 키를 잡고 사병이 북한 경비정에 끈을 묶고 끌고 갔습니다. 사유(이유)는 엄연히 공해였는데 우리가 영해를 침범했다고 하는 것 같습니다." …… "강원도 통천항으로 우리를 끌고 갔습니다. 처음 이틀 동안은 우리 배에서 생활하게 하고 사무장, 선장, 기관장을 차례로 뭍으로 불러다가 조사를 했습니다. 이틀 후 문천여관이라는 곳으로 33명 전원이 옮겨져서 일주일간 개인별로 조사를 받았습니다. 그 후 원산시 장덕산 여관으로 옮겨져서 남한으로 돌려보내 준다고 대기를 했지만 이내 곧 조국평화통일위원회로 옮겨서 열 달 동안 북한 실태에 대해 공부를 하고 33명 모두 뿔뿔이 북한 전역으로 배치되었습니다. 이때 공부한 내용은 사회주의헌법, 남조선 혁명과 조국통일, 김일성주의 기본 정치 · 경제학 이런 것들이었습니다. 처음 수용돼서 조사를 받을 때는 술도 주고 곧 남한으로 보내줄 것처럼 하더니 결국 그렇게 안 되었습니다."

122 통일연구원에서 발행한 『북한인권백서』는 각 연도마다 납치 규모와 피해자 수치를 다르게 제시하고 있다. 저자가 제시한 수치는 해당 항목의 가장 최근 백서상의 수치다. 조정현 외, 앞의 백서, 550쪽.

123 「조선일보」, 2007년 3월 22일.

이는 김정일이 "6 · 25 때 월북자는 나이가 많으므로 새로 남조선 사람들을 납치하여 공작에 이용하라."라는 지시를 내림으로써 자행된 것이다. 따라서 이렇게 납치된 사람들이 더 있을 것으로 판단된다. 특히, 베트남전쟁에서 실종된 적지 않은 수의 파월 민간인과 군인들이 북한에 억류되어 있는 사실을 고려하면 이는 더욱 분명하다.

이들 피랍 · 억류자들 중에는 1969년에 납치된 대한항공 스튜어디스 성경희, 정경숙 등과 같이 대남 방송에 활용되거나, 홍건표, 이명우의 경우처럼 대남 공작원들에게 한국의 실상과 말씨 등을 교육하는 '이남화 교육'의 교관으로 쓰이는 사람들도 있다. 북한공작원 출신 귀순자 안명진은, 자신이 김정일정치군사대학에서 훈련을 받는 동안에 60여 명으로부터 한국의 정치 · 경제 · 사회 · 문화 등을 비롯하여 생활실상과 생활방법 등에 대해 교육을 받았다고 한다. 그리고 북한의 공작원 출신 최정남도 평양시 순안초대소에서 교육을 받는 동안에 홍 교관(홍건표), 마 교관(이명우의 가명)으로부터 안명진이 받았던 교육과 같은 내용의 교육을 받았다고 한다.

그러나 이용가치가 더 이상 없다고 판단되는 사람들은 정치범 수용소에 수용된 것으로 보인다.

그런데 6 · 25전쟁 시의 미송환 국군 포로 문제와 민간인 납북자 문제의 양 측면을 모두 가지고 있는 것이 베트남전쟁에서 베트콩이나 월맹군에 의해 생포되어 북한에 이송된 국군 포로와 민간인 문제일 것이다. 국방부의 공식 발표에 따르면, 1964년 9월부터 '주월한국군사령부'가 해체된 1973년 3월 말까지 베트남전쟁에 참전한 한국군은 32만여 명인데, 그 가운데 공식적으로 인정된 국군 포로는 고작 3명이다. 한국 군인들과 비슷한 수의 한국 민간인들이 미국회사나 미군에 소속된 기술자로, 혹은 돈을 벌기 위해 베트남에 상주하고 있었다. 그런데 그들의 실종도 등한시되어 왔다. 『느시』의 저자(著者) 박정환(朴正煥)의 경험과 미국 국방부의 1996년도 연구보고서 '국방부 포로/실종자 사무국 참고문서(Defense Prisoner of War/Missing in Action Office Reference Document)' 등은 보다 많은 한국인 군인과 민간인들이 베트남전쟁 당시에 북한으로 강제 송환된 것을 보여 준다.[124]

---

124 박정환, 『느시』, 1권, 2권, 문예당, 2000; US Department of Defense, *Defense Prisoner of War/*

이들의 북한생활에 대해서는 거의 알려진 것이 없다. 그러나 6 · 25전쟁 당시의 국군 포로나 민간인 납북자, 전후 납북자들의 삶을 통해 짐작할 수 있을 것이다.[125] 이 베트남전쟁 한국군 포로 및 민간인 납북 · 억류 문제 역시, 남한 정부가 그 실태를 제대로 파악하지 못하고 있는 상태에서 북한 당국이 그들의 존재를 부정하고 있는 것이 해결책을 마련하는 데 가장 큰 어려움으로 작용하고 있다.

그런데 '남북한 관계가 진전되면 민간인 납북자 문제나 국군 포로 억류자 문제가 해결될 것'이라는 전망은 근거가 없음이 대한변호사협회의 2008년 탈북자 인터뷰 조사를 통해 드러났다.

"재북 당시 남북관계 진전(남북 이산가족 상봉, 김대중 대통령 방북 등)이 국군 포로에 대한 북한정부의 정책이나 태도에 어떤 영향을 주었습니까?"라는 질문에 모든 응답자들이 부정적으로 답했다. ID 088(2008)은 "김대중 대통령의 방북 이후에도 아무 변화가 없었기에 이제는 스스로가 해내지 않는 한 남한 땅을 밟지 못할 거라 생각해서 탈북을 결심하게 되었다."라고 진술하였다. 특히, ID 087(2008)의 진술은 납북자나 국군 포로 억류 문제에 대한 북한당국의 정책이 이중적임을 여실히 보여준다.

> "북한에서는 보통 두 달에 한 번씩 한 시간 정도 사격훈련이라는 것을 해. 김대중이 평양에서 공동선언을 발표하던 날에는 아침 8시부터 오후 6시까지 사격훈련을 했어. 최대 규모의 훈련이었어. 북한 전역에 가장 무시무시하고 긴장된 분위기를 조성했어. 인민들에게 이런 분위기를 심어 주기 위해 진행한(준비하여 시행

Missing in Action Office Reference Document, U.S. Personal Missing, Southeast Asia (and Selected Foreign Nationals) (U), Alpha, Chronological and Refno Reports, Unclassified, May 1996, DPMO/RD.

125 대한변호사협회의 2006년 인터뷰 조사 시 ID 086(2006)의 진술:
"상급학교에 가려면 사로청에서 추천을 받아야 하는데, 아들이 대학에 가려했지만 국군 포로 자녀라고 해서 추천서를 안 써 줬어. 대학에 갈 수 없었지. 이것 때문에 아들하고도 이견이 많았어. 아버지 때문에 사회적으로 발전할 수 없다고 말야. 사돈을 정할 때도 부모가 어떤 사람인가, 토대가 좋은가 당원인가를 따져. 김복만이라고 국군 포로였는데, 술을 마시고 사회 있는 동무들하고 싸움이 붙었어. 약간 구타를 했는데, 원래 나쁜놈이라면서 교화소 징역을 보냈어. 국군 포로들이 죄를 지으면 원래 나쁜놈이라 계산해(계획적으로) 그랬다며 죄를 크게 물어."

한) 훈련을 하면서 그날을 지냈어. 어떤 특정 (부류)의 사람들에게 유화책을 쓴나거나 시책에 변화가 생겼다면 북한 당국은 인민들에게는 우리에게 남은 것은 남침통일만이라는 것을 암시해 주기라도 하듯 그렇게 보내."

제3장

북한의 인권문제에 대한 유엔의 인권기관들과 국제사회의 논의

인권보호를 위한 유엔의 조직들은 유엔 헌장에 기초한 기관들(Charter-based organs)과 유엔 인권조약들(규약들과 협약들)에 근거한 기관들로 양분된다. 그런데 유엔 헌장에 근거한 기관인 〈경제사회이사회〉는 회원국들의 인권을 제도적으로 감시 · 감독하고 신장시키기 위해 정당하게 개입할 수 있도록 인권조약들을 만들어 가입을 독려하고 있다.

이런 취지에서 유엔에서 인권 보호 의무를 감시하기 위해 최근에 와서 채택하고 있는 방법으로, 각국이 정기적으로 보고서를 제출하게 하여 이를 검토하는 제도가 있다. 이 제도는 국제노동기구(ILO)에서 오래전부터 활용해 오고 있던 제도를 본받은 것이다. 보고서 검토는 약 20명으로 구성된 전문위원회에 위임되어 이루어진다. 이 절차는 2개의 유엔 규약, 즉 〈시민적 · 정치적 권리에 관한 국제규약(자유권규약)〉과 〈경제적 · 사회적 · 문화적 권리에 관한 국제규약(사회권규약)〉을 추진할 때 청사진으로 제시되었다. 그러나 1966년에 이 절차가 최종적으로 결정될 때까지 장기간이 소요되어, 〈모든 형태의 인종차별 철폐에 관한 국제협약(CERD)〉에서 처음으로 실현되었다.[126] 주요 감시 양식은 국제노동기구의 경험을 따랐으며, 이후 유엔의 모든 인권조약이 이 체계를 준용하였다. 보고 체계는 통제기제로서 주요 논란거리인데, 보고는 강제적인 반면 다른 절차는 일반적으로 비강제적이다.

이 제도는 유엔에서 북한의 인권문제를 감시 · 논의하고, 개선책을 권고하는 데 중요한 부분을 차지한다. 그뿐만 아니라 유엔 인권위원회(2003~2005년), 총회(2005년 이후), 인권이사회(2006년 이후) 등 다른 유엔 인권기구들에서 북한의 인권문제를 다루는 데 중요한 동기를 부여하고, 근거와 필요한 정보를 제공하고 있다.

1. 유엔 인권소위원회

유엔 인권소위원회는 유엔 경제사회이사회에서 1966년에 채택한 자유권규약

126 Christian Tomuschat, *op. cit.*, pp. 167-168.

을 운영하기 위해 1976년에 설립한 위원회이다. 이 위원회를 간단히 영어로 'Human Rights Committee'라고 표기하고 인권위원회(Commission on Human Rights)나 그 후신인 인권이사회(Human Rights Council)와 구별하기 위해 〈인권소위원회〉 혹은 〈B규약 위원회〉라고 부른다. 18명의 국적을 초월한 '독립인권전문가들(independent experts)'로 구성되어 있으며, 매해 세 차례의 회의를 3월, 7월, 11월에 갖는다.

자유권규약에 가입한 국가는 처음 가입한 뒤 1년 이내에 최초보고서(initial report)를 제출하고, 그 후에는 매 5년마다 정기보고서(periodic report)를 제출하여 심사를 받게 된다. 이때 가입국의 정기보고서 심의를 인권소위원회가 위임받아 하게 되는데, 당사국과 절차와 일정을 상의하여 심의한 뒤에 당사국에 인권상황 개선에 필요한 조치나 정책수립을 결론적 건의(concluding recommendation)로 하게 되어 있다.

북한은 1981년 9월 14일에 자유권규약에 가입했으므로 규정에 따른다면 1982년 9월 이전에 최초보고서를 제출했어야 되고, 1987년 9월 이전에 정기보고서를 제출해서 심의를 받았어야 했다. 그러나 북한정부는 1983년에 최초보고서를 제출하고, 유엔 〈인권소위원회〉의 서면 질의에 대한 답변으로 추가보고서를 1984년에 제출한 뒤, 보고서 제출 의무를 저버렸다. 이에 따라 유엔 〈인권소위원회〉는 1997년 8월 제49차 회의에서 북한의 인권상황 개선을 촉구하는 결의를 채택하였던 것이다.

북한정부는 유엔 〈인권소위원회〉의 결의 채택에 반발하며 자유권규약 탈퇴선언을 하였으나 이 규약은 탈퇴가 불가능한 규범이어서 받아들여지지 않았다. 유엔 〈인권소위원회〉는 1998년 제50차 회의에서도 대북한 결의를 또 한 차례 채택하였다. 물론 이때도 북한정부는 강력히 반발하였으나 곧 이어서 헌법 개정(1998년 9월 5일)을 하면서 〈인권소위원회〉의 결의들에서 지적했던 거주여행의 자유를 신헌법에 삽입하였다. 그리고 북한정부는 2000년 3월, 즉 규정에 제시된 기간에 비해 13년 가까이 늦게 정기보고서를 제출하여 2001년에 심의를 받았다.

2. 유엔 인권위원회

유엔 경제사회이사회의 산하 기관으로 1946년에 설립된 유엔 인권위원회는 2006년에 인권이사회로 전환될 때까지 총회에서 선출된 3년 임기의 53개국 정부 대표로 구성되었다. 이 인권위원회는 매해 3월 둘째 주부터 6주간에 걸쳐 정기회의가 열려 '전 세계 모든 국가, 모든 지역의 모든 인권문제'를 다루었다. 이를 사안별로 대별해 보면, ① 인권에 관한 권고와 협약안 ② 세계 각국의 인권상황 및 인권침해 사례 ③ 고문 등, 재소자의 인권문제 ④ 각종 인권관련 국제협약의 이행문제 ⑤ 아동, 소수민족, 이주노동자 등, 인권취약계층의 인권보호문제 ⑥ 발전권, 법조인 독립문제 등, 특정분야의 인권문제 ⑦ 총회 또는 경제사회이사회가 위임한 업무 등을 들 수 있다.[127]

이런 유엔 인권위원회에서 2003년 제59차 회의부터 2005년 제61차 회의까지 연속적으로 대북한 인권결의(resolution)를 채택한 것은 유럽연합(European Union, EU)의 대외정책에 따른 것이다. 김대중 정부의 독려로 유럽연합 국가들은 1999년 7월부터 북한과의 외교관계 수립을 위해 노력을 기울였다. 2000년 6월에 남북정상회담이 성사되고, 그해 10월 20~21일에 서울에서 개최된 제3차 아시아-유럽정상회의(ASEM)를 전후하여 김대중 정부가 대북 수교를 적극적으로 권유함으로써 유럽연합 국가들은 북한과의 수교문제에 대해 본격적으로 논의하게 되었다. 그런데 그간 유럽연합이 추구해 온 대외정책상의 원칙들은 북한과의 수교문제를 논의하는 과정에서 북한의 인권문제를 주요 의제로 부각시킬 수밖에 없었다.

북한과 수교를 한 유럽연합 국가들도 북한의 인권문제에 대해 북한당국과 꾸준히 대화를 추구하였으나 별 진전이 없었고, 프랑스는 북한의 인권문제에 대해 여러 차례 질의서를 보냈으나 북한당국으로부터 답변을 받지 못했다.[128] 그래서 2002년 제58차 유엔 인권위원회에서 대북한 결의안을 상정하려 했나. 그러나 당시 김정일의

127 제성호, 「북한인권 개선을 위한 국제협력방안」, 『통일연구논총』, 제6권 1호(1997), 160~161쪽.
128 François Descoueyete 주한 프랑스 대사 인터뷰, 2003년 5월 2일.

서울 답방을 고대하고 있던 김대중 정부는 이런 유럽연합의 시도를 만류하였다. 그래서 유럽연합은 제58차 유엔 인권위원회에서 북한이 유럽연합과 인권대화에 건설적인 자세로 임할 것을 촉구하면서, "차기 유엔 인권위원회를 비롯한 인권 관련 포럼에서 적절한 조치를 검토할 목적으로 북한 내 인권상황의 전개를 매우 긴밀하게 지속적으로 주시해 나아갈 것"이라고 밝혔다.[129]

그런데 2002년에도 재중 탈북자 기획망명 사건들로 북한의 인권문제가 국제사회에 크게 부각된 가운데 북한정부는 자국의 인권상황을 개선시키려 노력하는 모습을 보이지 않았다. 그래서 제59차 유엔 인권위원회를 앞두고 유럽의회는 결의[P5_TA-PROV(2003)0034]를 통해 북한의 인권문제에 대한 결의안을 상정하도록 유럽연합에 천명하게 된 것이다.[130]

유엔 인권위원회는 2003년 제59차 회의에서 북한인권결의문을 채택하면서 북한의 인권상황을 총체적으로 지적하고, 북한당국에 '포괄적 기술협력', 즉 북한의 인권상황 조사와 개선에 필요한 조치들을 취할 수 있도록 여러 유엔기관들과 협의해 줄 것을 촉구하였다. 그리고 세 가지 주제의 특별보고관들(식량권, 고문, 종교적 불관용)과 두 가지 주제의 실무단들(자의적 구금, 강제적 혹은 비자발적 실종)로 하여금 북한의 인권 상황을 조사하여 다음 해의 제60차 인권위원회에서 보고하도록 규정하였다.

제59차 유엔 인권위원회 직후인 2003년 5월에 코피 아난(Kofi Atta Annan) 유엔 사무총장은 데 멜로(Sergio Vieira de Mello) 유엔 인권고등판무관(High Commissioner)을 4개월간의 한시적 특사로 이라크에 파견하였다. 당시 차기 유엔 사무총장으로 유력시 되던 데 멜로 고등판무관은 현지에서 임무 수행 중이던 8월 19일에 폭탄테러로 사망하였다. 그의 공석과 사망으로 유엔 인권고등판무관실(OHCHR)은 북한 인권 결의를 이행하기 위한 후속조치를 늦게 소극적으로 취할 수밖에 없었다.

---

129 연합뉴스」, 2003년 3월 26일.
130 전 과정에 대한 자세한 설명은 저자의 다음 저서를 참조하시오. 허만호, 앞의 책, 258~259쪽.

이런 가운데 유엔 인권고등판무관실은 북한과 기술협력을 할 방법을 찾기 위해 북한의 제네바 상주 대표부에 접근하였다. 후임 람차란(Bertrand Ramcharan) 고등판무관 서리(Acting High Commissioner)는 2003년 8월 8일에 기술협력에 대한 논의를 위해 북한 상주대표부에 초대 서한을 보냈다. 이 서한에서 람차란 고등판무관 서리는 유엔 인권위원회 결의에 대한 실천조치로 북한정부와 유엔이 협력할 수 있는 분야를 찾아보기 위한 평가단을 북한정부가 초청할 수 있다는 것을 알렸다. 람차란 고등판무관 서리는 이 평가단이 북한에서 알게 된 것을 고려하면서 본인의 관찰과 가능한 기술협력에 대해 유엔 인권위원회에 보고할 생각이었다. 그러나 북한정부는 이에 대해 아무런 답변을 하지 않았다.[131]

이런 상황에서 북한의 「경제적 · 사회적 · 문화적 권리에 관한 제2차 정기보고서」가 2003년 11월 19~20일에 유엔 〈경제적 · 사회적 · 문화적 권리 위원회〉에서 검토되었다. 유엔의 독립인권전문가들은 심사를 하며 특히, 사법부의 독립성, 인권규약의 국내법적 효력, 여성의 권리, 중국에서 체포되어 강제송환된 탈북자들의 신변, 차별적인 사회계급 정책, 개인 또는 단체협상의 자유, 고용계약의 존재 여부, 강제노동의 존재 여부, AIDS 방지책 등에 대해 문제제기를 하였다. 그러나 북한 대표단은 현실과 괴리된 불성실한 답변으로 일관하여 프랑스의 국제인권연맹연합(FIDH)은 기자회견을 통해 "벽 보고 대화하는 것 같다."는 회장 성명을 내기도 했다.[132]

람차란 고등판무관 서리는 2003년 12월 16일에 북한 상주대표부에 서한을 다시 보냈다. 이 서한에서 고등판무관 서리는 아시아 · 태평양지역에서의 인권보호 및 신장을 위한 지역협력의 틀 속에서 인권고등판무관실의 활동에 북한당국이 협력해 줄 것을 촉구하였다. 그러나 인권고등판무관실은 2003년 12월 30일에 북한 상주대표부로부터 "편지가 평양에 전달되었고, 북한정부가 긴밀한 협력을 소중하게 생각하고 있다."라는 답신만 받았다. 이와 같이 2003년의 결의 이행을 위한 실질적 협력조치는 없었다. 그리고 그전 수년간 요청해 왔던 분야별 현상조사나 현안논의를 위한

---

131 E/CN.4/2004/31, February 17, 2004

132 전 과정에 대한 자세한 설명은 저자의 다음 저서를 참조하시오. 허만호, 앞의 책, 260~264쪽.

관련 위원회와 특별보고관의 북한방문 요청에 대해서도, 북한정부는 2004년 4월에 인권소위원회 위원장(Chairman of the Human Rights Committee)과 한 명의 위원을 초청하는 것 외에는 모두 무답변으로 거절하였다.

2004년에도 북한 대표부는 결의문 초안 수령 자체를 거부하며 결의문 작성을 위한 유럽연합과의 논의에 참여하지 않았다. 2004년 제60차 유엔 인권위원회에서 대북한 인권결의를 주도했던 유럽연합 의장국 아일랜드는 결의문 2차 초안에 대한 공개 토론회도 개최하여 결의문 작성에 비정부기구들(NGOs)도 참여할 수 있게 했다. 그래서 초안에 기술된 탈북여성들에 대한 '중매(arranged marriage)'를 '강제결혼(forced marriage)'으로 고칠 수 있었다.

스위스 제네바에서 2005년 3월 14일부터 4월 22일까지 열린 제61차 유엔 인권위원회에서 북한의 인권상황 개선을 촉구하는 세 번째 결의가 채택되었다. 이 세 번째 결의는 유럽연합 의장국인 룩셈부르크와 일본이 주도하여 준비했으며, 유엔 인권위원회에 4월 11일에 상정되어 4월 14일(현지시간)에 표결되었다. 이 결의문에서는 북한정부에 대해 민주적 다원주의, 법치와 함께 국제적 인권기준에 부합하고, 모든 수준의 의사결정과 집행에 시민사회가 참여할 수 있도록 하며, 국가인권위원회 같은 기관을 설립할 것을 촉구하였다. 그리고 2005년 결의문에서는 북한정부가 계속 특별보고관과 협력하지 않고, 인권이 신장된 것이 관찰되지 않으면 유엔총회를 비롯한 여타 유엔 기관들에서 북한의 인권문제를 다루어야 된다고 규정하였다.

제60차, 제61차 유엔 인권위원회 결의문들에는 제59차 유엔 인권위원회 결의문에서 임무를 부여한 세 주제의 특별보고관들과 두 주제의 실무단들 외에 〈의견 및 표현의 자유권에 대한 특별보고관〉, 〈여성폭력에 대한 특별보고관〉을 추가로 지정하며 북한당국이 협력할 것을 촉구하였다. 그리고 세계식량계획(WFP)을 포함한 인도적 기관이나 비정부단체들이, 인도적 지원을 본래의 원칙에 따라 수요에 기초한 공정한 분배를 보장할 수 있도록 북한 전역에 대한 무제한적 접근을 허용하라고 강력히 촉구하였다.

이렇게 하여 북한의 인권문제는 국제사회에 공론화되었을 뿐만 아니라 유엔의 여러 기관들에서 다루어지게 되었다.

표 3-1 유엔총회의 대북한 인권결의들

채택연도	문서번호	찬성	반대	기권	불참
2005	A/RES/60/173	88	21	60	22
2006	A/RES/61/174	99	21	56	16
2007	A/RES/62/167	101	22	59	10
2008	A/RES/63/190	94	22	63	13
2009	A/RES/64/176	99	20	63	10
2010	A/RES/65/225	106	20	57	9
2011	A/RES/66/174	123	16	51	3
2012	A/RES/67/181	표결 없이 합의 채택(Consensus)			
2013	A/RES/68/183	합의 채택			

출처: 2005~2012년: 백범석, 「유엔 북한인권 조사위원회 설립의 이해와 활동 전망」, 통일연구원, 『유엔 인권메커니즘과 북한 인권』, 2013, 122쪽 일부 수정. 2013년: http://www.un.org/en/ga/68/resolutions.shtml (검색일: 2014년 2월 3일).

3. 유엔총회

2005년 제61차 유엔 인권위원회의 결의에 따라 그해 겨울부터 유엔총회는 〈표 3-1〉과 같이 매해 대북한 인권결의를 채택해 왔다.

그런데 유엔총회 결의는 인권, 사회, 여성, 장애인 문제 등 비정치적 사회문제들을 다루는 총회의 제3위원회(Third Committee, 정식명칭 Social, Humanitarian and Cultural Affairs Committee)에서 먼저 결의를 채택하고, 이를 총회의 전체회의(Plenary)에 보고하여 승인받는 형식을 취하고 있다. 이런 제도적 절차에 따라 2005년의 최초 유엔총회 결의는 알바니아 등 26개국이 2005년 11월 2일에 제3위원회에 상정하여 채택된 대북한 결의가 12월 16일에 전체회의에서 가결된 것이다.

이 결의는 북한정부가 가입한 국제인권규범상의 의무들을 상기시키며, 영아(嬰兒) 살해, 고문, 임의적 구금, 공개처형, 근본적 자유에 대한 지속적인 침해, 탈북자 및 정치범들에 대한 처벌 등, 그간 유엔 인권위원회에서 채택한 일련의 결의들에서 지적된 북한의 인권현안들 전반에 대해 지적하고 있다. 그리고 유엔 특별보고관이 임무에 대한 불인정과 비협력, 유엔 인권고등판무관 및 판무관실과 '기술협력'을 하지 않는 점 등, 인권위원회 결의들을 이행하기 위한 조치들을 취하는 데 북한당국이 협조하지 않고 있는 문제에 대해 심각한 우려를 표명하였다.

2006년 11월 17일 제61차 유엔총회 제3위원회에서 통과되었고, 같은 해 12월 20일 유엔총회 전체회의에서 가결된 대북한 인권결의에서도 그 전해의 결의와 유사한 내용이 지적되었다. 다만 북한 주민들의 식량권 유린에 대해 "북한당국의 잘못된 관리로 인한 심각한 인도적 상황"이라며 구체적 책임소재를 밝히고 있다. 그리고 인도주의 원칙에 따라 인도적 지원이 모든 지역에 공평하게 전달되는지 확인하기 위해 인도적 지원 단체들이 계속해서 북한에 주재할 수 있도록 북한정부가 보장할 것을 촉구하였다.

이런 내용의 결의들이 유엔총회에서 반복되다가 2011년 제66차 유엔총회에서 채택된 결의에서는 남북 이산가족 상봉이 중단된 점에 대해서도 유감을 표하며, "최대한 빨리 재개되고 대규모의 정기적 상봉을 위해 필요한 계획이 마련되기를 희망한다."라고 밝히고 있다. 그리고 그전까지 지적되어 온 식량권 유린 상황과 그 원인에 대해서도 "잦은 자연재해, 심각한 식량 부족을 가져온 농업생산의 구조적 결함, 농산물 재배 및 무역에 대한 강력한 통제"라는 훨씬 더 구체적인 내용을 담고 있다. 아울러 인권이사회의 보편적 정례검토에서 지적한 대북한 권고사항들 중에서 어느 사항들을 받아들일지 입장을 표명하지 않고, 최종문서에 포함된 권고사항 이행 의지를 밝히지 않은 점에 대해서도 유감을 표명하였다.

이 제66차 유엔총회 결의에서는 인권유린자들에 대한 '불처벌 문제'를 다룰 것을 촉구하며, 이들에 대해서는 독립적인 재판관 앞에서 처벌해야 된다는 주문을 하고 있다. 아울러 난민 유출의 근본 원인을 다루고, 동시에 밀입국, 인신매매, 강탈 등으로 난민을 착취하는 자들을 기소하라고 촉구하고 있다.

이와 같이 유엔총회는 결의를 반복하면서 북한의 인권상황과 그 원인 및 대책에 대해 점점 더 구체적인 지적과 주문을 해왔다.

제68차 유엔총회 제3위원회는 2013년 11월 19일에 북한인권 결의를 그 전해처럼 투표 없이 합의 채택하였다. 이 결의에서도 과거의 결의들처럼 북한의 인권상황이 지속적으로 악화되고 있는 데 대해 깊은 우려를 표명하고 있다. 그런데 이 결의는 과거의 결의들에 비해 정치범 수용소 내의 인권침해 문제를 상세히 기술하며, 정치범 수용소들을 즉시 폐쇄하고 모든 정치범들을 조건 없이 즉시 석방할 것과 북송 탈북자들에 대한 처우 실태를 공개할 것을 북한당국에 촉구하는 내용 등을 추가하였다. 아울러 이 결의는 2013년 3월에 인권이사회 결의로 유엔 북한인권 조사위원회(Commission of Inquiry, COI)가 설립된 것을 환영하고, 북한이 이 조사위원회의 방북 조사활동을 허가하지 않는 등, 필요한 협조를 제공하지 않은 데 대해 유감을 표명하였다.[133]

이 결의가 표결 없이 합의 채택되는 과정에는 과거 북한을 편들면서 반대표를 던지거나 합의 채택에 불참해 왔던 쿠바, 베네수엘라까지 참가해 당사국인 북한과 후견국인 중국, 그리고 벨라루스를 제외하면 전 세계가 북한을 최악의 인권유린국으로 규탄한 셈이다. 이는 북한의 인권상황이 심각하다는 데 대한 국제사회의 공통된 인식과 우려가 반영된 것이다.[134]

4. 유엔 인권이사회

유엔 인권위원회는 그간 지나치게 정치화되어 업무 처리를 하면서 선별성을 띠고 있다는 논란을 야기해 왔다. 그리고 연중 6주 동안의 회기에 전 세계 모든 국가들의 모든 인권문제들을 다루어야 했으므로 업무 수행에 한계가 있었다. 그뿐만 아니라 인권침해 국가가 국제사회의 비난을 회피하는 수단으로 인권위원회에 위원국으로 참여하는 측면도 있었다. 이런 인권위원회는 '인권 감시'라는 본래의 역할을 제대로 수행하지 못했고, 특히 1994년에 르완다에서 80만 명이 학살되고 있었을 때에도

133 「제68차 유엔총회 북한인권결의 채택」, http://media.daum.net/press/newsview?newsid=20131120113814599 (검색일: 2014년 2월 3일).

134 「장성택 처형 후 채택된 유엔 대북인권결의」, http://www.changwonilbo.com/news/87168 (검색일: 2014년 2월 3일).

제때에 적절하게 대처하지 못했다. 이런 유엔 인권위원회의 성격과 업무 수행에 대한 반성에 따라 2006년에 인권이사회 체제로 대체되게 되었다.

유엔 인권위원회는 경제사회이사회의 산하기구였다. 그러나 유엔 인권이사회는 총회의 산하기구로 격상되었다. 그런데 총회에서는 일국일표주의를 채택하고 있고, 개도국이 총회를 수적으로 지배하고 있기 때문에 인권이사회가 총회의 산하기구가 된 것은 개도국에게 유리한 점이 있다. 그 외에도 인권이사회 체제로 전환되면서 〈표 3-2〉와 같이 조직의 구성과 운영방식에 많은 변화를 가져왔다.

과거 인권위원회는 53개 위원국으로 구성되었으나, 인권이사회는 47개 이사국으로 구성된다. 그런데 인권이사회 구성국의 인선기준과 관련하여 명시적인 규정은 마련되어 있지 않다. 다만 선출 시 인권의 보호와 증진에 대한 후보국의 기여와 자발적인 약정을 고려한다(take into account)고만 언급하고 있다. 그래서 심지어 유엔 안전보장이사회의 제재 대상이 되고 있는 국가라 하더라도 자동적으로 배제되는 것은 아니다.

구성국의 선출 방식에 있어서 인권위원회와 인권이사회 간에는 큰 차이가 있다. 인권위원회 체제하에서는 지역그룹에 의해 지명된 후보국을 유엔 경제사회이사회가 승인하는 방식이었기 때문에 지역 단위로 후보국을 추천하면 거의 반대 없이 선출되었다. 그러나 인권이사회 체제하에서는 지역그룹의 선발이 있어도 총회에서 개개 후보국에 대해 비밀투표로 과반수의 찬성을 얻어야 선출될 수 있다. 그런데 여기서 과반수는 출석하여 투표한 국가의 과반수가 아니라 절대과반수(absolute majority)다. 즉, 유엔 198개 회원국의 과반인 100개 국가 이상의 찬성이 있어야만 이사국으로 선출될 수 있다. 이 때문에 지역그룹은 지역그룹에 배정된 인권이사회 이사국의 수보다 많은 수의 국가들을 선발하여 총회에서 최종적으로 선출되도록 해야 된다.

인권위원회와 인권이사회 간에는 임기와 구성국의 연임에 대한 규정에도 차이가 있다. 먼저 인권위원회는 위원국의 임기가 3년이었으며, 매년 3분의 1씩 선출하였고, 연임이 가능했다. 그래서 미국은 2001년에 한 차례 제외되었던 것 외에는 1947년부터 계속 인권위원회의 위원국이었다. 그러나 인권이사회에서는 이사국의 임기

표 3-2 유엔 인권위원회와 인권이사회의 차이

변화 내용	인권위원회	인권이사회
지위	경제사회이사회 산하	총회 산하
구성국의 수 및 지역 배분	- 53개 위원국: 아프리카 15개국, 아시아 12개국, 동유럽 5개국, 미주 11개국, 서유럽 및 기타 지역 10개국 - 아시아와 아프리카 국가들: 51%(27개국), 서유럽 국가들: 19%(10개국)	- 47개 이사국: 아프리카 13개국, 아시아 13개국, 동유럽 6개국, 미주 8개국, 서유럽 및 기타 지역 7개국 - 아시아와 아프리카 국가들: 55%(26개국), 서유럽 국가들: 15%(7개국)
구성국의 선출 방식	- 지역그룹에 의해 지명된 후보국을 유엔 경제사회이사회가 승인 - 지역단위로 후보국을 추천하면 거의 반대 없이 선출	- 지역그룹의 선발이 있어도 총회에서 개개 후보국에 대해 비밀투표로 재적(在籍) 국가 과반수의 찬성을 얻어야 선출
구성국의 임기 및 연임(連任) 문제	3년, 무제한 연임 가능	3년, 2회 연임 가능
구성국에 대한 통제	선출 시, 선출 후 통제 없음	- 선출 시 총회투표를 통해 선별 - 선출 후 '중대하고 조직적인 인권 침해 시' 총회 투표국 3분의 2 다수결로 자격 정지
구성국의 인권 상황 섬검세도	없음	- 보편적 정례검토(UPR) 제도, 동료검토(Peer Review) 제도
회기	매년 3월 둘째 주에 회의를 시작하여 6주간 진행되는 것이 전부임	- 정기회의: 1년에 3회 이상 소집, 1회에 10주(週) 이상 가동 - 특별회의: 이사국들의 3분의 1 이상이 요청 시
의사규칙	경제사회이사회 규칙(기능위원회에 공통적으로 적용되는 규칙)	총회 규칙 (6개 위원회에 적용되는 규칙)

가 3년인 것은 동일하나 2회만 연임이 가능하여 2회 연임 후 곧바로 재선될 수 없다. 즉, 6년 동안 이사국이었던 국가는 곧바로 재선될 수 없다. 그래서 유엔 예산의 22%를 내고 있는 미국의 경우 지속적으로 이사국을 수임할 수 없다는 데 불만을 갖고 있다.

인권위원회 체제에서는 심각한 인권침해 국가라 하더라도 그 국가를 위원국 선출 시에 배제하거나 위원국으로 선출된 뒤에 자격을 정지시킬 장치가 없었다. 그러나 인권이사회 체제에서는 이사국이 임기 동안에 인권 상황을 점검받도록 되어 있다. 그리고 특정 이사국의 '막대하고 체계적인 인권 침해(gross and systematic violation)' 행위가 드러날 경우, 총회에서 3분의 2 다수결로 자격을 정지(suspension)시킬 수 있다. 여기서 '3분의 2 다수결'이란 '참석하여 투표한 국가들(members present and voting)의 3분의 2에 의한 결정'을 의미한다.

인권위원회는 매년 3월 둘째 주에 회의를 시작하여 6주간 진행되던 것이 전부였다. 그러나 인권이사회는 정기적으로 회합을 가지며, 1년에 최소한 3회 이상 소집되어 1회에 10주 이상 가동되고, 필요한 경우 특별회의를 개최할 수 있다. 특별회의는 이사국들의 3분의 1 이상이 요청하면 개최된다.

그런데 인권이사회 체제에서는 이사국을 포함한 모든 유엔 회원국의 인권 상황이 '보편적 정례검토(universal periodic review)'의 대상이 된다. 즉, 과거와 같이 특정 현안이 제기되었을 때 그 국가에 대해 선별적으로 심사를 하는 것이 아니라 모든 유엔 회원국들이 4년에 한 번씩 순차적으로 동료 회원국들에 의해 인권 상황을 심사받는 동료검토(peer review) 제도를 채택하고 있다.

과거 인권위원회에는 경제사회이사회의 기능위원회에 공통적으로 적용되는 의사규칙이 적용되었다. 그런데 인권이사회 설립이 논의될 때, 인권이사회가 총회의 산하기구가 될 경우 총회 위원회의 의사규칙을 적용할 것인가 아니면 별도의 의사규칙을 가질 것인가가 중요한 논쟁거리였다. 그러나 유엔총회 혹은 인권이사회가 달리 정하지 않는 한 유엔총회의 6개 위원회(committee)에 적용되고 있는 의사규칙을 적용하기로 하였다.

인권이사회 운영에 유엔총회의 의사규칙을 적용할 경우 비정부기구(NGO)의 참여가 극히 제한될 수밖에 없었다. 그래서 이러한 문제를 해결하기 위해 다음과 같은 규정을 두고 있다.

> 이사국이 아닌 유엔 회원국, 전문기구(16개), 기타 정부간기구(IGO), 국가인권기구, 그리고 비정부기구를 포함하는 옵서버의 참여와 협의가 위축되는 것을 방지하기 위해 이 행위자들의 참여와 협의가 1996년 7월 25일에 채택된 경제사회이사회 결의 1996/31 및 인권위원회에 의해 준수되어 온 관행과 같은 제도에 의거한다.

인권이사회 체제로 전환되면서 인권위원회가 갖고 있던 특별절차(special procedures) 등 기존의 기능들을 유지할지 여부가 중요한 쟁점이 되었다. 결국 인권이사회는 특별절차, 전문가의 조언(expert advice), 경제사회이사회 1503호 결의에 따른 〈인권 및 근본적 자유의 침해에 관한 통보 처리 절차〉(이에 따라 개인과 단체가 특정 국가의 인권 침해에 대한 통보를 유엔에 할 수 있음)를 유지하기 위해 인권위원회의 모든 권한, 기제, 기능, 책임을 떠맡고, 검토하며 필요할 경우 개선하고 합리화하기로 하였다. 그에 따라 인권이사회가 처음 개최된 지 1년 이내에 이 사안들에 대한 검토를 마치기로 했다. 그리고 인권위원회의 작업 방식들(특별보고관[special rapporteur], 특별대표[special representative], 실무단[working group] 등의 특별절차 제도, 인권소위원회 제도, 1503 절차제도 등) 가운데 무엇을 승계할 것인지의 문제가 커다란 논쟁거리였다. 개발도상국은 비공개로 진행하는 1503 절차를 인권이사회로 가져가는 것에 대해 호의적이었다. 검토 결과, 인권이사회는 인권위원회의 모든 작업 방식을 승계하기로 하였다.

인권이사회가 2006년에 설립될 당시 최종적인 지위와 상설기구(standing body)로 만드는 문제에 대해 5년 후에 재검토하기로 하였다. 이는 인권이사회를 총회의 보조기관(subsidiary organ)이 아닌 안전보장이사회나 경제사회이사회와 같이 독립적인 상설기구로 만드는 것을 목표로 한 것이기 때문이다. 물론 이는 인권 선진국들과 유력한 인권 비정부기구들이 희망해 온 바이지만, 유엔헌장을 수정해야 되고, 인권 열악국가들이 총회에서 다수를 차지하고 있어서 쉽게 이루어질 수 없는 문제다. 그래서 8년이 지난 이 시점까지 이에 대해서는 진전 없는 논의만 계속되고 있다.[135]

그러나 유엔 인권이사회는 인권위원회에 비해 제도적으로 강화되었고, 지위와

---

135 그간의 논의 내용은 유엔 사이트의 다음 홈페이지에서 볼 수 있다.
http://www.un.org/en/ga/president/65/issues/hrcouncil.shtml
http://www.mfa.go.th/humanrights/statement/127-the-review-of-the-status-of-the-human-rights-council
이에 대해 실망스러워하는 휴먼라이츠 워치의 입장은 다음에서 볼 수 있다.
http://www.hrw.org/news/2011/02/09/review-human-rights-council-deplorable-lack-progress

권한이 격상되었으며, 준상설화되었다. 보편적 정기심사 제도의 도입으로 모든 유엔 회원국의 인권 상황을 정기적으로 점검하는 것이 가능해졌다. 그 덕분에 인권이사회는 인권위원회보다 한층 강화된 인권 감시 활동을 펼치고 있다.

이렇게 탄생한 유엔 인권이사회는 〈표 3-3〉과 같이 2008년부터 매해 대북한 인권결의를 채택하고 있다.

이 결의들은 매해 있어 온 북한인권 특별보고관(special rapporteur)의 보고서에 기초하여 북한의 인권상황 전반과 주요 인권현안들, 북한정부와 유엔 인권기관들 간의 협력문제에 대해 포괄적으로 언급하고 있다. 그런데 유엔 인권이사회는 결의를 반복적으로 채택하면서 북한정부에 대한 압박강도를 점점 높여 오다가 마침내 2013년 제22차 회의에서는 국제적 조사위원회(Commission of Inquiry, COI)를 구성할 것을 천명하는 결의를 채택하였다.

5. 주제별 보고관 및 실무단과 북한 인권 보고관 및 조사위원회(COI)

2003년 제59차 유엔 인권위원회의 대북한 결의를 통해 〈식량권에 관한 보고관〉, 〈고문에 관한 보고관〉, 〈종교적 불관용에 관한 보고관〉과 〈자의적 구금에 관한 실무단〉, 〈강제적 혹은 비자발적 실종에 관한 실무단〉이 북한의 인권상황을 조사하여 이듬해 제60차 인권위원회에서 보고하도록 하였다. 그리고 제60차, 제61차 유엔 인권위원회 결의문들에는 제59차 유엔 인권위원회 결의문에서 임무를 부여한 세 주제의 특별보고관들과 두 주제의 실무단들 외에 〈의견 및 표현의 자유권에 대한 특별보고관〉과 〈여성폭력에 대한 특별보고관〉을 추가로 지정하였다. 그러나 이 주제별 특별보고관들과 실무단들은 해당 주제에 대한 전 세계적 인권상황을 조사하는 가운데 북한 부분을 취급하여 크게 주목을 받지 못했다.

그러나 2004년 제60차 유엔 인권위원회의 대북한 결의에 따라 임명된 국가보고관(Country Rapporteur)은 비중 있는 보고서를 계속 내놓으면서 국내외에서 주목을 끌었다. 특히, 2005년 7월에 북한인권특별보고관으로 임명되어 6년간 활동했던 태국

표 3-3 유엔 인권이사회의 대북한 인권결의들

채택연도	문서번호	찬성	반대	기권
2008	A/HRC/RES/7/15	22	7	18
2009	A/HRC/RES/10/16	26	6	15
2010	A/HRC/RES/13/14	28	5	13
2011	A/HRC/RES/16/8	30	3	11
2012	A/HRC/RES/19/13	합의 채택		
2013	A/HRC/22/L.19	합의 채택		

출처: 2008~2012년: 백범석, 「유엔 북한인권 조사위원회 설립의 이해와 활동 전망」, 통일연구원, 『유엔 인권메커니즘과 북한인권』, 2013, 123쪽 일부 수정. 2013년: http://www. ohchr.org/EN/HRBodies/HRC/RegularSessions/Session22/Pages/ResDecStat.aspx (검색일: 2014년 2월 4일)

출라롱콘대학의 위팃 문타폰(Vitit Muntarbhorn) 교수는 정교한 조사 끝에 상세한 내용의 보고서를 매해 유엔 인권위원회, 유엔총회, 유엔 인권이사회에 제출하였다.

문타폰 특별보고관은 북한정부의 비협조로 북한의 인권상황을 북한 내에서 직접 조사할 수 없어서 한국, 일본, 몽골에서 탈북자, 인권활동가, 전문가, 피랍자 가족 등을 상대로 조사하였다. 그런데 한국에서 조사하면서 북한의 인권상황을 호도하며 북한의 인권억압자들인 위정자들을 비호하던 소위 '인권운동가들'과 '북한전문가들'의 비인권적 논리에 놀라워하기도 하였다.

이런 불리한 조건 속에서도 문타폰 특별보고관은 북한의 인권현안들을 객관적으로 소상하게 파악하고 분석적으로 접근하였다. 한 예로, 2008년 2월 15일에 제출한 보고서에서는 북한의 인권상황을 인권과 개발 과정의 불공평성 문제, 식량과 생필품에 대한 접근성의 불균형 문제, 3계층 51개 부류에 기초한 계급차별정책의 결과로 발생하는 권리와 자유의 불안전성 문제, 상세이구와 망명 문제, 사회적 취약집단 문제, 고문 등 잔혹행위와 가해자들에 대한 불처벌(impunity) 문제 등으로 나누어 접근하면서 원인과 성격을 체계적으로 설명하고, 북한정부와 커뮤니케이션이 안 되는 현실까지도 지적하였다.

문타폰 특별보고관의 보고서들에서 특별히 주목해야 될 점은, 탈북자들 중에는 인신매매(human trafficking)형과 인신밀수(human smuggling)형이 섞여 있고, 탈북동기가 비정치적이라 하더라도 그들이 북한에 강제 송환될 경우 '정치범'으로 취급되어 가혹한 처벌을 받는 현실을 고려하여 현장난민(refugee sur place)으로 인정되어야 한다는 것이다.

그 외에도 문타폰 특별보고관은 북한정부에 대해 다음 사항들을 권고하였다.

- 국가체제를 자유화하여 개인의 안보권을 보장하고, 사법제도와 교도 시스템을 개선하고, 확실하고 명백한 결의를 보여줌으로써 납치/강제실종 관련 문제의 해결을 돕고, 피고인의 안전과 공정한 재판 보장, 독립적 사법기관의 구축 등을 통해 사법절차를 준수한다.
- 허가 없이 본국을 떠나는 사람들을 처벌하지 않는다는 명확한 정책을 채택하고, 돌아온 사람들을 처벌하지 않으며, 관련법을 개정하고 그에 따라 공무원을 교육한다.
- 난민 발생으로 이어지는 근본원인에 대해 논의하고, 피해자는 처벌하지 않는 대신 인신밀수, 인신매매 또는 금전갈취를 통해 난민을 착취하는 자를 법률로 다스리고, 이와 관련된 국제조약에 가입한다.

아울러 국제사회에 대해서는 다음과 같은 조치들을 취하도록 요청하였다.

- 지원물품이 반드시 목표대상에 전달되어야 한다는 인식(접근할 수 없으면 원조도 없다)에 기반하여 인도적 지원을 계속하되, 북한인민의 참여와 지속 가능한 개발의 필요성, 그리고 식량안보를 위한 계획을 재차 강조한다.
- 난민들의 권리, 특히 강제송환 금지원칙을 존중하고, 이주자의 인권을 존중하며, 난민이나 피난처를 찾는 사람들에 대한 구금으로 이어질 수 있는 엄격한 국가 이민법을 완화한다.
- 책임이 국가에 있든, 범법행위를 한 개인에 있든, 다양한 관점에서 북한의 불처벌 문제에 관해 지속적으로 논의한다.

문타폰 특별보고관의 뒤를 이은 인도네시아 국가인권위원회 위원장 및 검찰총장 출신의 마르주키 다루스만(Marzuki Darusman) 북한인권특별보고관은 북한정부의 협조를 얻기 위해 인도적 지원문제에 치중하겠다며 전임자와의 차별성을 추구하였다. 그러나 북한정부의 초청은 물론이고 그 어떤 협력도 얻지 못하였다.

지난 10여 년간 유엔의 각종 기관에서 북한의 인권문제를 다루어 왔던 결실이 마침내 〈북한인권조사위원회(Commission of Inquiry on Human Rights in the DPRK)〉의 결성으로 귀결되었다. 북한 내 "반인도적 범죄에 상당하는" 조치에 대해 국제적 조사를 실시할 것을 촉구한 필레이(Navi Pillay) 유엔 인권고등판무관의 2013년 1월 14일 자 성명에 따라 제22차 유엔 인권이사회는 같은 해 3월 21일(현지시간)에 북한인권 조사기구 창설을 골자로 하는 북한인권 결의안(A/HRC/RES/22/13)을 47개 이사국의 전원합의(Consensus)로 채택하였다.

그런데 이와 같은 일련의 과정이 작동된 데에는 비정부기구들의 노력이 주효했다. 2012년 12월에 〈사단법인 북한인권시민연합〉과 〈휴먼라이츠 워치(Human Rights Watch)〉가 공동으로 북한의 18호 관리소 수감사 출신 탈북자 김혜숙과 14호 관리소에서 태어나 성장한 탈북자 신동혁이 필레이 인권고등판무관을 만나 증언을 하도록 주선하였다. 필레이 인권고등판무관이 성명서를 낸 데에는 이들의 증언이 크게 작용하였다.

이렇게 탄생한 〈북한인권조사위원회〉는 세 명의 조사위원(위원장: Michael Kirby 전 호주 대법관, 위원: Marzuki Darusman 북한인권 특별보고관, Sonja Biserko 세르비아 인권운동가)과 그들을 돕기 위한 9명의 보조원으로 구성되어 1년간 조사를 하고, 371쪽의 방대한 조사보고서를 제출하였다.

조사과정에서 보조원들이 먼저 한국을 비롯한 여러 국가에 현장방문을 하여 인터뷰도 하고, 자료들을 수집한 뒤에 위원들이 와서 직접 인터뷰도 하고 공청회도 열었다. 조사위원회는 서울(2013년 8월 20~24일), 도쿄(2013년 8월 29~30일), 런던(2013년 10월 23일), 워싱턴(2013년 10월 30~31일)에서 공청회를 열면서 80명 가까운 탈북자와 전문가, 납북자 가족의 증언을 청취하였다.

2014년 2월 7일에 공표된 〈북한인권조사위원회〉의 상세보고서(A/HRC/25/

CRP.1)에는 북한의 인권상황을 이해하기 위한 배경지식으로 일제의 식민지 지배, 분단과 6 · 25전쟁의 유산, 북한의 수령제도, 김 씨 왕조의 권력 강화 등을 소개하고 있다. 그리고 위원회가 발견한 내용으로 사상 · 표현 · 종교의 자유 침해, 사회계급(성분) · 성(gender) · 장애(disability)에 따른 차별의 문제, 자국을 떠날 자유와 강제송환 금지 문제를 포함한 이동 및 거주의 자유 침해, 식량권 침해와 생명권과 관련된 문제들, 자의적 구금 · 고문 · 처형 · 강제실종 · 정치범 수용소 문제, 외국인 납치 문제를 소개하고 있다. 그런데 이 보고서에서는 반인도적 범죄에 대해 별도로 두 개의 장(章)을 할애하였다. 먼저, 앞의 장에서는 정치범 수용소에서 자행되는 반인도적 범죄의 실태를 자세히 소개하고, 일반 구금시설에 대해서도 언급하고 있다. 이어서 종교인과 정치범을 겨냥한 반인도적 범죄에 대해서도 별도의 절(節)을 할애하여 자세히 다루었다. 특히 주목을 끄는 부분은 기아(starvation) 문제와 외국인 납치 문제, 정치적 제노사이드를 반인도적 범죄로 다룬 것이다. 그리고 별도의 장(章)에서 북한의 국가안전보위부, 인민보안성, 검찰국 및 법정체계, 인민군, 노동당 지도부, 국방위원회, 최고지도자에게 이런 반인도적 범죄에 대해 책임을 추궁하고, 개인적 범죄에 대해서도 책임을 묻고 있다.

〈북한인권조사위원회〉의 상세보고서는 북한에서 자행되는 반인도적 범죄의 뿌리가 되는 막대한 인권침해(gross human rights violations)를 막기 위해 유엔의 총회, 인권이사회, 경제사회이사회의 인권조약 운영위원회들, 사무총장, 인권고등판무관이 계속 개입하라고 요청하고 있다.

커비(Kirby) 조사위원장은 별도의 서한을 통해 김정은이 국제형사재판소에 제소될 수 있다는 사실을 고지하였으며, 필레이 인권고등판무관을 비롯한 많은 유력인사들과 유력한 국제비정부기구들(INGOs)이 구체적인 후속조치를 조속히 취할 것을 촉구하고 있다. 그러나 북한이 〈국제형사재판소에 관한 로마규정(Rome Statute)〉의 가입국이 아니기 때문에 유엔 안전보장이사회에서 북한의 위정자들에 대한 국제형사재판소 제소가 의결되어야 한다. 그런데 유엔 안전보장이사회에서 중국과 러시아가 거부권을 행사할 수 있어서 전망이 불투명하다.

제4장

지역인권보호체계와 북한 인권문제 해결에 대한 적실성適實性

북한의 인권상황은 국제적 연대를 통해서만 개선시킬 수 있고, 동시에 북한의 인권문제를 통해 아시아에 지역인권보호체계를 형성할 수 있다. 따라서 기존의 지역인권보호체계들이 어떻게 구성, 운용, 작동하고 있는가를 살펴보고, 북한의 인권현안들을 해결하는 데 어떤 가능성이 있는지 고찰해 보고자 한다.

양자 간 국제관계가 지배적이고 초국가적 협력의 경험이 풍부하지 못한 아시아에 지역인권보호체계를 수립하는 일은 결코 쉬운 일이 아니다. 국가주권주의가 강하고 다양한 문화와 가치관이 혼재하는 가운데 인권상황이 열악한 국가들이 많아 범아시아적 인권보호체계 만들기에 역내 국가들의 참여와 협력을 이끌어 내는 일이 현재로서는 먼 훗날의 일로만 느껴질 것이다. 그러나 지역인권보호체계가 가장 발전해 있다고 하는 유럽도 1957년 〈로마조약〉을 체결했을 때에는 현재의 아시아보다 결코 전망이 밝지만은 않았다.

1. 유럽인권보호체계

유럽연합(European Union, EU)은 '자유(liberty)', '민주주의', '법치(法治)'와 함께 '인권과 근본적 자유(fundamental freedom)에 대한 존중'을 창설 원칙으로 삼았다. 또 이 원칙들을 유럽연합의 정통성을 위해 필수불가결한 것으로 간주하고 있다. 이런 점은 1992년에 채택되어 이듬해에 발효된 〈유럽연합조약〉(소위 〈마스트리히트 조약〉)에 이미 반영되어 있다. 그리고 인권과 민주주의적 가치들은 유럽연합의 모든 활동영역에 투영되어 있으며, 대외정책의 초석이 되어 왔다.

사실, 유럽연합의 창립 조약인 1957년 〈로마조약〉의 서문에 〈유엔헌장〉의 조문들이 주요 지침 중의 하나로 기술되어 있다. 그래서 유럽연합은 〈로마조약〉 이후로 〈세계인권선언〉과 그 보완적 인권규약인 〈시민적 · 정치적 권리에 관한 국제규약, 약칭 자유권규약〉과 〈경제적 · 사회적 · 문화적 권리에 관한 국제규약, 약칭 사회권규약〉 및 여타 국제적 혹은 〈유럽인권협약(European Convention on Human Rights)〉과 같은 지역적 인권문서들에 기술된 모든 인권과 근본적 자유를 신장시키고 보호하기 위해 노력해 왔다. 그 결과 지역적 인권보호 장치가 그 어떤 대륙보다 발달하게 된 것이다.

아울러 1993년에 코펜하겐에서 개최된 유럽연합 정상회담에서, 유럽연합 회원국이 되고자 하는 국가들은 민주주의, 법치, 인권, 소수자(minorities)에 대한 존중과 보호를 보장하는 제도들의 안정성을 확보해야만 회원 자격을 얻을 수 있다고 천명하였다.

2000년 12월에 니스에서 열린 유럽연합 정상회담에서 유럽연합은, 그때까지 국제 · 유럽 · 국가 차원의 문서들에 기술되어 있던 시민적 · 정치적 · 경제적 · 사회적 권리들을 〈기본적 인권에 관한 헌장〉이라는 단일 문서로 묶었다.

유럽연합은 1995년 5월부터 제3세계 국가들과 양자 간 교역이나 협력협정을 맺을 때 전반적으로 인권에 관한 조항을 포함시켰다. 그래서 어떤 특정부문에 관한 협정들을 제외하고는, 모든 일반적 성격의 양자 협정들에 인권 조항들이 포함되었고, 20여 개의 그런 협정들이 이미 서명되었다.

이와 같이 유럽의 인권정책은 유럽 내외에서 중요한 정책이 되어 왔고, 이런 유럽의 인권정책을 직접적으로는 북한의 인권신장을 위한 국제적 압력수단으로 활용할 수 있겠지만, 동시에 그것으로부터 아시아에서도 지역인권보호체계를 형성 · 발전시키는 데 중요한 시사점을 끌어낼 수 있을 것이다.

인권보호의 당위성에 대해 그 어떤 근대적 정체(近代的 政體, modern polity)도 공식적으로는 부정할 수 없을 것이다. 그런데 현대사회에서 인권문제만큼 실제 상황(sein)이 당위성(sollen)과 괴리가 있는 부문도 없다. 비록 현재로서는 완벽하지 않지만, 이 간격을 줄이기 위해 지역인권보호체계를 강화해 가고 있는 유럽의 앞선 경험은 아시아 지역에 많은 시사점을 줄 수 있다. 유럽에서 지역인권보호체계가 형성된 배경과 구성 내용 및 그 특성을 살펴봄으로써 아시아에 지역인권보호체계를 만드는 데 극복해야 될 과제와 지향점을 찾을 수 있을 것이다.

1) 유럽인권보호체계의 형성 배경

유럽의 지역인권보호체계(Regional Protection Systems of Human Rights)는 〈유럽인권협약(European Convention for Protection of Human Rights and Fundamental

표 4-1 양차 세계대전 시기의 인명 손실

구분	내용	인원(명)
내전	러시아혁명	10,000,000
	스페인내전	600,000
세계대전(유럽)	제1차 대전(1914~1918년)	7,700,000
	제2차 대전(1938~1945년)	34,000,000
집단학살	홀로코스트(Holocaust)	5,700,000
기아	소련(USSR)	5,000,000
기타	집단화(collectivization) 숙청(executions during purges) 강제수용소(deaths in gulag camps) 등	11,000,000
합계		74,000,000

Freedom)〉이 1950년에 서명되어 1953년에 발효되면서 가능해졌다.

이 〈유럽인권협약〉은 제2차 세계대전 중에 유럽에서 자행된 전대미문(前代未聞)의 인권 유린에 대한 자성과 전쟁 재발 방지책이며, 냉전 상황의 산물이라고 볼 수 있다. 인류 역사에서 대규모의 조직적 인권 침해 사례는 적지 않게 있었다. 그러나 제1차 세계대전의 개전과 함께 신생 터키 정부가 저지른 최소한 80만~100만 명의 아르메니아 민족 집단학살과 1937년에 일본 군국주의 정부가 저지른 난징대학살[최소한 34만(우 테인 웨이 미국 일리노이대 명예교수 계산)~37만 7400명(중국 측 매장 기록상의 22만 7400명과 오타 하사오 일본 육군 소령의 고백서 상의 15만 명 합산치)]을 능가하는 나치독일의 조직적 인권 침해는 당연히 재발 방지를 위한 제도적 장치를 모색하게 했다.[136]

136 아르메니아 민족 집단학살과 일본인들에 의한 난징대학살이 국제적 인권보호체계 확립 노력으로 연결되지 못한 것은, 또 다른 연구 주제이지만, 피학살자들이 서유럽인들이 아니고, 국제적인 현안으로 부각시킬 수 있을 만큼 일반인들에게 충분히 알려지지 못한 측면도 있다. 이 같은 사실은 상황 종결 후 이것이 국제적 인권보호체계 확립의 계기가 되는 데는 국제적 역학구조와 피해자 측의 적극적인 노력, 즉 정치적 역량이 중요하다는 것을 일깨워 준다. 이런 면에서 인권문제도 국제적 역학구조의 결과물이고, 보다 적극적인 노력만이 보호체계 확립이라는 '사회적 가치'를 창출할 수 있다는 현실론을 새기게 한다.

또한, 전쟁 도발 국가가 모두 자국 내에서 인권을 존중하지 않았다는 사실에 유의하여 전쟁 재발을 방지하는 근원적인 방법으로 인권을 존중하는 정부를 만드는 데 주안점을 두게 되었다.

아울러 전후(戰後) 유럽인들은 호전적인 독일과 연합국의 관계를 본질적으로 개선할 수 있는 방법은, 독일을 비롯한 유럽의 여러 국가들을 공동의 가치에 따라 지역적으로 통합시키는 것이라고 생각하였다. 그래서 1949년에 유럽심의회(Council of Europe)가, 1952년에는 유럽공동체(European Community)가 각각 탄생하였고, 〈유럽인권협약〉은 그 한 방법이었다.

그런데 보다 현실적인 이유로, 당시 서유럽 국가들이 공산진영의 위협에 대적하기 위해 함께 뭉칠 수 있는 이념적인 틀로, 공산주의 진영에서 주창하던 '인민민주주의'와 구별되는 진정한 민주주의(genuine democracy) 혹은 실효성 있는 정치적 민주주의(effective political democracy)를 내세우며 '자유(liberty)', '민주주의', '법치(法治)'와 함께 '인권과 근본적인 자유(fundamental freedom)에 대한 존중'을 그 원칙으로 채택한 것이다.

2) 유럽인권보호체계의 구성과 특성

유럽의 지역인권보호체계의 핵심인 〈유럽인권협약〉은 유럽심의회의 창조물이다. 그런데 이 유럽심의회는 유럽연합, 유럽안보협력기구(OSCE)와 함께 유럽의 인권 관련 주요 기구 중의 하나에 불과하다.

(1) 유럽심의회와 인권

유럽심의회는 법치를 존중하고, 공통된 정신적 · 도덕적 전통을 따르는 민주적 국가들의 평화적 결사체로 1949년에 결성되었다. 유럽심의회 조직 정관(Statute) 제1조(a, b항)에는 "유럽심의회의 목적이, 인권과 근본적 자유에 대한 유지와 진전을 포함한 제 방법을 통해 이상과 원칙들을 보호 · 신장시키기 위해 회원국 간에 보다 밀접한 유대를 실현하는 것"이라고 기술하고 있다.

그 첫 과실이 1950년 〈유럽인권협약〉이었다. 그런데 이 협약은 시작에 불과했다. 인권의 진전된 실현(further realization of human rights), 즉 인권을 더욱 폭 넓게 실제적으로 구현하기 위해서는 정부 간 협정을 통해서 추가 조치들(additional measures)을 계속 만들어 내야 했다. 그래서 유럽심의회가 그 목적을 달성할 수 있도록 흥미로운 법제화 양식이 곧 개발되었다.

법제화 양식으로 조약들(treaties)[혹은 협약들(conventions)]과 권고들(recommendations)이라는 두 가지 방법이 사용되었다. 조약은 물론 국가들이 비준을 했을 때만 법적으로 구속력을 얻게 되고, '권고'는 말 그대로 구속력은 없는 수단을 의미한다. 그런데 양쪽 모두, 수단으로서의 유효성은 국가들의 반응에 달렸다. 이는 유럽심의회가 초국가체(超國家體, supra-national body)가 아닌 국가들의 느슨한 연합(loose confederation)으로 인식되었고, 그렇게 유지되고 있다는 사실을 반영한 것이다. 따라서 유럽연합의 '입법' 활동을 너무 문자 그대로만 생각하는 것은 오류다. 그럼에도 불구하고, 인권을 증진시키기 위한 조치들은 어디에선가 논의되어야 하는데, 유럽심의회는 그에 필요한 장(forum)을 제공함으로써 그 가치를 충분히 증명해 왔다.

새로운 조치들(measures)에 대한 제안은, 의원총회(Parliamentary Assembly)의 법사위(Legal Affairs Committee)에서 준비되어 왔으며, 일반적으로 의원총회에서 발의된다. 그 조치들은 그 후에 정부 차원의 해당 전문가 위원회의 지원을 받는 각료위원회(Committee of Ministers)에 의해 조처(action)로 바뀐다. 그래서 의원위원회(parliamentary committee)가 인권신장에 필요한 조처를 연구하고, 그 결론을 의원총회에 제출하는 정규적인 절차가 발달해 왔다. 그러면 의원총회는 각료위원회에 추천을 하게 된다. 만약에 각료들이, 일반적으로 그리해 온 것처럼, 원칙적으로 그 현안을 지지하면, 자신들의 전문가들에게 필요한 법조문을 준비하라고 지시한다. 그 후에 법조문들은 최종적인 승인을 위해 각료들에게 되돌아간다.

조약과 권고는 매우 유사한 과정을 거치게 되지만, 마지막 난제인 각료위원회에서 다른 법적 특성을 드러낸다. 양자 모두 만장일치의 승인이 필요하다. 그런데 조약 초안의 경우, 승인 효과는 문서를 서명에 회부하고, 회원국들이 비준하는 것인 데 비해, 권고는 더 이상의 진전이 요구되지 않는다.

위에서 상술한 절차를 이용하여 유럽심의회는 해를 거듭하면서 1950년에 〈유럽인권협약〉을 체결함으로써 취하게 된 '제일보'를 훨씬 능가하여 인권 프로그램을 확장하는 일련의 조치들을 취하였다. 이 일련의 조치들 중에는 〈인권협약(Convention on Human Rights)〉, 1961년 〈사회헌장(Social Charter)〉, 1987년 〈고문 방지 협약(Convention for the Prevention of Torture)〉 등에 관련된 추가의정서들(protocols)이 있다. 유럽심의회가 발기(sponsor)한 100개 이상의 협약들이 발효되었으며, 비슷한 수의 권고와 함께 꾸준히 늘고 있다. 물론 일부는 인권문제가 아닌 유럽 협력 문제와 관련되어 있다. 그렇지만 많은 경우, 앞에 예시한 것들과 사생활 문제, 차별 문제, 가족법, 형사소송 등 다양한 인권문제들과 관련되어 있다.

이런 조치들(measures)은 국제적 법제정체(法制定體)를 형성한다. 특히, 유럽심의회가 발기한 거의 모든 협약들은, 그것이 인권에 관련된 것이든, 아니면 다른 현안에 관련된 것이든, 회원국 과반수에 의해 비준된 현안들이 높은 비율을 차지한다. 한 가지 더 주목할 사실은, 어떤 협약들은 유럽심의회 회원국이 아닌 국가들도 참여할 수 있으며, 조약제정권(條約制定權)을 행사하는 유럽공동체(European Community)도 그 협약들의 당사자가 되어 왔다는 것이다.

비록 종종 새로운 협약이 널리 받아들여지려면 어느 정도의 시간이 걸리지만, 널리 받아들여지도록 하는 일은 개별 국가들에만 전적으로 맡겨지는 것은 아니다. 왜냐하면 특정 협약의 진전은 조직 내부의 절차를 통해 정규 검토를 받게 되는데, 그 과정에서 조직은 비준을 격려하고, 용이하게 할 수 있기 때문이다.

권고들(recommendations)의 경우, 비준 문제는 제기되지 않는다. 그렇지만 권고들은 일반적으로 오랜 기간에 걸친 토론의 결과물이고, 무조건적 합의/컨센서스(consensus)를 반영하고 있다. 더욱이 권고들에 대한 정부들의 승낙을 독려하기 위해 각료위원회는, 정부들이 특정 권고들을 적용하기 위해 취하고 있는 조치들에 대해 각료위원회에 알려 줄 것을 정부들에 요청할 수 있는 정관(Statute)상의 권한을 정기적으로 행사한다. 이것이 적용 과정에 대한 전문가위원회의 모니터링을 가능하게 한다. 이 전문가위원회는 협약들의 적용에 대해서도 심사를 한다. 더욱이 몇몇 협약들은 자체적인 모니터링 메커니즘을 갖추고 있다. 그래서 개인정보자료 보호문제를 다루고 있는 1981년의 〈108호 협약(Convention No. 108)〉은 그 협약의 적용을 감독할 위원회를 구비하고 있다. 〈사회헌장(Social Charter)〉도 마찬가지다.

'협약'과 '권고'만이 유럽심의회가 인권신장을 위해 기여할 수 있는 모든 수단은 아니다. 유럽심의회는 유엔 인권위원회와 '소수자 차별 방지 및 보호에 관한 소위원회'의 회기에 참여한다. 1990년 〈규칙 제456호(Order No. 456)〉에서는, 의원총회가 소수자의 권리에 대한 심포지엄을 조직하고, 소수민족 분쟁에서 중재 · 화해 역할을 담당하기로 결정하였다.

인권 분야에서 취한 많은 유사한 이니셔티브들 중에서 유럽심의회가 동유럽에 민주주의가 싹틀 수 있도록 격려하고 지원한 것은 주목할 만한 가치가 있다. 예를 들어, 1994년에 각료위원회는, 민주주의 · 인권 · 법치(法治)에 대한 회원국들의 공약(commitment) 이행에 관계되는 어떠한 문제에 대해서도, 유럽심의회의 한 회원국이나, 사무총장이나, 혹은 의원총회가 그렇다고 인정할 경우, 고려하기로 결정하였다. 그리고 사안을 고려한 뒤에 각료위원회는 자신의 법적 권한 내에서 적절한 조처(action)를 취하게 되는 것이다.

가. 〈유럽인권협약〉(1950년)

〈유럽인권협약〉은 이 분야에서 조직의 실제적인 활동을 위한 영감을 제공했다. 〈유럽인권협약〉은, 이 협약이 만든 유럽인권위원회와 인권재판소, 그리고 기존의 유럽심의회의 각료위원회가 처음 이용했던 감독협정(supervisory arrangement)과 함께 체약국들이 보장하겠다고 약속한 시민적 · 정치적 권리들의 핵심 목록을 제공했다. 보호된 권리들은, 추가의정서들과 관리협정들을 수단으로 하여 정규적으로 확장되었다. 그래서 개인들과 체약국들이 스트라스부르(Strasbourg)에 들고 올 수 있는 사례들도 그만큼 많아졌다. 〈유럽인권협약〉은 대단한 성공을 거두었지만, 일이 늘어남에 따라 그에 속한 제도들이 과부하에 걸리게 되었다. 그래서 마지막 의정서(제11호)는 요구되는 범위를 감당할 수 있도록 관리 장치를 재구성하였다.

〈유럽인권협약〉 가입국이 협약에 명시된 권리를 침해한 경우, 협약 제25조에 따른 개인통보제도와 24조에 따른 국가통보제도라는 2가지 절차에 따라 그 책임을 물

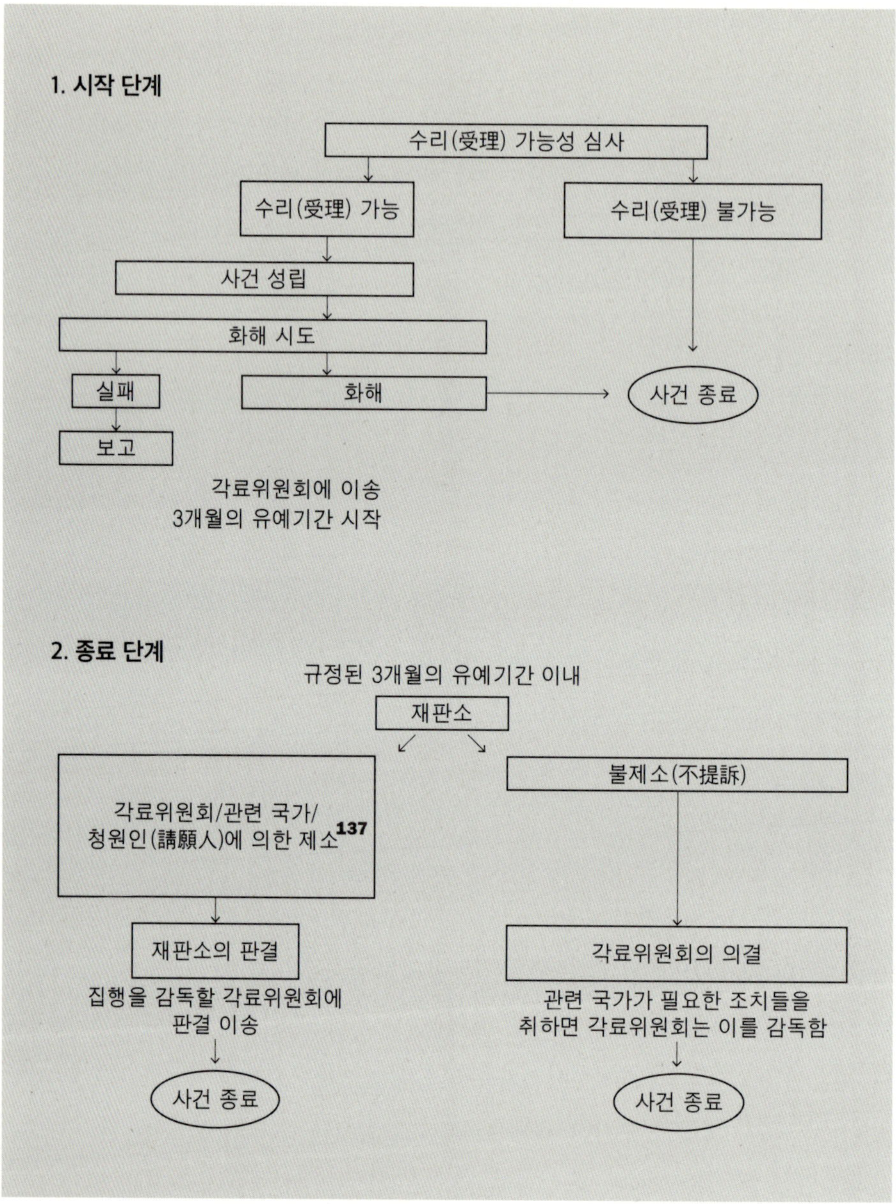

그림 4-1 〈유럽인권협약〉에 규정된 제도적 절차(1998년 11월 1일 이전)

137 피고국가가 9번 의정서 가입국이고, 재판소의 심의위원회(le comité de filtrage)가 사건을 자신들이 심사하기로 결정하면 사건은 재판소의 심의위원회에 의해 심사된다.

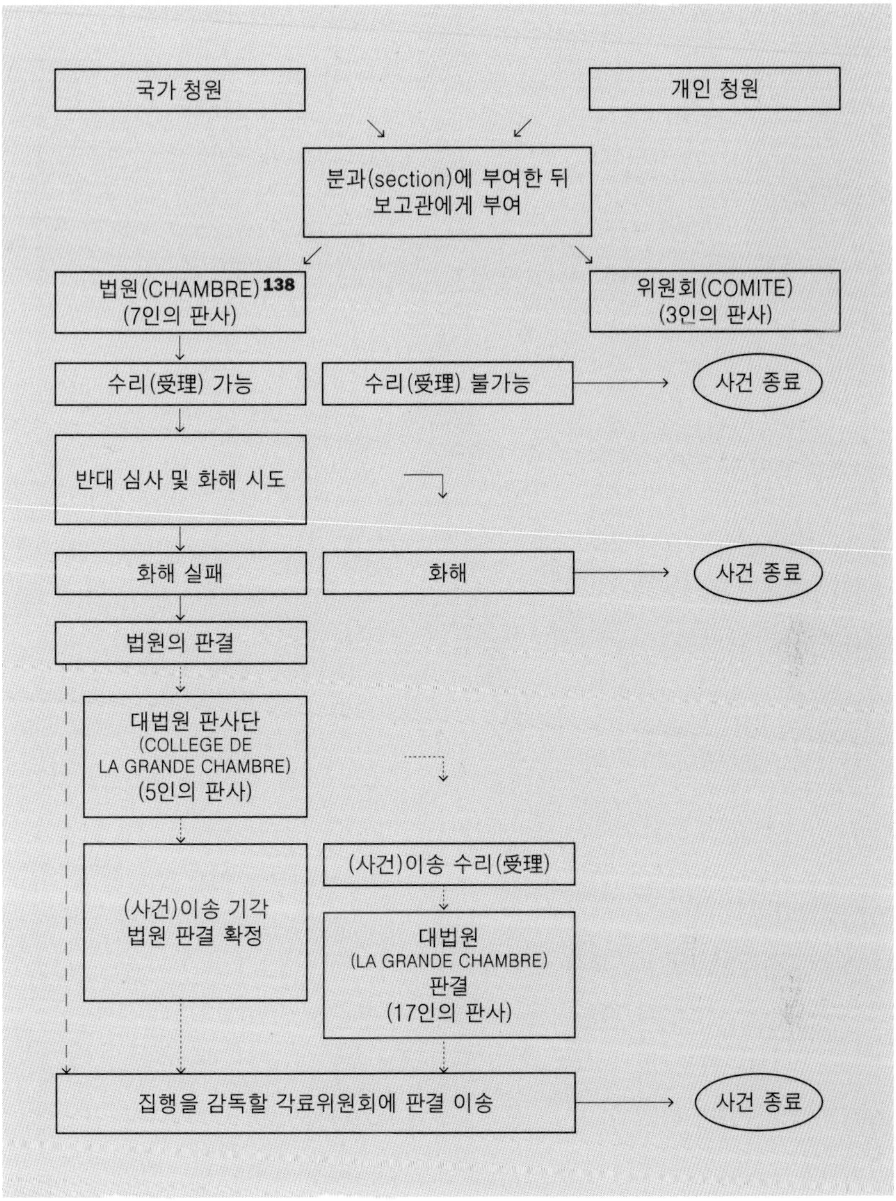

그림 4-2 〈유럽인권협약〉에 규정된 제도적 절차(1998년 11월 1일 이후)

138 법원은, 판결을 내리지 않은 한, 당사자 어느 일방이 반대하지 않으면, 대법원을 위해 각하(却下)할 수 있다.

을 수 있다. 국가통보제도는 현재까지 11건이 활용되었으며, 1982년에 터키를 상대로 덴마크, 프랑스 등 서방 5개국이 이 제도를 활용한 것이 마지막 사례다. 그런데 유럽의 지역인권보호체계에서 그 효용성이나 빈도 면에서 정수는 개인통보제도(최근에는 1년에 5만~6만 건)다. 물론 이 제도는, 예외적인 사례들을 제외하고는, 국내 사법절차를 거친 후에만 취할 수 있는 국내 사법제도의 보충적인 제도 혹은 마지막 구제 절차로 볼 수 있다. 그래서 제기된 통보(communication) 안건들 중에 10% 정도가 적격 판정을 받는다.

〈유럽인권협약〉에 기술된 권리를 실현하는 기구로 유럽인권위원회(European Commission of Human Rights), 유럽인권재판소(European Court of Human Rights) 및 각료위원회(Committee of Ministers)가 있다. 이 기구들은 모두 프랑스 스트라스부르에서 정기적인 회의를 연다. 그런데 〈유럽인권협약〉 제11의정서(Protocol No. 11)가 1998년 11월에 채택됨에 따라 유럽인권재판소가 상설재판소가 되고, 유럽인권위원회와 각료위원회의 권한이 이 재판소에 대폭 이양됨에 따라 강력한 재판소가 되었다. 아울러 1998년 11월 1일부터 청원(requête) 처리 절차도 달라졌다(그림 4-1, 그림 4-2 참조).

나. 〈유럽사회헌장〉(1961년)

〈유럽사회헌장(European Social Charter)〉은, 일부러 〈유럽인권협약〉에 넣지 않았던 경제적 · 사회적 · 문화적 권리를 보호하기 위한 협정으로 1961년에 체결되었다. 〈유럽인권협약〉과 마찬가지로 보장된 권리들을 나열하고 있고, 관리장치들을 만들고 있다. 그렇지만 이 두 제도 간에 중요한 차이가 있다. 〈유럽인권협약〉은 전체를 받아들여야 되는 데 비해, 〈유럽사회헌장〉은 국가들에게 선택적으로 보장할 수 있도록 허용하고 있고, 청원(complaints) 제도 대신에 관리 수단으로 복잡한 보고 제도를 이용하고 있다. 일반적으로 사회헌장의 영향력이 인권협약의 영향력보다 약한 것으로 인식되어 있고, 그것이 유럽심의회가 이 분야에서 엄격한 법규를 만들려는 열정이 부족한 이유이기도 하다. 그런데 최근에 정책이 변하여 사회헌장을 다시 활성화하려는 시도가 있다. 그래서 보호되어야 할 권리의 범위를 넓히기 위해 의

정서들이 체결되고 있고, 감독 장치도 개선되고 있으며, 다른 조치(measure)들도 완비되고 있다.

다. 〈고문 방지를 위한 유럽 협약〉(1987년)

〈고문 방지를 위한 유럽 협약〉의 목적은, 자유를 빼앗긴 사람들을 고문과 비인간적 · 굴욕적 대우나 처벌로부터 보호하기 위한 예방 제도를 강화하려는 관점에서 그들에 대한 대우를 감독하기 위한 절차를 만드는 것이다. 이에 따라 이 협약은 위원회(committee)를 만들어서 이 위원회로 하여금 공적 권위(정부당국)에 의해 자유가 박탈된 사람들이 있는 당사국의 관할하에 있는 어떤 곳이든 방문할 수 있도록 했다(제2조). 이 협약은 1989년에 효력이 발생했고, 현재 그루지아를 제외한 모든 유럽심의회 회원국들이 비준한 상태다. 이 협약을 더욱 발전시키기 위해 2개의 의정서가 협상되어 1993년에 서명에 부쳐졌다. 제1의정서는 유럽심의회 회원국이 아니더라도 초대에 의해 참여할 수 있도록 하여 협약의 지리적 범위를 넓혔다. 제2의정서는, 고문과 비인간적 · 굴욕적 대우나 처벌 방지를 위한 유럽위원회(European Committee for the Prevention of Torture and Inhuman and Degrading Treatment or Punishment)의 회원 선출을 위한 제도에 기술적인 변화를 초래하였다.

이 고문방지유럽위원회는 〈유럽인권협약〉 당사국 수만큼의 회원을 갖고 있다. 이 회원들은 독립인권전문가로서 자리에 앉게 되고, 국가들은 이 위원회와 협력할 의무가 있다. 〈유럽인권협약〉은 이 위원회가 감옥이나 여타 억류 장소를 방문할 수 있는 광범한 권한을 부여하고 있다. 그러나 이 위원회는 어떤 법적 기능을 갖지는 않는다. 그래서 조약상의 의무를 침해했는지 여부를 판단하는 것은 이 위원회의 일이 아니고, 방문했던 장소의 상황에 대해 연구하고, 발견한 사실에 대해 보고서를 작성하고, 적절한 권고를 하는 것이 이 위원회의 일이다. 이런 목적은 달성하는 데 있어, 이 위원회가 수집한 정보와 위원회의 보고 및 자문은 비밀이다. 그렇지만 당사국의 요청에 따라 보고서가 출간될 수도 있다. 만약에 어떤 국가가 이 위원회와 협력하지 않거나, 권고에 따라 조처를 취하는 것을 거부하면, 위원회는 구성원 3분의 2의 결정으로 그 사안에 대해 공개성명을 낼 수 있다(제10조 제2항).

고문방지유럽위원회는 1990년에 〈고문 방지를 위한 유럽 협약〉을 받아들인 국가들을 방문하기 시작했으며, 매우 활동적이다. 이 협약은 예고된 정기 방문과, 알리지 않고 위원회가 필요하다고 간주되면 언제든지 실행할 수 있는 특별방문(ad hoc visits) 모두를 제공하고 있다. 현재까지 이 두 가지 형태의 방문 모두 실행되어 왔다. 예를 들어 1993년에 이 위원회는 그리스, 리히텐슈타인, 룩셈부르크, 노르웨이, 벨기에와 아이슬란드에 정기방문을 했으며, 북아일랜드에 특별방문을 했다. 정기방문의 시기나, 특별방문의 필요 여부를 결정할 때, 이 위원회는, 비정부단체들(NGOs)이 스트라스부르에 있는 사무국에 제공한 정보를 이용한다. 이 비정부단체들은 또한 해당 협약에 대한 정보를 피수감자들이나 수용소 책임자들에게 알림으로써 위원회를 돕기도 한다.

고문방지유럽위원회 구성원들이 방문할 때, 그 구성원들은 수감자들과 개별적으로 대화할 수 있으며, 정보와 관련된 그 누구와도 인터뷰할 수 있다. 방문에 대한 보고는 전술한 바와 같이 처음에는 비밀이다. 그러나 실제로는 관련된 국가가 자국 정부의 답변을 대외적으로 알리기 위해 보고를 출간하라고 위원회에 요청하는 것이 일반적이다. 위원회가 추구하는 목적 중의 하나가 방문한 국가들과 대화를 유지하는 것이므로 이 공개성은 환영을 받게 된다. 이 협약 제10조 제2항에 기술된 징계는 1992년에 처음으로 사용되었다. 이때 고문방지유럽위원회는, 터키 경찰과 헌병대가 심각하게 인권을 유린하고 있는 데 대하여 그들에게 권고하였지만 그들이 이를 지속적으로 무시하고 있어서 공개 선언을 하기로 결정했다. 이 징계 조치는 드물게 사용될 수밖에 없는데, 예외적인 몇몇 사례들의 경우, 이 징계 조치는 위원회로 하여금, 해당 국가가 상황 개선을 위해 좋은 수단을 사용할 준비가 분명하게 되어 있으면 이를 격려할 부가적 조치들을 제공하기도 한다.

이 〈고문 방지를 위한 유럽 협약〉은 상대적으로 새로운 것이지만, 그 가치는 이미 명백하다. 앞에 언급한 바와 같이, 〈유럽인권협약〉에 의해 만들어진 관리체계는 개인과 국가 간의 청원들에 기초해서 작동한다. 이 청원제도는 국가가 수감자들을 정당하게 대우하는 것을 보장하기 위해 두는 것이므로, 추정되는 침해(violation)가 이미 이루어진 것이어야 되고, 그래서 사건 후에 작동한다. 그러므로 〈고문 방지를 위한 유럽 협약〉의 장점은 이 협약이 제시하는 예방적인 성격의 비사법적 장치에 있는 것이다.

라. 〈소수민족 보호를 위한 기본협약〉(1995년)

〈소수민족 보호를 위한 기본협약(The Framework Convention for the Protection of National Minorities)〉은 아주 최근에 와서 소수자 대우 문제를 유럽심의회의 관할하에 두기 위해 만든 것이다. 유엔의 자유권규약 제27조는 종족적, 종교적, 언어적 소수자에 속하는 사람들은 "자신들의 집단의 다른 구성원들과 함께 공동체 내에서의 권리, 자신들의 고유문화를 즐길 권리, 자신들의 고유 종교에 대해 신앙 고백을 하고 실천할 권리, 자신들의 고유 언어를 사용할 권리를 거부당하지 않을 것이다."라고 규정하고 있다. 비록 1965년에 제4의정서의 초안이 작성되었을 때, 협의회(Consultative Assembly)가 이 문제에 대해 정부들이 받아들일 수 있을 것 같지 않을 정도로 광범위하게 영향을 미칠 수 있는 조문을 삽입시킬 것을 제안했지만, 〈유럽인권협약〉에는 그에 해당하는 조항이 없다. 각료위원회가 거부해서 협의회의 제안은 거부되었던 것이다. 그렇지만 협의회는 이 문제에 대해 계속 압력을 넣어 마침내 1991년 10월에 인권운영위원회(Steering Committee for Human Rights)는 유럽심의회가 소수민족을 보호하기 위해 어떻게 조처를 취할 수 있을지, 이 주제에 대한 유엔과 유럽안보협력회의(CSCE)의 활동과 유럽심의회에서의 협의를 고려해서 생각해 보라고 요청받게 되었다. 1993년 9월에 나온 인권운영위원회의 보고는 더욱 진전된 토론들을 이끌어 냈고, 그 결과 만 일 년 후에 〈소수민족 보호를 위한 기본협약〉이 채택되었다.

이 협약은 '기본협약(Framework Convention)'이라고 부르는데, 왜냐하면 이 협약은 주로 체약국들이 추구해야 할 목표들을 선언한 것이지, 그 목표들이 어떻게 준수되어야 하는지를 자세하게 명시하지는 않았기 때문이다. 제1~3조는 일반원칙들을 형성하고 있는데, 이 일반원칙들은 기본협약과, 차별로부터의 보호와 문화 · 언어의 권리에 대한 인정을 포함한 당사국들의 의무 사항들을 규정한 제4~19조의 기초가 된다. 제20~23조는 협약의 범위와 해석에 관계되는 조문들을 포함하고 있고, 제

24~26조는 감독협정(supervisory arrangements)을 형성한다. 구성된 틀에 따라, 체약국들은 자국의 협약 준수 상황에 대한 정기보고서를 제출해야 되고, 그 보고서는 전문가자문위원회의 보조를 받는 각료위원회가 평가한다. 1995년 2월에 서명에 부쳐진 이 협약은, 유럽심의회 12개 회원국이 비준한 1998년 2월에 효력을 발생하게 되었는데 이는 의미 있는 진전이다. 소수자와 관련된 문제들을 제기한 것은 너무도 오랫동안 무시해 왔던 중요한 인권문제들을 제기한 것이다. 물론 유럽인권재판소에 의해 심사될 소수자의 권리들을 위해서는 현재의 〈유럽인권협약〉에 새 의정서를 첨가해야 될 필요가 있다. 그런데 이 계획은 1996년에 연기되었다.

(2) 인권과 유럽안보협력기구(OSCE)

유럽안보협력회의(CSCE)는 1973년 7월에 열려서 2년 후에 헬싱키에서 체결되었다. 35개 참여국에는 동 · 서 유럽의 거의 모든 국가와 1975년 8월에 〈헬싱키 최종의정서(Final Act)〉에 동의한 미국과 캐나다까지 포함된다. 최종의정서는 조약이 아니라, 기본적으로 정치적 의무를 도출하는 '유럽안보협력회의 프로세스'로 알려진 후속 수단 같은 것이다. 그 정치적 의무 사항은 주로 유럽의 안보 분야에서 수행해야 될 것들이지만, 인권에 관계되는 것들도 있다. 여러 가지 후속 회합(meeting)에서 당사국들의 여타 공약들이 상당히 진전되었다. 그런 와중에 1989년 비엔나 회합에서 유럽안보협력회의의 인권에 대한 공약을 국가들이 이행하는 것을 모니터링하는 데 필요한 외교적 절차를 만들었다. 이 인권 공약은 1990년 코펜하겐 회합과 1991년 모스크바 회합에서 더욱 확장되었다.

이 일련의 인권 부문 회의들(Conferences on Human Dimension)을 통해 유럽안보협력회의가 인권문제와 관련하여 중요한 의미를 갖게 되었다. 1989년에 만들어진 인권 부문 메커니즘(Human Dimension Mechanism)은 다른 국가에서 발생한 인권에 관한 개인적 사건이나 상황에 대해 특정 국가가 외교적 채널을 통해 문제를 제기할 수 있는 정치적 정당성을 주었다. 1991년에 약간 수정되었지만, 이 메커니즘은 문제 제기를 받은 나라가 10일 이내에 서면으로 답변을 해야 되고, 그래도 문제가 해결되지 않으면 문제 제기 국가는 관련 국가에 그 문제 토의를 위해 쌍무회의를 가질 것을 요구할 수 있다. 또한, 문제 제기 국가는 외교 채널을 통해 다른 유럽안보협력회의 국가들이 관심을 갖도록 알릴 수 있으며, 그래도 문제가 해결되지 않으면 다음 유럽안보협력회의 회의에 이 사안을 넘길 수 있다.

1994년 말에 유럽안보협력회의는 유럽안보협력기구(OSCE)로 이름을 바꾸고, 일련의 회의체에서 항구적 기관을 갖는 완전히 성숙한 국제기구로 전환하였다. 비록 이 새 기구도 유럽안보협력회의처럼 넓은 범위의 현안들을 다루지만, 인권문제는 이 기구의 활동에서 계속해서 수위(首位)를 차지하고 있다. 유럽안보협력회의/기구(CSCE/OSCE)의 다양한 문건들에서 표현된 규범들은 분명히 유엔의 2가지 규약들, 〈유럽인권협약〉 및 여타 인권 제도들에서 영감을 얻은 것이다. 물론 공산권의 붕괴로 '동 · 서 의제(東西 議題, East-West agenda)'에 인권을 넣었던 원래의 '유럽안보협력회의 프로세스'의 존재 이유는 사라졌다. 어쨌든 유럽안보협력기구의 회원의 폭이 유럽심의회의 회원보다 넓은 것과, 인권문제를 다루는 데 외교적 방법이 정치적으로 불안정한 상황에서는 특히 더 가치가 있다는 사실을 유념하면, 왜 이 제도가 아직까지 의미가 있는지 알 수 있다.

그런데 유럽안보협력기구의 발전과 더불어 최근에는 유럽심의회와의 관계가 현안으로 제기되고 있다. 비교적 최근까지 유럽심의회는 개인의 인권을 준사법적 메커니즘에 따라 보호하는 데 초점이 맞춰져 있었고, 유럽안보협력기구는 소수민족 관련 분쟁 등 국내외의 분규와 민주주의, 법치 등 보다 큰 범위의 현안들에 관심을 두고 있었다. 그런데 유럽심의회가 최근에 와서 법치나 소수자 보호 등의 문제에 대해 본격적인 관심을 갖기 시작하면서 양 기관 간의 차이점을 찾기 어렵게 되었다.

(3) 유럽연합과 인권

유럽연합 그 자체는 비교적 최근에 생겼지만, 공동체들(Communities)은 연합의 제1 '지주(支柱)'로 삼고 있다. 공동체들은 유럽석탄철강공동체(European Coal and Steel Community, ECSC), 유럽원자력공동체(European Atomic Energy Community, Euratom), 그리고 유럽공동체(European Community, EC)를 포함하고 있으며, 1950년대에 만들어졌다. 〈유럽연합에 관한 1992년 조약(TEU)〉 역시 2

개의 새로운 지주(기둥)를 추가했다. 이것들은 관련 국가들의 '공동외교 · 안보 정책과 사법 및 내무(Common Foreign and Security Policy and Justice and Home Affairs)'를 다룬다. 유럽연합은 이 세 기둥의 우산 역할을 하는 협정(term)으로 쓰인다. 그런데 이 세 기둥은 시민들에게 영향을 주는 정도가 다르다. 특히, 공동체들은 유럽연합의 다른 두 기둥보다 개개인에게 미치는 영향력이 더 크고, 보다 실제적인 사법체(body of law)를 구비하고 있다. 의사결정 과정과 이 과정의 최종적인 결과도 공동체들과 다른 두 기둥 간에 차이가 있다. 이 새로운 두 기둥은 정부 차원에서 움직이고 그 결정 사항에 대해 개인이 도전할 기회는 거의 없다. 유럽공동체에 변화를 꾀한 가장 최근의 조약인 1997년 〈암스테르담 조약〉은 비준되어 1999년에 발효되었다. 이 조약을 통해 가중다수결제도가 도입되고 만장일치제도를 다수결제도로 일부 전환하는 등 사법 및 내무와 공동 및 안보 정책의 의사결정 과정을 바꾸었다. 그러나 기본적으로 정부 차원의 광범위한 접근을 하는 것으로 남아 있다. 그런데 한 가지 복잡한 요소는 이 세 기둥 각각의 범주가 분명히 그어지지 않고, 그것들이 불변의 것이 아니라는 것이다. 비록 〈암스테르담 조약〉이 사법 및 내무 기둥으로부터 약간의 권한을 유럽공동체(EC)에게 넘겼지만 여전히 경계 문제에 약간의 오점이 남아 있다. 그런데 유럽공동체가 가장 역사가 길고, 가장 넓은 범주를 관장하고 있다.

인권이 〈유럽공동체법〉에서 보호되는 만큼, 관련되는 원칙들은 〈마스트리히트 조약〉과 유럽사법재판소의 일련의 판결(jurisprudence)에서 나온다. 비록 그 조약이 〈유럽인권협약〉이나 유엔의 규약들과 같은 의미의 인권 조약은 아니지만, 사회 · 경제 영역의 인권에 직접적으로 관련되는 수많은 문제들을 다룬다. 그런데 유럽사법재판소의 역할은 조약과 조약에 기초한 입법 조치들을 해석하고 적용하는 것이다. 이는 경우에 따라서 인권 존중을 추구하는 회원국들의 헌법적 전통을 폄훼할 수도 있지만, 보충적으로 이루어지는 것이다. 결과적으로 유럽사법재판소에서 처리되는 사건들을 통해 우리는 〈유럽인권협약〉의 원칙들에 대해 만들어지고 있는 준거(reference)를 알 수 있게 된다.

따라서 유럽에서 인권에 대한 어떤 이야기도 공동체법의 의의에 주의를 기울이지 않고는 완벽할 수 없다. 그렇지만 앞에 언급한 다른 제도들에 비해 유럽연합은 분명히 한계가 있다.

첫째로, 〈마스트리히트 조약〉은 조약 당사국에게만 구속력이 있다. 비록 유럽경제공동체(EEC)의 회원이 1957년의 원회원국 6개국으로부터 유럽연합으로 개편된 뒤인 1999년에 15개국, 2004년 5월에 25개국, 그리고 현재 28개국으로 확대되었지만, 이처럼 회원국이 제한된 것은 유럽연합이 유럽심의회나 유럽안보협력기구(OSCE)보다 지리적으로 더 제한된 제도가 되도록 한다.

둘째로, 유럽사법재판소의 관할권을 〈유럽공동체법〉의 범위에 들어오는 사건으로만 제한하여, 인권문제로 간주할 수 있는 상황을 제한하는 결과를 초래하고 있다.

셋째로, 비록 재판소의 관할하에 들어오는 사건들에 대해서도 인권원칙(human rights principles)에 두는 비중은 여전히 불확실하다. 이런 한계들이 있음에도 불구하고 다른 한편으로 유럽공동체는, 유럽심의회나 유럽안보협력기구와는 달리, 초국가기구라는 유리한 점이 있다. 이는 강한 제도적 뒷받침을 받으며 인권문제에 대해 개입할 수 있도록 한다.

현재의 유럽인권제도에서 두 가지 점을 분명히 이끌어 낼 수 있다. 첫째, 인권문제는 대협상이 현재도 진행 중인 영역이다. 둘째, 유럽에서 인권신장과 보호를 위한 제도적 장치들은 모든 것이 다 갖추어진 단일체계를 이루고 있기보다는 '역사적 미봉(彌縫)'이라고 하는 편이 더 정확할 것이다. 이는 아시아지역에 추천할 만한 것은 못 되지만, 그렇다고 부정적으로 생각할 만한 것도 아니다. 상이한 제도들은 상이한 요구들을 만족시키도록 발전하였다. 그리고 그 제도들의 발전 정도와 방향은 모두 물질적으로, 지리적으로, 그리고 시간에 따라서 변해 온 사회 · 정치 · 도덕적 힘에 의해서 결정되어 왔다. 무엇보다 중요한 것은 다양한 국내 및 국제적 시스템들에 기초하여 그 어떤 것도 성장을 멈추지 않았다는 사실이다. 이러한 것을 추진해 온 '철학적 힘'이 무엇이었냐고 한다면, 그것은 개인의 생각이 도덕적 가치로 인정되고, 그의 권리가 국제적 보호를 받을 만하다는 것이다.

3) 유럽인권보호체계의 관할권과 보고 체계

유럽인권재판소는 〈유럽인권협약〉 제1조에 대한 해석을 두 차례의 판례(Stocke 사건과 Loizidou 사건)를 통해 새롭게 하게 되었다. 첫 번째 판례였던 스톡(Stocke) 사건에서는 국가의 의무가 그 나라의 영토에만 국한되지 않고 국가의 권한과 책임이 인정되는 모든 국민들에게 확장된다고 판시하였다. 이제 더 이상 관할권이라는 개념은 영토만을 뜻하지 않게 되었다. 이 판례에서 법정은 영토 밖도 〈유럽인권협약〉의 적용 범위로 규정하였지만, 아직도 한 국가의 관할권을 이야기할 때 그것은 본질적으로 자국의 영토를 의미한다. 다른 종류의 관할권은 예외적이고 또한 정당성을 증명하는 절차를 거쳐야 한다.

유럽인권보호체계에서 보고 절차는 유엔 체계에서 부여하는 수준에는 이르지 못했지만, 이 지역인권체계를 운영하는 데 중요한 부분을 차지한다. 〈유럽인권협약〉 제52조[139]에 따르면, 유럽심의회의 사무총장은 이 규정을 효과적으로 이행할 보증 방법에 대하여 설명을 요구할 수 있다. 그러나 〈유럽인권협약〉은 관련 국가가 제공한 정보를 다룰 만한 절차를 제대로 마련하지 못했다. 정기보고는 없으며, 명확히 해결 가능한 경우 사무총장의 요청에 의해 보고가 간혹 이루어진다. 원래 보고 요구는 모든 국가에 강요할 수 있는 유일한 수단이다. 그러나 1999년에 러시아에게 체첸(Chechnya) 사태에 대하여 설명을 요구하였지만, 러시아는 체첸을 테러 단체로 보기 때문에 이에 응답하지 않았다. 1998년 이후 보고 절차는 모든 국가에 부과되는 의무 사항이 되었지만 부차적인 역할을 할 따름이다.

4) 유럽인권재판소의 감독 기능

인권을 다루는 전문화된 지역법정들 중에서 유럽인권재판소는 오랜 역사(1959

139 제52조(사무총장의 문의) 유럽심의회의 사무총장의 요청을 받으면 체약국은 자국의 국내법이 어떠한 방법으로 이 협약 규정의 실효적인 이행을 확보하는가에 대하여 설명하여야 한다.

년 1월 설립)와 많은 회원국(2013년 1월 기준 47개국)을 가지고 있기 때문에 가장 중요한 지역법정이라고 할 수 있다. 그리고 유럽인권재판소는 많은 판례를 가지고 있을 뿐 아니라 훌륭한 집행 구조를 가지고 있기도 하다.

1998년 11월 1일은 유럽인권재판소의 역사적 전환점이 된 날이다. 이전까지는 이 재판소의 재판권이 국제사회에서 강제적이지 못했다. 구 〈유럽인권협약〉 제25조와 제46조에 따라 유럽인권재판소의 판결을 받아들일지 여부에 대한 선택권은 국가에 있었다. 또한 유럽인권재판소의 재판권에 대해서도 선택할 수 있는 자유권을 국가가 가지고 있었다. 소송이 일단 접수되면 유럽인권위원회 측에서 일단 검증을 실시한다. 만약 소송을 하는 나라가 유럽인권재판소의 재판권 안에 있다면 유럽인권재판소로 보내지는 것이다. 당시 개인이 국제법정에 선다는 것은 상상할 수도 없는 일이었다. 유럽인권재판소의 자리는 사건과 국가에만 주어졌다. 하지만 〈유럽인권협약〉 제11의정서에 따라서 이 복잡한 구조는 없어졌다. 모든 소송과 관련된 업무는 이제 유럽인권재판소의 손에 맡겨졌다. 이것으로 유럽인권재판소는 사실상 유럽헌법재판소가 되었다. 기존의 서유럽 회원국들에서는 유럽인권재판소의 영향력이 개별 국가의 법률과 그 법률의 집행을 압도하는 데 성공했지만, 동유럽 회원국들에서는 상황이 훨씬 어려웠다. 동유럽에서 독재정권의 잔재들을 극복하고 유럽인권재판소가 승리할지는 아직 지켜봐야 할 문제다.[140]

유럽인권재판소는 유럽인권위원회 참여국 수만큼의 판사들로 구성되어 있다. 각 국가가 세 명의 후보들을 추천하면 유럽심의회의 의원총회(Parliamentary Assembly)에서 그중 한 명을 선출한다(제22조 제1항). 보통은 목록에 있는 첫 번째 후보가 선출된다. 선출이 되어 유럽인권재판소의 판사가 되면 6년간 근무한다. 그들은 정년인 70세에 이를 때까지 계속 출마해서 다시 뽑힐 수 있다. 국가별로 후보들을 선발하기 때문에 이 판사들의 중립성은 의심받을 수 있다. 자국으로부터 오는 무언(無言)의, 때로는 노골적인 요구 때문에 판사들이 법을 무력화시킬 수 있는 유혹을 뿌리치기가 쉽지 않다. 그러나 현재까지 명백하게 실패한 제도라고 할 수 있을 만큼

140 Christian Tomuschat, *op. cit.*, p. 240.

드러난 큰 문제는 없다.

(1) 국가 간의 소송

〈유럽인권협약〉에는 개인소송 제도(제34조)와 국가 간의 소송 제도(제33조)가 규정되어 있다. 수십 년간의 경험에 따르면, 국가 간 소송은 거의 제기되지 않는다. 인권을 침해받은 개인 피해자들은 주로 당사자가 직접 서류를 작성하여 유럽인권재판소에 소송을 제기한다. 그에 비해 피해 규모가 크고 어느 정도 증명된 인권 침해행위가 발생하였을 경우에는 국가가 피해 집단을 위하여 소송을 제기한다. 과거에는 국가 간의 소송제도를 한 나라의 정부가 그 나라의 권리를 위해서, 또는 다른 나라에서 소수민족으로 있는 같은 민족의 권리 보호를 위해서 활용해 왔다.

비교적 최근의 판례로 다음과 같은 사건들이 있다.

가. 그리스 대 영국

제3세계 나라들이 지속적으로 독립되고 있을 때, 영국이 키프로스에서 가지고 있던 식민지 정권에 대해 그리스가 그리스계 키프로스인을 지지하기 위해 영국을 상대로 소송을 제기했다.

나. 오스트리아 대 이탈리아

오스트리아가 1919년까지 소유했던 남부 티롤(South Tyrol, 알프스 산맥에 위치한 한 지방으로 서부 오스트리아와 북부 이탈리아에 걸쳐 있음)에서 테러리스트라고 의심받는 티롤 지방의 젊은이들에게 이탈리아 정부가 불공정한 방법을 쓰고 있다고 판단해서 오스트리아가 이탈리아를 상대로 소송을 냈다.

다. 아일랜드 대 영국

북부 아일랜드에서 테러리스트라고 의심받는 사람들의 인권을 보호하기 위해 영국을 상대로 아일랜드가 소송을 냈다. 실제로, 유럽인권재판소는 영국이 용의자로부

터 정보를 유출받기 위해서 비인간적인 방법을 동원한 것으로 밝혔다.[141]

1967년에는 덴마크, 노르웨이, 스웨덴이 그리스가 군사독재 체제로 바뀌자 그리스를 상대로 소송을 제기하였다. 그리스에서는 군사적 영향력을 가진 자들이 고문이나 다른 어떤 비인간적인 방법을 써서 그들에 대항하는 세력들을 침묵시켰다는 의혹을 받고 있었다. 또한 비슷한 상황이 터키에서 1982년에 일어났다. 군사조직이 터키의 민간정권을 무력화시키자 같은 나라들이(이번에는 프랑스도 참가하였다) 터키를 상대로 소송을 걸었다. 역시 정치적 자유권을 침해한 많은 증거들이 터키에서 발견되었다. 이와 같이 〈유럽인권협약〉에 의해서 보장된 권리를 사용하여 다른 국가를 상대로 소송을 거는 나라들은 간혹 있지만, 그 과정은 결코 간단하지가 않다. 사실 어떤 정부도 공식적인 자리에서 인권 유린의 의혹 때문에 법정에 서는 것을 좋아하지 않을 것이다. 외교관들도 조용하게 끝내는 것이 제일 효과적인 방법이라고들 한다. 왜냐하면 국가들 간에 소송이 벌어졌다는 것은 두 나라 사이에 보통의 외교 방법으로는 선닐 수 없는 깊은 골이 있다는 것을 의미하기 때문이다. 또한 소송을 준비하는데 드는 시간과 노력도 만만치 않다. 국가 간의 소송을 하고자 하는 나라는 반드시 확실한 증거를 제시해야 되기 때문이다. 하지만 〈유럽인권협약〉 제33조에 의해서 이루어지는 국가 간 소송이 유럽인권재판소를 통한 개인적인 소송보다 훨씬 더 효과적이라는 것은 누구도 의심치 않는 사실이다. 따라서 이러한 복잡한 사법적 절차를 기꺼이 따르는 정부는 인권의 문제를 심각하게 받아들이고 있다는 것을 확증하는 증거로 볼 수도 있을 것이다.[142]

〈유럽인권협약〉 제33조에 나와 있는 권리를 자국의 권리와 자국민 보호를 위해 썼던 사례로 키프로스가 터키를 상대로 낸 소송을 꼽을 수 있다. 1974년 9월 19일과 1975년 3월 21일 두 차례의 터키군 침략을 고소하기 위해서 키프로스가 소송을 제기하였다. 이 사건은 유럽인권재판소로 넘겨지지는 못하였다. 왜냐하면 당시 터키

141 *Ibid.*, p. 242.
142 *Ibid.*, pp. 241-242.

나 키프로스 모두 유럽인권재판소의 재판권 밖에 있었기 때문이다. 각료위원회는 1979년 1월 20일에 채택한 결의안으로 이 소송을 마감하였다. 각료위원회는 터키에게 다른 요구는 하지 않고, 두 나라가 다시 협상에 들어갈 수 있도록 조치만 취하였다. 1983년에 유럽인권위원회가 이 사건에 대해서 조사한 보고서에 의하면 이 사건은 〈유럽인권협약〉 제8조('가족의 보호')와 〈유럽인권협약〉의 제1의정서 제1조('재산의 보호')를 위반하였다는 것이다. 키프로스는 1994년에 키프로스 섬의 북부 지방에서 터키가 인권 유린 행위를 계속하고 있다고 다시 고발하였다. 유럽인권재판소의 재판권이 1998년 11월부터 모든 나라에 의무적으로 적용되기 시작하였기 때문에 이번 소송은 유럽인권위원회의 검증을 거친 다음 유럽인권재판소에까지 넘어 올 수 있었다. 유럽인권재판소는 2001년 5월 10일에 터키가 키프로스 섬의 북부지방에서 일어난 인권 유린 사건들에 많은 책임이 있다고 결정지었지만, 그 결정 이후에도 키프로스 섬의 상황은 많이 달라지지 않았다. 터키는 아직도 키프로스에 살고 있는 그리스인들의 인구가 많아질수록 위기에 놓일 터키계 키프로스인의 권리 보호에만 신경을 쓰고 있다. 두 나라 사이의 이해관계가 거칠게 얽혀 있다면 인권 보호를 위한 어떠한 해결책도 별 효력이 없음을 이 예를 통해서 알 수 있다.

(2) 개인소송

대부분의 인권 관련 소송들은 국가로부터 자신의 권리를 지키고자 하는 개인들에 의해서 제기된다. 유럽인권재판소가 처음 설립되었을 때만 해도 할 일이 많지 않았다. 1960년대에는 유럽인권재판소에 의뢰된 사건이 거의 없었다. 그런데 1970년대부터 유럽인권위원회가 유럽인권재판소와 협력해 나가기 시작하였다. 이 위원회는 원칙에 관련된 문제에 직면할 때처럼 중요한 문제에 대해서는 유럽인권재판소의 결정을 요청하였다. 이에 따라 점차적으로 유럽인권재판소의 비중이 커져 갔다. 그리고 중부 유럽과 동부 유럽에까지 〈유럽인권협약〉의 사법권이 확대되자 유럽인권재판소가 맡게 되는 개인소송이 급격히 증가하였다. 그래서 유럽인권재판소는 2001년에는 1만 건의 사건을 맡게 되었는데, 그중에서 889건에 대해서는 판결을 내렸고, 8989건에 대해서는 불수용(inadmissible) 결정을 하였다. 683건의 사건들에서 인권 침해 사례가 발견되었다. 그리고 2001년 한 해에만 유럽인권재판소는 〈유럽인권협약〉에 가입한 국가들의 국민들로부터 매일 700통의 편지와 200통의 전화를 받았다. 2007년에는 유럽인권재판소에 4만 9750건의 사건들이 접수되어 약 2만 6000건이 사법적으로 다루어졌다. 그리고 그중에서 1649건에 대해서는 판결이 내려지고, 2만 4000건 이상이 불수용 결정을 받거나 명단에서 삭제되었다. 약 1만 2500건은 소송인이 필요한 기본 정보를 제공하지 않아 행정적으로 처리되었다.[143] 2013년에는 6만 5900건이 새롭게 접수되었고, 7931건이 새롭게 도입된 형식인 해당국 정부에 통보(communication)하는 방식으로 접수되었다. 이 해에는 새롭게 접수된 사건들 중 4만 5750건을 포함하여 8만9737건이 불수용 결정되거나 명단에서 삭제되었다. 그리고 3659건이 판결을 받았으며 1591건이 잠정 조치(interim measures) 결정을 받았다.[144] 이런 업무처리규모는 일부 개선조치를 취했음에도 불구하고 유럽인권재판소가 조만간에 과부하에 걸릴 것이라는 것을 의미한다.

유럽인권재판소는 모든 나라들이 〈유럽인권협약〉에서 보장하는 인권을 존중하고 보호해야 하는 책임이 있음에도 불구하고 일으킬 수 있는 인권 침해행위들을 바로잡기 위한 마지막 수단의 사법기구이다. 모든 국가들이 〈유럽인권협약〉의 의무를 중시하고 지킨다면 유럽인권재판소가 해법을 위해서 나서야 할 일들은 거의 없을 것이다. 하지만 해당 국가들의 법률체계가 엉성하다면 자국에서 해결되어야 할 문제들이 유럽인권재판소로 넘어가서, 유럽인권재판소의 과제는 상상할 수 없을 정도로 커질 것이다. 유럽인권재판소는 오랫동안 서유럽 국가들로부터 인권 침해 사건들을 접수하여 왔지만, 이제는 구 사회주의권의 동유럽 국가들로부터 더 많은 소송들을 접수하고 있다. 유럽인권재판소의 효율성과 신뢰성을 지키기 위해서 우선 각 국가는 자국의 사법기관들이 제대로 작동하도록 최선의 노력을 다해야 한다.

하지만 스트라스부르의 유럽인권재판소 판사들은 해당 국가로부터 적절한 소송이 들어올 때까지 인권 침해에 대한 판결을 미룰 수만은 없다. 해당 국가 판사들의 늦은 처리를 비판할 의무와 특권을 가지고 있는 국제사법기구가 손을 놓고 있다면 그

143 *Ibid.*, p. 244.
144 European Court of Human Rights, "Analysis of statistics 2013", January 2014, pp. 4-6.

또한 신뢰성을 잃게 된다. 이유를 막론하고 지체되는 정의는 거절당한 정의이다. 유럽인권재판소의 재판장(1998~2007)이었던 스위스의 변호사 L. 빌트하버(Luzius Wildhaber)는 유럽인권재판소의 역할을 '원칙에 대한 헌법적인 결정'으로 제한한 바 있다.[145] 하지만 〈유럽인권협약〉에 가입한 국가들이 과연 이 제안을 얼마만큼 잘 따라 줄지는 아직 미지수이다.

2001년에 나온 통계에 의하면, 이탈리아가 359건의 위반으로 인권 침해 사건 의뢰 건수로 선두에 서 있다. 2013년 통계에서도 이탈리아는 1만 4400건(14.4%)이 기소되어 러시아(1만 6800건, 16.8%)에 이어 2위를 기록하고 있다.[146] 이러한 통계는 이탈리아가 완전히 법이 없는 국가라는 이야기가 아니다. 하지만 이와 같은 결과는 이탈리아가 효과적인 사법기구를 설립하는 데 어려움을 겪는 것처럼 생각되게 한다. 그 실례로, 38년하고도 1개월 동안 지속되었던 민사소송도 있다. 그 외에 다른 많은 소송들이 26, 25, 23, 21년 동안 지속되었다. 보타치(Bottazzi)의 소송에서 유럽인권재판소는 이러한 지속적인 법률의 불이행은 〈유럽인권협약〉에 부합되지 않는 관행이라고 결정하였다. 또한 각료위원회는 이처럼 불필요하게 긴 이탈리아 민사법정의 재판 과정에 대해서 구체적인 시정 방안을 요구하였다. 이에 따라 이탈리아 정부당국은 필요한 조치를 즉각 취할 것을 맹세하고 개정안들을 내놓았다. 이러한 개정안들이 오랜 법의 역사를 가진 이탈리아의 결함을 보완할 수 있을지는 지켜봐야 할 것이다.

터키에서는 2001년 한 해에만 〈유럽인권협약〉상의 의무를 이행하지 않은 사건이 169건 이상 되었다. 대부분의 소송인들은 정치적 자유의 박탈, 군대와 경찰의 잔인한 행위들, 쿠르드(Kurd) 지역의 재산 파손 등을 이유로 터키 정부를 상대로 소송을 걸었다. 이 사건들로 보면 터키는 아직도 〈유럽인권협약〉이 정한 의무들을 지키려는 의지가 없는 듯하다.

2001년의 통계에서 밝혀진, 지켜야 할 의무를 어겼던 나라들은 다음과 같다. 프

145 Christian Tomuschat, *op. cit.*, p. 245.
146 European Court of Human Rights, *op. cit.*, p. 8.

랑스(32건), 영국(19건), 폴란드(17건), 오스트리아와 그리스(각각 14건), 그리고 독일(13건). 하지만 잘 만들어진 사법체계를 지닌 프랑스에서도 많은 위반이 있었던 것을 감안하면, 사법체계 하나만으로는 〈유럽인권협약〉에 보장된 권리들을 완벽하게 보장하기에 불충분하다는 것을 알 수 있다. 하지만 독일의 예에서 보듯이 헌법소원을 통한 해결 방안들이 개인의 기본적인 권리가 침해당한 사건들을 해결할 수 있는 잠재력을 지닌 것은 분명하다.

러시아에 대한 유럽인권재판소의 첫 번째 판결이 2002년 5월 7일에 나왔다. 러시아는 1998년 11월 1일부터 〈유럽인권협약〉 가입국이 되었지만 첫 번째 판결이 집행되기까지 3년 반의 시간이 걸렸다. 러시아의 사법절차를 단계적으로 밟아 올라가는 데 상당한 에너지가 소요되었고, 유럽인권재판소도 사건을 처리하는 데 상당한 시간이 필요하였다. 따라서 피해자가 보상을 받기 위해서는 몇 년이 걸릴 수도 있었다. 많은 경우에 피해자가 최종 판결을 받기 전에 사망하였다. 부르도프(Burdov) 사건에서 소송인은 1986년과 1987년에 방사능에 노출되었다. 그는 1991년에 보상을 받기로 되어 있었다. 하지만 어떤 보상도 그에게 돌아오지 않자 1997년에 러시아 당국을 상대로 소송을 걸었다. 2000년에 이 사건은 유럽인권재판소로 보내졌다. 유럽인권재판소는 이 사건을 매우 신속하게 처리했지만 이 사건이 종결되기까지는 총 11년이 걸렸다.

(3) 중간구제

이런 상황들에서 중간적인 혹은 잠정적인 구제의 중요성이 점차 대두되었다. 〈유럽인권협약〉 자체의 조항에서는 해당 국가에 명령을 내릴 수 없게 되어 있다. 하지만 〈유럽인권협약〉 제39조 제1항에는 관할 법원이나 재판장은 해당 국가에 당국의 이익을 위해, 그리고 적절한 소송 절차를 위해 채택되어야 할 잠정적인 조치를 제시할 수 있다고 규정하고 있다. 하지만 이 조항은 강한 구속력을 가지고 있지 않다.

〈유럽인권협약〉 제39조를 사용한 가장 훌륭한 예는 바로 오칼란(Ocalan) 사건이다. 유럽인권재판소는 터키에게 오칼란의 항변의 권리를 존중해 달라는 요구를 했었다(1999년 3월 4일). 그리고 오칼란이 사형 선고를 받았을 때에는 유럽인권재판소가 사건을 맡을 때까지 사형을 집행하면 안 된다는 잠정 조치를 취했다(1999년 11월 30일). 제39조의 진취적인 해석에 의하면, 국가는 소송의 최종 결과를 뒤집을 수 있거나 되돌릴 수 없는 형의 집행을 해서는 안 된다는 것이다.[147]

소송인이 유럽인권위원회와 유럽인권재판소에게 잠정적인 구제를 요구한 사건들은 많다. 대부분의 소송인들은 유럽인권위원회에 속하지 않은 국가로의 추방이나 인도(引渡)에 대한 소송을 제기하였다. 왜냐하면 이 유럽인권위원회에 속하지 않는 외국에서 그들이 〈유럽인권협약〉에 반(反)하는 부당한 대우를 받을 것이 예상되기 때문이라는 것이다. 〈유럽인권협약〉에 규정된 기준과 일치하지 않은 형의 집행 수단으로부터 보호해야 될 필요성이 쇼링 대 영국(Soering v. United Kingdom) 사건에서 잘 나타났다. 이 소송에서는 소송인을 미국의 버지니아 주로 인도하는 것이 문제가 되었다. 처음에는 유럽인권위원회 위원장이 영국 정부에 소송이 끝나기 전까지 소송인을 추방하지 않는 것이 바람직하다는 의사표시(indicate)를 하였다. 이러한 요청은 영국 정부에 의해서 받아들여졌다. 하지만 크루즈 바라스 외(外) 대 스웨덴(Cruz Varas and others v. Sweden) 사건에서 스웨덴은 소송인을 추방시키지 말아 달라는 유럽인권위원회의 요청을 듣지 않고 C. 바라스(Cruz Varas)를 칠레로 돌려보냈다. 유럽인권위원회의 요청을 정부가 수용하지 않은 것이 처음은 아니었지만, 이러한 추방 사건은 처음이었다.[148]

(4) 배상(reparation)

유럽인권재판소에서 인권 침해행위가 어떤 국가 안에서 발생되었다고 결론지으면 해당 국가는 피해 집단에 보상을 해 주어야 한다고 되어 있다(〈유럽인권협약〉 제41조). 여태까지 유럽인권재판소가 각 국가로 하여금 원상 회복(restitutio in integrum)에 합당한 보상의 조치를 명할 수 있는 권력을 가지고 있는지에 대해서는 누구도 확신할 수 없었다. 스트라스부르의 판사들이 할 수 있는 것은 인권 침해에 대

---

147 Christian Tomuschat, *op. cit.*, p. 250.
148 *Ibid.*, p. 251.

한 진실을 찾아내는 것과 금전적인 보상을 하도록 해 주는 것이 전부였다. 이러한 유럽인권재판소 권력의 제약으로 인해 결백한 사람이 교도소 생활을 했거나 심지어는 교수형에 처해질 뻔했던 사건들도 있었다. 그래서 파파미칼로포울로스 대 그리스(Papamichalopoulos v. Greece) 판결에서 처음으로 유럽인권재판소는 다음과 같이 선언했다.

> 유럽인권위원회의 의무 불이행을 끝내고 그 결과로 인해 받은 피해를 이전 상황으로 되돌릴 수 있을 만큼의 보상을 해 주어야 한다는 법적인 의무가 해당 국가에 있다.

이로써 유럽인권재판소의 결정이 법률적인 효력도 지닐 수 있게 되었다. 브루마레스쿠(Brumarescu) 사건에서 유럽인권재판소는 국가가 소송인의 재산 반환에 실패한다면 해당 국가는 소송인에게 일정액의 금전적인 보상을 지급해야 한다고 하였다. 결론적으로 유럽인권재판소는 새로운 국면에 들어왔지만, 그렇다고 유럽인권재판소가 국가에 '원상회복'에 합당한 '금지명령'을 내릴 수 있을 만큼 충분한 권력이 있는지는 아직 확실치 않다. 미래의 사건들에서 우리는 유럽인권재판소가 이 문제를 확실히 해결했는지를 확인해 볼 수 있을 것이다.

(5) 판결의 집행(Enforcement of Judgements)

유럽인권재판소의 판결이 끝났다고 해서 사건이 종결된 것이 아니다. 그 판결이 제대로 집행되었는지를 중시해야 한다. 국가 차원에서 해당 국가의 공권력이 유럽인권재판소의 사법적 판결을 지키기 위해 최선의 노력을 다하지 않으면 법치(法治)가 크게 위태롭게 될 것이기 때문이다. 사법적 판결이 가입국들에 의해 무시된다면 그 국가는 쉽게 무질서나 무정부 상태로 빠질 것이다. 국제적인 판결은 자동적으로 처리되는 것이 아니다. 우선 해당 국가에 받아들여져야 되고, 또 많은 경우에 피고 측 국가가 유럽인권재판소에 의해 부당하게 취급당했다고 느낄 수도 있으므로, 유럽인

권재판소의 결정이 양측의 입장을 잘 반영할 수 있도록 적절한 조정이 필요하다.[149]

늦은 금전적인 배상의 지급으로 악명이 높아지자, 유럽인권재판소는 1991년 8월부터 판결을 내릴 때에 보상금의 지급이 3개월 안에 이루어지도록 하는 조항을 만들었다. 그리고 1996년 1월부터는 3개월 안에 지급이 이루어지지 않을 경우에는 이자가 붙도록 하는 조항을 새로 도입하였다. 〈유럽인권협약〉 제46조 제2항에 포함된 조항은 이것을 확인하는 작업을 각료위원회에 위임하였다. 이것은 각 국가에 유럽인권재판소의 판결을 이행시킬 때 좀 더 압력을 가할 수 있는 새로운 요소로 등장했다. 하지만 이와 같은 노력에도 불구하고 보상의 지급이 6개월이 넘도록 지연된 경우가 허다했다. 또한 정부가 소송인들에게 주어야 할 이자 배당을 하지 않은 경우도 많았다.

모든 판결이 해당 국가의 공권력 운영상의 문제를 들추어내지는 않는다. 대신 소송인이 겪고 있는 침해는 내국법의 불완전한 상태에 기인한다고 결론짓는다. 그런데 유럽인권재판소는 개인소송을 검토하는 데 그치지 않고 해당 정부에게 침해가 발생한 근본 이유를 없애라고 재촉하기도 한다. 유럽인권재판소는 유럽인권위원회의 요구와 일치하지 않는 국내법 체계상의 사례로 294개를 찾아내었다. 이 사례들 가운데 일부는 유럽인권재판소의 요구사항에 부합되게 개정안이 마련되었다. 하지만 다른 많은 사례들에선 이와 같은 유럽인권재판소의 판결을 널리 알려서 각 해당 국가의 공권력으로 하여금 유럽인권재판소의 위상이 어느 정도인지 알게 해 주는 것으로 만족해야 했다.

1998년 이래로 유럽인권재판소의 권위에 대한 최대 위협은 로이치도우(Loizidou) 사건 판결을 둘러싼 터키의 반대였다. 로이치도우는 그리스계 키프로스인이었다. 키프로스 섬의 북쪽에 위치한 그녀의 재산에 대한 접근은 터키군의 1974년 침공으로 차단되었다. 이런 개인 재산에 대한 접근 금지는 〈유럽인권협약〉 제1조에서 명시한 재산의 보호 규정에 위배되는 것이었다. 터키는 유럽인권재판소가 판결한 배상금을 지급하기를 거부하였다. 물론 터키 정부는 이 사례에 대한 수락이 앞으로 동일한 많은 사례들을 불러올 수도 있다는 것을 염려했기 때문이다. 그러나 터키 정부는

149 *Ibid.*, p. 254.

완고한 거부로 각료위원회와 유럽의회의 주의를 끌다가 2003년에 마침내 배상금을 지불하였다.[150]

5) 유럽공동체법원

유럽공동체법원(Court of Justice of the European Communities, CJEC)의 업무는 〈유럽공동체법〉 제220조(Article 220 EC)에 제시되어 있다. 그것은 유럽공동체법원이 이 조약에 포함된 법들의 해석과 적용을 보장할 것을 지시하고 있다. 인권은 유럽공동체의 복잡한 법률 체계의 많은 요소들 중 하나이지만, 가장 중요한 요소는 아니다. 잘 알려진 것처럼 처음에 룩셈부르크의 유럽공동체법원 판사들은 인권 보호를 지켜야 할 기준으로 삼는 것을 꺼렸다. 하지만 많은 판례들을 통해서 인권이 없어서는 안 될 중요한 요소임이 확인되었다. 1999년 5월 1일에 〈암스테르담 조약〉이 발효되면서 유럽공동체법원은 인권과 근본적인 자유를 옹호하는 강력한 위임 업무를 갖게 되었다. 현재로서는 유럽연합의 법질서 속에서 인권의 주요 원천은 〈유럽인권협약〉, 회원국들의 공통적인 헌법 전통, 〈유럽공동체법〉의 일반적인 원칙들이다. 만약 유럽공동체법원이 인권 보호를 제일의 목표로 삼는다면, 유럽인권재판소와 업무 조정이 있어야 한다. 그런데 현재로서는 유럽공동체법원이 자신의 '시장의 자유'가 억압받고 있다고 불평하지 않으며, 유럽인권재판소의 선도적 역할을 받아들이고, 판례법에 도전하지도 않고 있다.[151]

6) 유럽인권규범과 국내법 간의 관계 및 결론

〈유럽인권협약〉은 "각 회원국의 관할권 내에서 제1절(section 1)에서 정의하고 있는 모든 사람들의 권리와 자유를 지키는 것"이라고 천명하면서 스스로를 한정하고

---

150 *Ibid.*, p. 256

151 *Ibid.*, pp. 262-263.

있다. 그래서 유럽인권재판소는 판례법에서 전체적인 이행 의무의 문제와 두어 차례 부딪히게 되었다. 많은 논쟁들 가운데 "인권조약들은 국제법에서 발전되어 온 일반적인 패턴을 따를 필요가 없다."라는 것을 주장할 수 있겠지만, 유럽인권재판소는 회원국들이 자국의 의무를 어떻게 감당할지는 자국의 재량에 따라 결정할 수 있다는 입장을 계속 견지해 오고 있다. 이는 국가들이 의무적으로 〈유럽인권협약〉을 자국의 국내 사법체계에 그대로 옮겨다 놓아야 되는 것은 아니라는 것을 분명히 한 것이다.

이렇듯 유럽인권재판소가 관대한 자세를 취하고 있음에도 불구하고 영국은 최근에 최소한 어느 정도까지는 〈유럽인권협약〉이 국내에서 이용될 수 있도록 하였다. 물론 〈유럽인권협약〉보다 국내법이 인권에 대해 더 많은 경험과 자료를 바탕으로 만들어졌지만, 그간 국내법으로만 인권을 보호하던 방식이 미흡한 것으로 드러났기 때문이다. 이런 변화를 가져오게 된 계기는 전화 도청이 발단이 된 맬론(Malone) 사건이었다. 〈유럽인권협약〉 제8조에 의하면 개인의 사생활 침해는 법적인 증거가 필요하지만, 이 사건에서는 무단으로 전화가 도청되었다. 처음에 이 사건이 관할권 안에 있는 영국법정으로 왔을 때 판사는 이 사건이 〈유럽인권협약〉의 적용 범위와 겹친다는 것을 깨달았다. 〈유럽인권협약〉이 영국의 국내법이 아니기 때문에 이 사건에 대해 불법을 선언할 수 없는 상황이었다. 결과적으로 이 사건은 스트라스부르까지 가게 되었고, 영국은 결국 이 사건에서 패소하였다. 몇 년 후에 영국은 여기에 대한 해결책을 마련하기로 하여, 마침내 〈1998년 인권법(Human Right Act 1998)〉이 탄생하게 되었다. 이 법은 〈유럽인권협약〉을 영국의 국내법에 완벽하게 적용시키지는 못하지만, 영국의 공권력으로 하여금 〈유럽인권협약〉과 유럽인권재판소의 결정을 받아들이게 하였다. 그리고 판사가 영국법과 〈유럽인권협약〉 간의 차이를 발견하게 되면 정부에 알릴 수 있게 되었다. 그러나 그들에게 〈유럽인권협약〉에 맞지 않은 법 조항을 바꿀 수 있는 권한은 주어지지 않았다. 그래서 〈유럽인권협약〉은 영국 법을 해석하는 데 가이드라인 역할만 하게 되었다.

영국을 모델로 시작한 스웨덴은 1995년 1월부터 〈유럽인권협약〉을 자국의 국내법에 적용하였다. 그러나 영국처럼 유엔의 자유권규약상의 권리들에 대해서는 가이드라인의 역할만 하도록 했다. 따라서 〈유럽인권협약〉상의 권리들은 스웨덴 법정에서 보호받을 수 있는데 반해, 유엔의 자유권규약에서 보장된 권리들은 오직 스웨덴의 국내법을 통해서만 보장되고 있다.

현장검증과 결합된 개인소송은 인권보호를 위한 효율적인 수단이다. 앞에서 소개한 어떠한 절차도 구속력 있는 결정으로 귀결되지는 않았지만, 한 나라의 정부가 국제사회에서 오명을 얻지 않으려고 국제사회가 제시한 기준을 따른다면 지역인권보호체계상의 결함들은 고쳐질 수 있을 것으로 기대된다. 소송절차나 현장검증을 따르는 것은 이러한 기준을 지키고자 하는 국가의 의지를 증명하는 것이다. 만약 한 국가가 어떤 인권보호조약의 당사국이 되었는데 그 조약의 이행을 위한 절차나 소송에 관한 절차를 제시하지 않는다면, 그 국가는 많은 의심을 살 것이다. 이는 그 조약이 그 국가에서는 실천성을 결여한 반쪽짜리 규범이며, 그 국가가 독선적인 자세를 취하고 있거나 기준을 따르지 않는다는 것을 의미하는 것이다.

2. 미주인권보호체계

미주인권보호체계의 수립은 1948년에 〈미주기구헌장(Charter of the Organization of American States, OAS)〉이 채택되고, 이에 근거하여 1951년에 미주기구가 설립되면서 시작되었다. 콜롬비아 산타페데보고타에서 1948년 3~5월에 미국 국무장관 마셜(G. C. Marshall)과 라틴아메리카 20개국의 외무장관이 참석한 가운데 제9회 미주회의(Pan-American Conference)가 개최되었다. 이 회의에서는, 1945년에 멕시코 차풀테펙에서 체결된 "한 아메리카 국가에 대한 침략 행위는 모든 아메리카 국가들에 대한 침략 행위로 간주한다."라는 내용의 〈미주상호방위협정I(Act of Chapultepec)〉과 1947년 브라질에서 체결된 〈미주상호원조협정〉에 기초하여 새로운 기구의 설립을 위한 헌장을 채택하였다. 이 헌장에 따라 캐나다를 제외한 모든 미주지역 국가들이 참가한 가운데 1951년 12월에 워싱턴에 사무국을 둔 미주기구가 설립되었다.[152]

---

152 설립 당시부터 쿠바는 회원국이었으나, 1962년 1월 31일 제8차 외무장관협의회를 통해 축출되어

사실 미주 지역에는 그 이전에도 역내 협력의 구심점으로 느슨한 형태의 미주회의가 존재하고 있었다. 그러나 제2차 세계대전의 발발이 이 지역에 큰 변화를 가져왔다.[153] 종전까지 주로 역내 국가들 간의 무역 · 법률문제를 조정하기 위해 운용되어 오던 미주회의는 지역적 방위를 목표로 하는 정치적 성격의 회의로 변하기 시작하였다. 마침내 제9회 미주회의에서는 기존 협력체를 개편 · 강화하여 역내 집단안전보장기구로 확대하는 방안이 중점적으로 논의되었다. 전쟁 방지와 국제질서 유지에 대한 국제연맹의 능력이 한계를 보이자 지역적 인접성과 체제의 유사성을 가진 나라들끼리 집단안보체제를 구성하고자 하는 움직임이 일어난 것은 당시 범세계적 현상이었다.

공산주의의 확산에 대한 우려 또한 이 지역의 결속력을 높이는 요인으로 중요하게 작용하였다. 이를 뒷받침하듯 1954년 베네수엘라 카라카스에서 개최된 제10회 미주회의에서는 라틴아메리카의 공산주의 위협 문제가 중요한 의제로 다루어지기도 하였다. 이러한 흐름 속에서 채택된 〈미주기구헌장〉은 평화와 정의의 질서를 달성하고, 상호 유대와 협력을 강화하며, 회원국 간 분쟁 조정을 도모하는 것을 목적으로 하는 동시에, 각국의 주권 · 영토 · 독립을 존중하는 가운데[154] 집단안보체제를 마련하고 경제 · 사회 · 문화 영역에서 상호협력을 도모하는 데 중점을 두었다.[155]

사실상 〈미주기구헌장〉은 인권문제를 직접 다루고 있는 문서는 아니다. 인권과 관련된 조항으로 대의제 민주주의, 인권과 평등, 경제적 권리 및 교육받을 권리 등에

활동이 정지된 상태이다. 캐나다는 1989년에 가입하였고, 현재 가맹국은 35개국이다. 한국은 1981년에 유럽연합을 포함한 60개국에 부여한 '영구 옵서버(permanent observer)' 지위를 얻었다. 미주기구 홈페이지(http://www.oas.org)를 참조하시오.

153 미주회의는 1889년 이전까지는 주로 정치와 법률문제를 다루었고, 참가국도 일부 라틴아메리카 국가들에 한정되어 있었다. 정식으로 미주회의라는 이름으로 부르기 시작한 것은 워싱턴에서 개최된 제1회 미주회의(1889~1890)부터였다. '타국에 대한 내정 간섭 금지 원칙'이 부상함에 따라 제2차 세계대전 이전까지는 주로 무역과 법률문제의 조정에 중점을 두고 있었다.

154 '타국에 대한 내정 간섭 금지 원칙'은 1933년 우루과이 몬테비데오에서 열린 제7회 미주회의에서 이미 채택되어 있었다.

155 미주기구의 최고기관으로 매년 개최되는 총회에는 회원국마다 1표씩 투표권이 있으며, 거부권 제도는 없다. 외무장관협의회는 총회를 보완하며 회원국이 공격 · 침략을 당할 경우 집행기관으로서의 역할을 한다. 상설이사회는 회원국의 대사로 구성되며, 그 직속기관인 경제 · 사회 · 사법 · 문화 등의 전문이사회, 상설 사무국 및 13개 산하 전문기관 등이 있다.

대해서는 특별히 주목하는 규정이 있지만, 그 외의 일반적인 인권에 대해서는 거의 언급하지 않고 있다.[156] 그러나 이 헌장에 입각하여 설립된 미주기구는 여러 가지 인권 조약과 감독기구 및 개인통보 제도 등을 관할하면서 이 지역의 인권 증진과 보호에 중추적인 역할을 맡아 왔다.

1) 미주인권보호체계의 구성

1960년대 후반부터 1970년대에 이르러 골격이 갖추어진 미주인권보호체계는 규범들과 이 규범들을 제정 · 관리하는 기구들과 그 기구들의 운용 메커니즘으로 나누어 살펴볼 수 있다. 먼저, 규범에는 〈미주기구헌장(Charter of OAS)〉(1948년 채택, 1967년 및 1985년 의정서를 통해 개정), 〈미주인권선언(American Declaration on the Rights and Duties of Man)〉(1948년 채택), 〈미주인권협약(American Convention on Human Rights)〉(1969년 채택, 1978년 발효), 〈미주고문방지협약(Inter-American Convention to Prevent and Punish Torture)〉(1985년 채택) 등이 있다. 그리고 이 규범들을 이행하고 감독하기 위한 기구로 미주기구와 미주인권위원회(Inter-American Commission on Human Rights, IACHR) 및 미주인권재판소(Inter-American Court of Human Rights, IACtHR) 등이 있다.

(1) 규범들

가. 〈미주기구헌장〉(1948년)

〈미주기구헌장〉은 인권문제를 직접 다루고 있는 문서는 아니므로 구속력 있는 인권 규범 문서로 보기는 어렵다. 왜냐하면 이 문서는 전술한 바와 같이 인권과 관련하여 대의제 민주주의, 인권과 평등, 경제적 권리 및 교육받을 권리 등에 대해서는 주목하고 있지만, 그 외의 일반적인 인권에 대해서는 거의 언급하지 않고 있기 때문이

156 박찬운, 『국제 인권법』, 한울아카데미, 1999, 152쪽.

다.[157] 인권에 대한 규정들은 〈미주인권선언〉에도 일부 담겨 있지만, 〈미주인권협약〉에 주로 담겨 있다.

나. 〈미주인권선언〉(1948년)

1948년에 〈세계인권선언〉이 공표되기 몇 달 전에 보고타에서 개최된 제9차 미주국가들의 국제회의(International Conference of American States)에서 〈인간의 권리와 의무에 관한 미주 선언(the American Declaration of the Rights and Duties of Man)〉(이하 〈미주인권선언〉)을 채택하였다.

〈미주인권선언〉은 미주기구의 모든 회원국에 적용될 인권 기준을 제시하고 있다. 따라서 이론적으로 이 선언은 〈미주인권협약〉에 가입하지 않은 나라들에 대해서도 새로운 규범 제정과 해석 근거로 적용될 수 있다. 또 그 내용은 〈세계인권선언〉과 매우 유사한데, 여러 가지 경제적 · 사회적 · 문화적 권리들(재산권, 문화, 노동, 건강, 교육, 여가, 사회보장 등)도 포함되어 있다. 그러나 이러한 사회권들은 그 실질적 이행을 위해 〈미주인권협약〉에 규정되어 있어야 하는데, 그렇지 않았기 때문에 많은 비판을 받아 왔다.

다. 〈미주인권협약〉(1969년)

1948년에 〈미주인권선언〉이 채택된 뒤에도 법적 구속력이 있는 조약으로 〈미주인권협약〉이 만들어진 것은 여러 해 뒤인 1969년에 가서야 가능했다. 〈미주인권협약〉은 1969년 미주기구(OAS)의 '인권문제에 관한 특별회의'에서 중남미 12개국이 최종안에 서명하고, 협약 이행에 대한 감시 절차를 미주인권위원회(IACHR)에 추가적으로 부여하기로 합의한 이래, 1978년에 그라나다가 11번째로 국내 비준을 마침으로써 발효되었다.[158] 〈미주인권협약〉은 〈미주고문방지협약〉과 마찬가지로 가입한 나라들에 대해서만 국제법적 구속력을 갖는다.

---

157 위의 책, 152쪽.

158 최종안에 서명한 12개국은 엘살바도르, 콜롬비아, 에콰도르, 온두라스, 파라과이, 파나마, 칠레, 우루과이, 과테말라, 니카라과, 베네수엘라, 코스타리카이다.

〈미주인권협약〉은 주로 시민적 · 정치적 권리에 초점이 맞춰져 있어서 유엔의 사회권규약과 유사하기도 한데, 경제적 권리로는 재산권만을 언급하고 있다. 비교연구학자들은 이 협약이 제정되는 과정에서 〈유럽인권협약〉에 내용적으로 크게 의존하였고, 시기적으로 유엔 사회권규약의 초안으로부터도 적지 않은 영향을 받은 것이 분명하지만, 이들 간에는 다음과 같은 차이가 있다고 설명한다.[159]

첫째, 사회권규약 제27조는 소수자에 대한 권리를 인정하고 있으나, 〈미주인권협약〉에는 그러한 규정이 없다. 둘째, 사회권규약에는 없지만, 〈미주인권협약〉에는 오심에 의한 피해 보상권(제14조), 재산권(제21조), 강제 추방 금지(제22조 제5항), 정치적 망명권(제22조 제7항), 외국인에 대한 집단적 추방 금지(제21조 제9항) 규정들이 있다. 셋째, 〈유럽인권협약〉에는 없지만 〈미주인권협약〉에는 있는 권리로는 오심에 의한 피해 보상권, 아동권, 이름을 가질 권리, 국적을 가질 권리, 정치적 망명권 등이 있다.

이처럼 〈미주인권협약〉은 미주 지역의 문화적 특수성을 반영한 권리들을 포함시킴으로써 자유권에 대해서는 〈유럽인권협약〉보다 더 많은 항목들을 포함하고 있다. 그에 비해 경제적 · 사회적 · 문화적 권리들에 대해서는 상대적으로 소홀히 하여 많은 비판을 받았다. 이를 보완하기 위해 1967년에 〈미주기구헌장〉에 대한 부에노스아이레스 개정 의정서에 경제적 · 사회적 · 문화적 권리들을 성문화하여 3년 뒤인 1970년에 발효시켰다.[160] 하지만 문제는 경제적 · 사회적 · 문화적 권리들이 협약이 아닌 헌장에만 반영되어 있다는 사실이다. 즉, 시민적 · 정치적 권리들은 협약상에, 경제적 · 사회적 · 문화적 권리들은 헌장상에 반영되는 이원적인 형태를 띠게 된 것이었다. 특히, 경제적 · 사회적 · 문화적 권리와 관련하여 〈미주인권협약〉에는 실천을 감독할 제도적 장치나 실행 절차에 관한 구체적 규정이 제시되지 않았고, 불이행에 따른 피해 범주와 가해자 범위를 명확하게 규정하고 있지 않았다. 예를 들어, 제

159 Henry J. Steiner and Philip Alston, *International Human Rights in Context: Law, Politics, Morals – Texts and Materials* (Oxford: Oxford University Press, 1996), pp. 642-643.

160 A. Glenn Mower, Jr., *Human Rights and American Foreign Policy* (New York: Greenwood Press, 1987), pp. 46-48.

26조에서는 〈미주기구헌장〉에서 규정하고 있는 다양한 경제적 · 사회적 · 문화적 권리들을 완전히 실현하기 위해 주어진 성장 단계에 맞게 최선을 다해 노력할 것을 선언하고 있을 뿐이었다.

이러한 불균형 때문에 미주인권보호체계는 많은 학자들로부터 규범 체계 면에서 제3세계 국가들의 현실적 요구보다 미국 등 서방 세계의 이념적 헤게모니가 반영되었음을 보여 준다는 신랄한 비판을 받기도 하였다.[161] 다행히 이러한 불균형은 경제적 · 사회적 · 문화적 권리에 관한 의정서(protocol)가 1988년에 산살바도르에서 채택되고 1999년 말에 발효되면서 상당히 보완되었다고 평가된다. 예를 들어, 노동조합 결성 및 파업권, 사회보장권, 건강과 보건권, 환경권, 식량권, 교육권, 문화권, 가족을 형성하고 보호받을 권리, 사회적 약자에 대한 특별한 보호 등이 국가의 의무로 추가되었다.

어떤 사안에 대해서는 〈미주인권협약〉에 명문 규정이 없지만 명백히 금지되는 강행규범(jus cogens)이 있는 경우도 있다. 강제 납치에 의한 행방불명이 그 대표적인 예다. 이에 대해 미주인권재판소는 〈미주인권협약〉에서 규정하고 있는 다양한 권리들에 대한 지속적인 침해 행위이자, 심각한 의무 위반에 해당된다고 판시한 바 있다.[162]

(2) 기구들

가. 미주기구(1951년 설립)

미주 지역의 인권보호체계는 앞서 살펴본 유럽과 비교해 볼 때, 무엇보다 구성의 측면에서 상당한 차이가 있다. 유럽의 경우는 유럽심의회와 산하의 유럽인권위원회 및 유럽인권재판소, 유럽연합, 유럽안보협력기구 등, 서로 다른 성격의 제도들이 상호 보완적으로 통합된 형태를 이루고 있다. 그러나 미주 지역에서는 모든 제도와 절차가 1948년에 설립된 미주기구의 구조 속에 하나로 통합되어 있고, 따라서 구체적인 운영과 결과는 최종적으로 상위 기구인 미주기구의 정치적 성격과 인권 보호에 대한 의지

---

161 이원웅, 「국제 인권 레짐의 특성 및 동태에 관한 연구: 비정부기구(NGO)의 역할을 중심으로」, 서강대학교 정치학 박사학위 논문 (1997. 8), 107~108쪽.

162 IACtHR, *Velasquez Rodriguez Case*, Judgement of 29 July 1988, Ser. C. No. 4, para. 158.

에 의해 결정적인 영향을 받는다는 특징이 있다.[163] 이는 미주인권위원회가 1959년에 미주기구의 일부분으로 설립되어 그 권위가 유럽의 경우와 달리 독립된 인권 협약에 기초하지 않았기 때문이다.[164] 이러한 점은 아프리카의 경우와 대단히 유사하다.

미주기구는 35개 회원국을 갖고 있는데, 이 중 25개국이 2013년까지 〈미주인권협약〉에 대한 비준을 마쳤으며(2개국 비준 후 탈퇴), 20개국이 미주인권재판소의 관할권을 인정하고 있다.[165]

나. 미주인권위원회(1951년 설립)

미주인권위원회(Inter-American Commission on Human Rights, IACionHR)는 〈미주기구헌장〉에 따라 창설되었으며, 이 지역의 인권 증진과 보호, 그리고 인권문제에 대해 미주기구에 자문을 하는 가장 중요한 기구다. 이 위원회에는 〈미주인권협약〉과 〈미주고문방지협약〉 체약국의 의무 이행에 관한 문제를 관장하는 특별한 권한이 부여되어 있다. 이 위원회는 임기가 4년인 7명의 독립전문가들로 구성되어 있고, 그들은 미주기구 총회에서 선출된다. 위원회의 본부는 워싱턴에 위치하고, 사무국을 두고 있다. 위원회의 회의는 통상 워싱턴에서 열리지만 가끔 회원국에서 열리기도 한다. 회기 중에는 개인과 단체의 대표들로부터 청문을 실시한다.[166]

다. 미주인권재판소(1978년 설립)

1978년 7월 18일에 설립된 '미주국가 간 인권재판소(The Inter-American Court of Human Rights, IACtHR'(이하 미주인권재판소)는 1969년의 〈미주인권협약〉에 기반을 두고 있다. 코스타리카 산호세에 위치하고 있으며, 7명의 판사로 구성된다.

---

163 이원웅, 앞의 박사학위 논문, 106~107쪽.

164 잭 도널리 지음, 박정원 옮김, 『인권과 국제정치: 국제 인권의 현실과 가능성 및 한계』, 오름, 2002, 140쪽.

165 미주인권위원회 홈페이지(http://www.cidh.oas.org), 영어 위키백과(http://en.wikipedia.org/wiki/Inter-American_court_of_Human_Rights, http://en.wikipedia.org/wiki/American_Convention_on_Human_Rights#Ratifications) 참조.

166 박찬운, 앞의 책, 151쪽.

판사의 임기는 6년이며, 연임은 한 번으로 제한된다. 첫 번째 판사 선거는 1979년 5월 22일에 실시되었다.

법적으로 미주인권재판소는 〈미주인권협약〉의 한 기구이지 미주기구의 산하기구는 아니다. 판사들은 〈미주인권협약〉에 가입하지 않은 미주기구 회원국에서도 선출이 가능하다.[167] 미국의 경우, 재판 관할권을 인정하지 않고 있지만, 미국 출신의 재판관이 항상 포함될 수 있는 것도 이런 이유 때문이다. 이러한 미국의 독특한 위치는 비판의 대상이 되기도 한다.

대체적으로 미주인권재판소는 개혁 이전의 유럽인권재판소 모델에 기초하고 있다. 미주인권위원회가 정해 놓은 절차가 끝나야만 각 국가와 미주인권위원회는 미주인권재판소에 사건을 문의할 수 있다. 현존하는 〈유럽인권협약〉의 법적 위치와는 달리 미주인권재판소의 관할권은 강제적이지 않고 선택적으로 받아들여진다(〈미주인권협약〉 제62조 제1항). 그러나 일단 받아들이고 난 뒤에는 1999년 9월 24일에 내린 미주인권재판소의 두 가지 결정에 따라 어느 한 국가가 일방적으로 철회할 수 없게 되어 있다. 어느 한 국가가 〈미주인권협약〉 전체를 반대하는 것만이 그 국가로 하여금 미주인권재판소의 관할권에서 벗어나게 할 수 있다.[168]

미주인권재판소는 또한 조언적인 의견을 전달하는 역할을 한다. 그런데 미주인권재판소는 아직까지 그것의 본 모델인 유럽 모델을 효율성 면에서 따라가지 못하고 있다. 일단 미주인권재판소는 적은 판사의 숫자에서 보이듯 업무 능력이 제한되어 있고, 항구적인 기관도 아니다. 또한 미주인권재판소는 아직도 1998년 이전의 유럽인권보호시스템의 구조를 반영하고 있다. 모든 소송은 미주인권위원회로 제출해야 되고, 미주인권재판소로 직접 접근할 수는 없다. 미주인권재판소의 압류 권한은 회원국들과 미주인권위원회에 주어져 있다.[169]

---

167 위의 책, 151~152쪽.
168 Tomuschat, *op. cit.*, p. 257.
169 *Ibid.*, p. 258.

가) 미주인권재판소의 운영 현황

유럽 시스템을 미주에서 처음 운영했을 때 몇 년 동안은 미주인권재판소와 미주인권위원회 간에 긴장관계가 지속되었다. 그런데 미주인권위원회가 몇 가지 사건들만 선정하여 미주인권재판소에 문의해 오던 관행은 놀라운 결과를 초래하였다. 미주인권재판소가 생긴 이래 2007년 7월 말까지 미주인권재판소가 전 과정을 다룬 사건은 94건을 넘지 않았고, 그에 대해 167건의 판결이나 결의가 이루어졌을 따름이다.

그러나 그중 몇 건은 대단한 주목을 받았다. 예를 들어, 로아이자 타마요(Loayza Tamayo)와 세스티 후르타도(Cesti Hurtado) 대 페루 사건 같은 경우에는 매번 4~5건의 판결을 비롯하여 6건의 주요 결정들이 있었다. 인권에 대한 논란을 법적으로 처리하는 것이 결코 손쉬운 일이 아닌 점을 감안하더라도 이런 터무니없는 일은 정당화될 수 없다. 체계가 잘 짜여 있지도 못하고, 판사들도 그 체계를 효율적으로 운용하지 못했다. 애초에는 판사들이 관할권, 시비곡직(是非曲直), 배상을 각각 분리하여 선고하는 경향이 있어서 절차가 대여섯 단계로 나뉘어졌다. 판결이 보통은 아주 자세히고 관련된 모든 국면을 지나칠 정도로 세심하게 검토했던 이 방법은 극단적으로 시간을 소비하는 것이었다. 그래서 미주인권재판소가 제공하는 인터넷 정보에 의하면, 2002년 12월 현재 17건의 사건이 미결 상태에 있었다. 그러나 최근의 판결들을 보면 명확한 진전이 있음을 알 수 있다. 법정은 이제 가능한 범위에서 일회의 포괄적 판결을 통해 소송 절차를 종결지으려 노력한다. 그런데 미주인권재판소의 운영 실적(Quantitative Balance Sheet)은 유럽인권재판소에 비해 정말 빈약하다. 미주인권위원회의 〈절차규칙〉 제44조에는 미주인권위원회가, 해당 국가가 위원회의 권고들에 따르지 않을 경우와, 판례법을 발전시키거나 명확하게 할 필요가 있을 때 미주인권재판소에 문의할 수 있도록 규정되어 있다. 그러나 미주인권위원회가 미주인권재판소에 문의한 사건은 몇 건 안 된다. 2006년에 미주인권위원회에 접수된 청원사건은 1325건이었는데, 그중 미주인권재판소에 이송된 사건은 고작 14건밖에 되지 않았다.[170]

170 *Ibid.*, pp. 258-259.

나) 잠정구제(Interim Relief)

어떤 측면에서는 미주인권보호체계가 유럽인권보호체계와 확연히 다르다. 그러나 이 두 체계에서는 모두 소송인이 자신의 조국에서 심각한 위험에 처해 있을 때 잠정적인 구제를 허용하고 있다. 미주인권위원회의 〈절차규칙〉 제25조에 의하면 심각하고 급박한 사건일 경우, 청원을 제기한 사람이 돌이킬 수 없는 해를 당하는 것을 막기 위해 예방 조치를 취할 수 있다. 미주인권위원회는 2001년도에 54건, 2006년도에 37건에 대해 그런 조치를 취하도록 허용하였다. 〈절차규칙〉 제63조 제2항에는 다음과 같이 규정되어 있다.

> 아주 중대하고 긴급한 사건들에서 개인에게 돌이킬 수 없는 피해(irreparable damage)를 막기 위해 불가피하다고 보일 때, 법정(미주인권재판소)은 예비 조치를 취할 수 있다. 아직 법정으로 넘겨지지 않은 사건들에 대해서는 (미주인권) 위원회의 요청에 따라 행동할 수 있다.

물론 미주인권재판소가 정한 이러한 예비 조치는 해당 국가에 일정한 구속력을 제공한다. 2006년에 13건의 예비 조치에 대한 요청이 있었는데 4건은 거부되었고, 9건은 승인되었다.

다) 위배 사항의 발견에 따른 결과

미주인권재판소의 판례 중에서 하이라이트는 맨 처음 맡았던 V. 로드리게즈(Velasquez Rodriquez)의 소송이었다. 피해자의 친권자는 피해자가 온두라스에서 실종되자 그 정부가 실종을 계획하였다고 주장하였고 온두라스 정부를 상대로 소송을 냈다. 미주인권재판소는 해당 정부의 소송 전 반론을 기각하였다. 미주인권재판소는 온두라스 정부가 〈미주인권협약〉의 주요 규정들을 위반한 사실을 발견하였다. 그중에는 사적 자유의 권리, 인도적인 대우의 권리, 그리고 삶에 대한 권리(생명권)에 대한 침해가 있었다. 법정은 다음과 같이 결정하였다.

국가는 인권 침해를 막기 위해서 정당한 단계를 밟아야 할 의무가 있다. 그리고 침해가 한 국가의 관할권 안에서 일어날 경우 철저한 조사를 해서 책임자를 밝히고 그에 합당한 처벌을 하며 또 피해자에게는 적절한 보상을 해 주어야 한다.

이와 같은 미주인권재판소의 대담한 결정에도 불구하고 인권 보호를 위한 미주인권체계에서는 아직도 미주인권위원회가 우세한 기관으로 여겨진다. 미주인권재판소가 늦게 생겨서 여러 가지 면에서 미주인권위원회보다 뒤처지는 것은 어쩌면 당연한 결과일지도 모른다. 유럽인권보호체계에 비해 〈미주인권협약〉에 속한 기구들은 〈미주인권협약〉의 관할권 내 국가들로부터 훨씬 지지를 덜 받고 있다. 미주인권재판소의 판결이 정치적 편의주의로 물든 나라들에는 확산되지 못하고 있다.

2) 미주인권보호체계의 운용 메커니즘

〈미주인권협약〉은 두 개의 기구에 의무 이행에 대한 감독권을 부여하고 있다. 하나는 이 협약이 만들어지기 전에 이미 존재하고 있던 미주인권위원회이고, 다른 하나는 협약에 의해 창설된 미주인권재판소이다. 이 가운데 미주인권위원회는 1978년에 〈미주인권협약〉이 발효되면서 미주기구의 한 기구로서의 기존의 역할에 더하여 〈미주인권협약〉의 한 기구로서 협약 체약국 내에서의 인권 보호와 감독 기능을 부여받게 되었다. 주요 기능은 다음과 같다.

- 모든 미주기구 회원국 내에서의 인권 증진
- 인권 관련 문서의 초안 작성(검토 및 채택은 미주기구에서 관장)
- 미주기구 회원국에 대한 인권 관련 자문
- 국가 방문을 통한 국가보고서(State Report) 작성
- 인권문제에 관한 사안의 중재
- 개인청원 제도의 관장

• 미주인권재판소에서 사건 심리 시 참가 및 의견 자문 등[171]

미주인권재판소에는 국제사법재판소(ICJ)와 마찬가지로 쟁송적 관할권(contentious jurisdiction)과 권고적 관할권(advisory jurisdiction)이 부여되어 있다. 쟁송적 관할권은 개인과 국가, 또는 국가 쌍방 간에 제기된 사건에 구속력 있는 판단을 내릴 수 있는 권한을 부여하는 것이다. 권고적 관할권은 재판소가 국가나 국제기구의 권위적 법률 자문이나 해석을 해 주는 것을 의미하지만, 이 경우에는 구속력이 없다. 〈미주인권협약〉 제64조에는 어떠한 미주기구 회원국이라도 재판소에 〈미주인권협약〉이나 미주 지역의 인권 보호에 관한 다른 조약의 해석과 관련하여 권고적 의견을 구할 수 있도록 규정하고 있다. 따라서 권고적 관할권은 재판소의 권위를 인정하지 않는 미주기구 회원국에도 행사될 수 있다.

개인통보나 국가통보 절차는 미주인권위원회에 개인이나 국가로부터 청원이 제기되면서부터 시작된다. 이러한 절차는 〈유럽인권협약〉이나 유엔 자유권규약의 제1선택의정서상의 개인청원 절차와 거의 비슷하다. 이 절차는 일종의 준사법적 절차로서 인권 침해의 희생자인지 여부에 관계없이 어떠한 개인이나 집단 혹은 미주기구의 회원국 중 하나 이상이 법적으로 인정하는 비정부기구(NGO)에 의해서도 제기될 수 있다. 이렇게 광범위하게 개인청원 권한을 부여하고 있는 것은 아프리카 지역의 경우와도 유사하다. 이런 면에서 개인청원 절차에 관한 한 자유권규약이나 〈유럽인권협약〉보다 진일보한 것으로 평가된다. 또한 중요한 점은 개인청원을 접수하고 조사할 수 있는 위원회의 권한은 유엔이나 유럽과 달리 미주는 회원국이 〈미주인권협약〉에 가입함과 동시에 발생한다는 점이다. 그러나 국가청원제도는 다른 지역의 인권보호체계와 마찬가지로 관련 국가의 동의를 필요로 한다. 무엇보다 위원회 차원에서도 스스로 인권 침해 사건을 제기할 수 있다는 점도 매우 진보적인 제도로 평가된다.

미주인권위원회가 실체적 진실을 확인하는 방법과 권한에는 다른 지역인권체계와 유사하면서도 다른 측면이 있다. 미주인권위원회는 사실관계 확인을 위해 해당

---

171 박찬운, 앞의 책, 153~154쪽.

국가에 정보를 요구할 수 있고, 관련 국가의 동의가 있으면 현장조사도 수행할 수 있다. 무엇보다 중요한 특징은 해당 국가가 요구된 정보를 미주인권위원회가 제시한 특정 기간 내에 제출하지 않는 등, 미주인권위원회의 조사 활동에 협조하지 않을 때에 있다. 이때에는 미주인권위원회 규정(Commission's Regulations) 제42조에 따라, 특별히 다른 증거가 있어서 결론을 달리할 가능성이 없다면, 미주인권재판소로 하여금 더 이상의 사실 조사를 할 필요 없이 제소자(提訴者)의 주장을 사실로 받아들이는 판결을 내릴 수 있도록 하였다.

그런데 미주인권재판소가 개인청원 사건에 대한 관할권을 갖기 위해서는 관련 국가가 〈미주인권협약〉에 가입함과 동시에 재판소의 관할권을 인정해야 한다는 제약은 있다. 하지만 대부분의 국가들이 미주인권재판소의 관할권을 인정하게 된 것은 미주인권보호체계의 역사적 성과로 평가될 수 있다. 사건이 미주인권위원회의 절차를 마치게 되면 위원회가 관련 보고서를 당사자들에게 보낸 날로부터 3개월 이내에 위원회나 관련 국가 중 어느 일방에 의해 사건이 미주인권재판소로 회부될 수 있다. 하지만 개인에게는 미주인권재판소에 대한 제소권을 주지 않고 있다.

미주인권재판소로 사건이 제소되면 미주인권위원회는 피해를 주장하는 당사자에게 사건이 제소되었으며 참관할 기회와 필요한 경우에는 잠정조치(중간결정, interim measures)을 요구할 수 있다는 것을 알린다. 이는 심리와 재판이 진행되는 와중에 증인에 대한 테러나 납치, 보복 조치 등이 발생할 수 있는 가능성을 예방하고, 증거의 훼손 및 인멸을 방지하기 위한 임시 보호 조치다. 역사적으로 군사정권 아래 실종과 강제 납치 및 자의적 구금이 빈번했던 라틴아메리카 지역의 특수한 상황을 고려하면 다른 지역에 비해 특히 더 필요한 조치라고 할 수 있다.

미주인권재판소에서는 문서와 구두로 절차가 진행되는데, 첫 번째 국면은 보통 서면으로 논쟁이 진행된다. 쟁송적 사건의 쌍방은 재판소에 의해 정해진 일정에 따라 서면과 반대서면을 주고받으며 주장을 펼친다. 미주인권재판소는 쟁송적 사안이든 권고적 사안이든 이해 관계자들의 서면의견(amicus curiae)을 특별히 허용하고 있다. 그래서 개인청원자들은 복잡한 법률문제가 있는 경우 서면의견을 제출해 줄 수 있는 비정부기구(NGO)의 도움을 받기도 한다. 재판소는 당사자들에게 증거를 제시할 것과 각 증거가 증명하고자 하는 것이 무엇인지, 언제, 어디에서, 어떤 상황에서 증거를 제출할 것인지를 묻는다. 심문 절차는 통상 공개되지만, 때때로 재판소의 결정에 따라 비공개로 진행되기도 한다. 하지만 그 결정과 의견은 출판되어 공개된다.[172]

해당 국가의 위반 사항을 발견하게 되면 재판소는 해당 국가에 그 사건이 구제되어야 하며 피해자에게 손해 배상을 할 것을 선고할 수 있는데, 이는 실제 손해에 대한 배상을 의미하지 징벌적 배상을 의미하지는 않는다. 해당 국가는 재판소의 판결에 따라야 할 의무를 지게 되고, 배상은 적합한 자국의 국내 법원에서 집행하도록 되어 있다. 하지만 해당 국가가 이러한 판결을 따르지 않을 때도 있는데, 이 경우 재판소는 미주기구 총회에 사실을 보고하고 권고(recommendation)를 한다. 그런데 총회가 어떠한 강제적 조치를 취할 수 있는지에 대해 명확한 규정이 없기 때문에 적극적인 조치가 취해질 경우도 있지만, 소극적인 조치가 취해지기도 한다. 이와 같이 일관성이 부족한 것은 총회가 다분히 정치성을 띠고 있어서 당시의 국제 정세나 여론 등을 고려한 정치적 결정을 하기 때문이다.

3) 미주인권보호체계에 대한 평가와 전망

미주인권보호체계는 다음과 같은 장점들을 가지고 있다. 첫째, 규범체계 속에 광범위한 인권항목을 포함하고 있다. 둘째, 개인의 조사청원권을 사실상 무제한으로 인정하고 있다. 셋째, 구조적이고 광범위한 인권침해가 빈발하는 국가에 대해서는 특별 현장조사를 실시할 수 있다. 넷째, 특별인권보고서를 출판할 수 있는 포괄적인 결정권한을 보유하고 있어서 유럽보다 진일보한 측면이 있다.

이러한 장점들에도 불구하고 미주인권보호체계는 미주기구에 모든 기구들이 통합되어 있고 최종적인 이행 권한은 미주기구 회원국들의 정치적 의지에 달려 있다는 구조적 문제점을 안고 있다. 그러나 미주인권위원회가 보다 광범위하고 정치적인 미주기구의 위임사항에 따른 임무를 수행할 경우, 그 역할 범위는 유럽인권위원회에

172 위의 책, 155쪽.

비하여 더 넓다. 그리고 경우에 따라서는 미주인권위원회가 미주기구의 권위에 의존하여 보다 정치적이고 실효성 있는 역할을 수행할 수 있다는 장점도 있다.[173]

그런데 미주인권체제(regime)가 연구와 보고서를 준비하고 개인청원을 다루며 현장조사를 수행할 수 있는 기회를 적극적으로 활용해 오고 있는 것은 사실이지만, 개인의 고발장 처리는 미주인권위원회의 핵심적 활동 사안이 아니다. 매년 수백 건의 고발장을 접수하고, 개별 경우에 대해 시시비비를 내릴 수 있는 권한이 미주인권위원회에 있지만, 이 위원회의 결정은 거의 실행되지 않고 있다. 도널리는 이러한 현상이 남미와 북미 두 지역의 상이한 인권 환경을 반영하는 것이라고 설명한다. 즉, 유럽인권체제에서는 개인의 고발장이 일반적으로 회원국의 훌륭한 인권 상황 때문에 정부를 위협하지 않는 좁은 범위의 개별 사건들을 다루게 되는 반면, 미주에서는 거의 모든 나라가 지난 세대 동안 억압적인 군부통치로 고통을 받았고, 민감한 사건이 너무나 흔하고, 또 이를 개선할 정부의 의지는 전혀 존재하지 않는 상황에서 위원회의 결정이 거의 무시되었다는 것은 조금도 놀라운 일이 아니라는 것이다.[174]

이러한 분석은 국제인권보호체계에 대해 연구하는 비교연구자들 역시 강조하는 점이다. 군사독재를 거의 경험하지 못한 유럽의 상황과 1980년대까지 거의 모든 나라가 군사독재를 경험하고, 그 이후까지도 계속된 좌우익의 분열로 극심한 안보 문제가 초래되기도 한 라틴아메리카의 상황적 차이는 유럽과 미주의 인권보호체계가 관심을 갖고 처리해 온 사건에서 차이를 보이는 결정적 이유라고 지적한다. 즉, 유럽에서는 재판 전 구금 기간이나 사생활과 같은 권리가 주로 제도 내에서 논의되어 왔고, 긴급사태와 같은 사례는 거의 없다. 그러나 라틴아메리카의 경우, 긴급사태 속에서 고문, 행방불명, 처형 등이 비일비재하였기 때문에 유럽과는 다른 유형의 사건들을 취급하고, 그 기능 또한 다른 발전 경로를 걸어올 수밖에 없는 것은 당연하다는 것이다. 또한 유럽의 경우는 인권기구의 조사나 결정에 대하여 이를 무시하거나 적대적으로 거부하는 정부나 국내법 질서와 대립된 적이 거의 없다. 그러나 남미의 독재정권은 때때

---

173 이원웅, 앞의 박사학위 논문, 109쪽.
174 잭 도널리 지음, 박정원 옮김, 앞의 책, 140~141쪽.

로 정면대결을 하기도 하고, 인권기구의 결정을 철저히 무시하기도 하였다.[175]

미주 지역에서는 유럽과 달리 미국의 정치적 지도력, 즉 헤게모니가 강하게 작용한다는 비판이 여전히 일어나고 있다. 미주인권위원회 위원과 미주인권재판소 재판관 가운데 미국인이 포함되지 않은 경우가 한 번도 없다는 점과 미주인권위원회가 워싱턴에 소재하고 있다는 점도 미국의 영향력을 간접적으로 뒷받침하는 증거들로 지적되기도 한다. 그러나 각 회원국들이 운영 경비 분담에 인색한 상황에서 운영 경비에 대한 지원이나 인권 침해 국가에 대한 외교적 압력의 실제적 효과 등을 고려할 때 미국과 같은 강대국의 존재는 필수적일 수밖에 없다는 옹호론자들도 적지 않다.

조직적 인권 침해에 대하여 미주인권위원회가 영향을 미칠 수 있는 방법은 개인의 고발장과 현장방문을 통해 인권 침해를 확인하고, 각 국가의 인권 상황에 대하여 연구 · 보고하는 것이 전부다. 그러나 도널리는, 1970~80년대 칠레 피노체트 정권과 아르헨티나 군사정권에 의해 저질러진 고문 및 실종 사례 등 조직적 인권침해 문제에 대한 구체적이고 철저한 보고는 국제사회에 사실을 알리고 여론을 형성하는 데 큰 기여를 하였다고 평가한다. 1978년 니카라과에 대한 보고서는 소모사(Somoza) 독재정부에 대한 압력을 가중시켰고, 1979년 6월 소모사의 사임을 권고한 미주기구의 결정은 그의 정치적 자신감을 뒤흔들어 정권 붕괴를 촉진했던 것으로 평가된다.[176] 이는 지역인권보호체계의 활동이 독재국가의 체제변화에까지 영향을 미친 보기 드문 사례로 기록되고 있다.

미주인권위원회의 부단한 활동 결과로 국제여론의 비판을 피하기 위해 해당 국가가 보고서에서 언급된 수천 명의 인권 희생자들의 처우를 개선하는 성과는 있었다. 즉, 한계로 지적되고 있던 중앙권위체의 미온적 의지와 이행능력의 결여를 여러 가지 대안을 통해 점차 극복해 나가고 있는 것이다. 이러한 점은 지역인권보호체계가 실효성 있게 활동하기 위해서는 준정부 간 협의체와 비정부기구들의 활동이 중요함을 시사하는 것이다. 이러한 점에서 도널리는, 미주인권위원회가 유엔 인권위원

---

175 Steiner et al., *op. cit.*, pp. 641-642; 박찬운, 앞의 책, 150~151쪽.

176 보다 자세한 내용은 다음을 참조하시오. Robert Pastor, *Condemned to Repetition: The United States and Nicaragua* (Princeton: Princeton University Press, 1987), pp. 149-151.

회나 주제에 따른 단일체제(régime)보다 낫다고 평가한다. 아울러 그는 냉전 종식과 더불어 미주인권위원회의 활동이 더욱 성장할 것으로 전망하고 있다.[177]

3. 아프리카인권보호체계

아프리카인권보호체계는 1963년에 창설된 아프리카통일기구(Organization of African Unity, OAU)하에서 그 형태를 갖추기 시작했다. 그 후 2001년 5월에 아프리카통일기구가 발전적으로 해체되고, 유럽연합(EU)을 모델로 삼은 아프리카연합(The African Union, AU)이 탄생하면서 그 역할을 승계하였다.[178]

현재 아프리카 지역에는 회원국이 서명한 인권 협약의 이행을 관장하는 3개 기구(mechanism)가 있다. 먼저, 아프리카인권위원회(African Commission on Human and Peoples' Rights)가 있어, 〈아프리카인권헌장(African Charter on Human and Peoples' Rights)〉에 의해 설립된 아프리카연합(종전의 아프리카통일기구)의 기구로서 체약국을 상대로 제기된 사건의 청문을 담당한다. 둘째, 아프리카아동권리복지전문가위원회(African Committee of Experts on the Rights and the Welfare of the Child)가 있다. 이는 〈아프리카아동권리복지헌장(African Charter on the Rights and Welfare of the Child)〉에 의해 창설된 기구로서 조약의 준수를 집행한다. 셋째, 아프리카인권재판소(African Court on Human and Peoples' Rights)가 있다. 2004년 1월에 시행된 아프리카인권재판소의 설립에 관한 의정서에 의거하여 〈아프리카인권헌장〉의 집행을 담당할 법원으로 설립되었다. 2006년 1월에 아프

177 잭 도널리 지음, 박정원 옮김, 앞의 책, 145쪽.

178 아프리카연합은, 기존의 아프리카통일기구가 국내 문제 불간섭 정책으로 인해 아프리카에서 잦은 학살과 인권 유린이 일어나는 것을 막지 못했다는 비난과 함께, 실질적인 경제발전과 삶의 질 향상에 기여하지 못했다는 지적을 받음에 따라, 훨씬 강력한 아프리카 연합기구가 필요하다는 공감대가 형성됨으로써 창설되었다. 이는 유럽연합을 모델로 삼아 강력한 정치 · 경제 연합체를 지향하고, 특히 단일 의회, 단일 통화, 단일 중앙은행, 강력한 단일 집행위원회를 가진 국가연합을 목표로 하고 있다.

리카연합 운영위원회 제8차 정기회의에서 11명의 판사를 선출하여 그해 7월에 첫 회의를 열었다.

1) 규범들

(1) 〈인간과 인민들의 권리에 대한 아프리카 헌장〉

〈인간과 인민들의 권리에 대한 아프리카 헌장(African Charter on Human and Peoples' Rights, AfChPR)〉(1981년, 이하 〈아프리카인권헌장〉)은 아프리카 대륙의 인권신장 및 보호를 위한 주요 규범 문서로, 1981년에 개최된 제18차 아프리카통일기구 국가수반회의에서 채택되었다. 그 후 아프리카통일기구 회원국들의 과반수가 비준함으로써 1986년 10월 21일에 발효되었다. 〈아프리카인권헌장〉은 그 최종안이 감비아(Gambia)의 수도인 반줄(Banjul)에서 확정되었기 때문에 〈반줄헌장(Banjul Charter)〉이라고도 불린다.

이 〈아프리카인권헌장〉은 개인의 인권과 인민의 집단적 권리를 함께 다루고 있다는 특색이 있다. 인권과 관련하여 고전적인 자유권과 제한적인 경제 · 사회권(노동, 건강, 교육)을 제창하고 있다. 아프리카연합(OAU) 최초의 인권 관련 각료회의(1999년 4월 12~16일)에서 채택한 〈그랜드 베이 선언(Grand Bay Declaration)〉을 통해 아프리카 국가들의 인권에 대한 공약이 완전히 새롭게 만들어졌으며, 1999년 4월에 개최된 아프리카연합 정상회담에서 결의가 채택되었다. 1년 후 〈아프리카연합의 헌법(Constitutive Act)〉에서 이 공약은 확인되었다. 이 헌법 제4조 h항에서는 특히 전쟁범죄, 대량학살, 반인륜적 범죄와 같은 중대한 사건들에 대해서는 아프리카연합 의회의 결정에 따라서 아프리카연합이 해당 국가에 개입할 수 있는 권리까지 부여하고 있다. 〈아프리카인권헌장〉은 유엔의 인권 규범들을 안착시키면서 얻게 된 현대적 개념들과 전통적인 사고들을 엮어 주면서 아프리카의 공통 인권 문화에서 핵심적인 요소가 되었다.

〈아프리카인권헌장〉의 실체적 규정은 대체로 유엔의 자유권규약, 사회권규약 등 다른 국제 인권 협정서와 유사하다. 〈아프리카인권헌장〉은 총 4장 68개 조로 구성되어 있다. 제1장에는 인권(Human and Peoples' Rights), 제2장에는 임무(Duties), 제3장에는 인권위원회 절차(Procedure of the Commission), 제4장에는 적용 원칙(Applicable Principles)이 규정되어 있다. 이 헌장의 이행 기구로 아프리카인권위원회를 두고 있다.

(2) 〈아프리카아동권리복지헌장〉

〈아프리카인권헌장〉에는 특수한 계층으로서의 아동을 보호하기 위한 규정이 갖추어져 있지 않다. 이에 대한 반성으로 〈아프리카아동권리복지헌장〉이 제정되어 1999년에 발효되었다.

〈아프리카아동권리복지헌장〉은 유엔 〈아동권리헌장(UN Convention on the Rights of Child)〉의 이상에 아프리카의 특수 위험 상황에 대한 고려가 첨가되어 있다. 이 헌장은 아동의 시민적 · 정치적 권리와 사회적 · 경제적 권리, 아동 징집의 금지, 유해한 사회적 · 문화적 관습의 금지, 아동 최대 이익의 원칙의 인정, 아동노동의 보호, 성적 착취의 금지 등을 다루고 있다. 감독 기구로 아프리카아동권리복지전문가위원회를 두고 있다.

이 외에도, 1974년에 발효된 〈아프리카특정난민문제협약(Convention on Specific Aspects of the Refugee Problem in Africa)〉과 2003년 7월 11일에 채택된 〈여성권리의정서(Protocol on the Rights of Women)〉가 있다.

2) 기구들 – 임무와 운영체계

(1) 아프리카인권위원회

아프리카인권위원회는 〈아프리카인권헌장〉이 발효된 이듬해인 1987년에 설립되었다. 아프리카인권위원회의 기본적인 기능은 인권 신장과 인권 보호다. 이를 위해 〈아프리카인권헌장〉은 회원국의 보고서를 검토하고, 인권침해 진정사건(complaint)을 심의하며, 헌장을 해석하는 기능을 아프리카인권위원회에 부여하고 있다. 이 헌장

제45조에는 아프리카인권위원회의 기능에 대해 다음과 같은 내용이 규정되어 있다.

1) 인권의 신장

(a) 인권 분야에서 문제에 관한 자료 수집과 연구, 학술대회의 조직, 정보의 전파, 인권 관련 단체의 지원 등을 행하고, 구체적 사건 발생 시 회원국 정부에 견해(view)를 피력하거나 권고(recommendation)를 행하는 것.

(b) 회원국 정부가 입법 단계에서 기초로 삼을 수 있도록 인권과 근본적 자유에 관련된 법적 문제를 해결하기 위한 원칙과 규칙을 제정하는 것.

2) 헌장에 의해 정해진 조건에 따른 인권 보호를 보장하는 것.

3) 회원국, OAU의 기구 또는 OAU가 인정하는 아프리카 기구의 요청 시 헌장 규정을 해석하는 것.

4) 국가 및 정부 수반 총회[Assembly of Heads of State and Government, 회원국의 국가 및 정부 수반으로 구성되는 총회는 아프리카통일기구(OAU)/연합(AU)의 최고 기관임]가 위임한 기타 임무를 수행하는 것.

아프리카인권위원회는 그 기능을 수행하기 위해서 적절한 방식의 조사를 행할 수 있고, 아프리카통일기구의 사무총장과 기타 자격이 있는 자로부터 의견을 청취할 수 있다. 그리고 특정한 회원국이 헌장을 위반한 혐의가 있는 것으로 믿을 만한 근거가 있는 경우에는 그에 관한 다른 회원국의 통보(communication)를 심리할(consider) 수 있다. 아프리카인권위원회는 개인통보(individual communication)에 대해서도 심리할 수 있다. 그러나 이는, '국내 구제 절차 완료의 원칙(principle of exhaustion of domestic remedies)'을 적용하여 국내 구제 절차가 부당하게 지연되고 있는 것이 명백하지 않으면 모든 국내 구제 절차를 완료한 이후에 한하여 가능하다.

아프리카인권위원회는 유엔 인권위원회의 절차와 경험을 준용하여 〈절차규칙(Rules of Procedure of the African Commission on Human and Peoples' Rights)〉과 〈보고지침(Guidelines for National Periodic Reports)〉을 마련하였다. 〈절차규칙〉

은 아프리카인권위원회의 처리 절차를 규정한 규범으로 1995년 10월 6일에 채택되었다. 〈보고지침〉은 회원국 보고서의 양식과 내용을 구체화한 것으로서 1989년 6월에 채택되었다.

아프리카인권위원회는 개인통보에 대해 국내 구제 절차 완료를 비롯하여 '허용성(admissibility)' 요건을 갖춘 경우에 한하여 심사할 수 있다.

아프리카인권위원회는 국가 및 정부 수반 총회에서 각 회원국이 추천한 후보자 명단을 토대로 비밀투표를 통해 선출되는 위원으로 구성된다. 위원은 총 11명이며, 임기는 6년이고 연임이 가능하다. 그러나 위원은 임무 수행을 해태(解怠)한 경우에 다른 위원들의 만장일치로 제명될 수 있다. 아프리카인권위원회의 정기회의는 일 년에 2회 개최되며, 그 시기는 5/6월과 10/11월이다. 특별회의는 긴급 사안을 논의하기 위해 수시로 개최된다.

(2) 특별보고관(Special Rapporteur) 및 실무단(Working Group)

아프리카인권보호체계에는 인권 규범들을 이행하기 위해 다양한 주제별 특별보고관과 실무단이 갖추어져 있다. 이들을 열거하면 다음과 같다. 아프리카 내 교도소 및 구금 상황에 관한 특별보고관(Special Rapporteur on Prisons and Conditions of Detentions in Africa), 아프리카 여성의 권리에 관한 특별보고관(Special Rapporteur on Rights of Women in Africa), 아프리카 인권 옹호자에 관한 특별보고관(Special Rapporteur on Human Rights Defenders in Africa), 아프리카 내 고문과 잔인하고 비인간적 또는 굴욕적인 대우 또는 처벌의 금지와 예방을 위한 지침 및 방안에 대한 후속위원회의 의장(Chairperson of the Follow-up Committee on the Guidelines and Measures for the Prohibition and Prevention of Torture, Cruel, Inhuman or Degrading Treatment or Punishment in Africa), 아프리카 난민 및 국내 실향민에 관한 특별보고관(Special Rapporteur on Refugees and Internally Displaced Persons in Africa), 토착민 및 공동체에 관한 실무단(Working Group on Indigenous Populations/ Communities) 등이다.

(3) 아프리카아동권리복지전문가위원회

아프리카아동권리복지전문가위원회는 〈아프리카아동권리복지헌장〉에 의거하여 창설된 아프리카연합의 기구이다. 이 위원회의 기능은 〈아프리카아동권리복지헌장〉에 규정된 권리를 신장하고 보호하는 일이며, 아프리카인권위원회의 기능과 매우 유사하다.

주요 업무는 ① 정보의 수집과 문서화 ② 아동의 권리 및 복지에 관한 아프리카 내 문제에 대한 다방면에 걸친 평가의 수행 ③ 아프리카 내 아동의 권리 및 복지의 보호를 위한 원칙과 규칙의 제정 ④ 아동의 권리 및 복지의 신장과 보호와 관련된 다른 아프리카, 국제 및 지역 기구와의 협력 등이다.

〈아프리카아동권리복지헌장〉 회원국은 헌장의 이행을 위해 채택된 방안과 진전된 상황을 아프리카아동권리복지전문가위원회에 보고해야 한다. 헌장 발효 후 2년 이내에 최초보고서를 제출하고, 그 후 3년마다 보고서를 제출해야 된다.

〈아프리카아동권리복지헌장〉에서는 아프리카아동권리복지전문가위원회에 헌장이 적용되는 사항에 관하여 개인, 단체, 아프리카통일기구/연합이 인정하는 비정부기구, 회원국 또는 유엔이 제기한 진정(complaint)을 심리할 권한을 부여하고 있다. 이 점은 유엔 아동권리위원회(UN Committee on the Rights of the Child)와 구별되며, 아프리카의 특수 상황을 반영한 것이다.

아프리카아동권리복지전문가위원회 회의는 매년 2회 개최되는데, 2001년 7월 10일에 최초로 구성되어 2002년 4월 9일부터 5월 3일까지 첫 회의가 개최되었다.

(4) 아프리카인권재판소

아프리카통일기구는 1998년 6월 9일에 〈아프리카인권재판소의 설립에 관한 의정서(Protocol on the Establishment of an African Court on Human and Peoples' Rights)〉를 채택하였다. 그 후 추가의정서(Additional Protocol)가 채택되어 2004년 1월 25일에 발효되었다. 이와 같이 발효된 의정서에 의거하여 설립된 아프리카인권재판소는 아프리카인권위원회의 인권 보호 기능을 보완하는 임무를 수행한다.

아프리카인권재판소는 회원국, 아프리카 정부 간 기구, 아프리카인권위원회에서 옵서버 자격만을 가지고 있는 개인과 비정부기구가 제기하는 사건들을 취급한다. 그런데 개인이 제소한 사건에 대해서는 피소된 회원국이 아프리카인권재판소의 관할권을 인정하는 경우에 한하여 심리할 수 있다. 유럽 및 미주의 인권재판소들을 준거 모델로 한 이 제도는 아직 너무 때가 이른 감이 있다는 평가를 받기도 하였다. 그러나 설립에 관한 의정서에 15개국이 비준함으로써 2004년 1월 25일에 아프리카인권재판소는 마침내 존재할 수 있게 되었다. 그렇지만 아프리카인권재판소는 잘 운영될 수 있도록 조직화되지 못한 측면이 있다. 일단 어떤 개인이 발언의 기회를 갖기 위해서는 아프리카 대륙에서 살고 있는 개인이 충당하기에는 어려운 상당한 비용이 필요하다.[179] 아프리카인권재판소의 판결은 최종적이며 상소할 수 없다.

아프리카연합의 국가 및 정부 수반 총회는 2004년 7월에 비용의 효용성을 제고하기 위해 아프리카인권재판소와 아프리카사법재판소(African Court of Justice, ACJ)를 통합하는 결의를 채택하였다.

3) 보고 체계

〈아프리카인권헌장〉도 국가의 의무를 통제하기 위한 주요 양식으로 보고 절차를 적용하고 있다. 이 헌장의 제62조[180]에 따르면, 국가는 2년에 한 번 보고서를 제출하여야 하며, 보고서 검토는 아프리카인권위원회에 위임되지는 않았지만 총회의 위임사항으로 요청할 수 있다. 분명히 과거에는 보고가 갖는 중요한 의미를 알지 못했다. 처음에 옵서버들은 11명의 전문가들이 세계적 수준에서 독립적인 활동을 할 수 없다는 것을 알고 있었다. 그래서 오늘날에도 보고서 검토는 약한 강도로 접근하고 있다. 예를 들면, 제12차 연차보고(1998~1999)에서 성실한 의무 이행에 대해 3개국을 짧은 세 문단에 뭉뚱그려 언급한 것처럼, 2002년 5월에 채택된 보고서에서도 유사하게 광범위하고 일반적인 용어로 보고서를 검토하였다. 그런데 요구된 최초보고서를

179 Tomuschat, *op. cit.*, pp. 259-260.

180 제62조, 각 당사국은 헌장에서 승인되고 보장되는 권리와 자유를 이행하기 위하여 취하여진 입법 또는 기타 조치에 관한 보고서를 이 헌장이 발효한 날로부터 매 2년마다 제출할 것을 약속한다.

제출한 국가는 51개국 중에 거의 없었으므로 이 체제는 더 노력이 요망된다.

4) 평가

〈아프리카인권헌장〉은 1개의 문헌에서 제1세대부터 제3세대까지의 인권을 총망라하는 동시에 인민들의 권리(peoples' right)라는 독창적인 개념의 인권을 법제화하고, 개인에 대한 의무를 부여한 점에서 그 의의를 찾을 수 있다.

그러나 〈아프리카인권헌장〉에는 '유보 철회 조항(Clawback Clause)'이 산재해 있다. 이 헌장에는 권리 보호의 내용이 매우 정교하고 상세하게 담겨 있으나, 유보 철회 조항들이 여기저기 산재하여 각 회원국들이 국내법으로 인권, 특히 시민적 및 정치적 권리(참정권, 언론, 집회 및 결사의 자유, 이전의 자유, 양심의 자유 등)를 폭넓게 제한할 수 있는 길을 터 줌으로써 그 실효성이 퇴색되고 있다.[181]

〈아프리카인권헌장〉에는 회원국이 국가 비상사태하에서 일정한 권리를 부인할 수 없도록 금지하는 규정, 즉 일반적인 의무 면제 조항(general derogation provision)을 두고 있지 않다. 이것은 유보 철회 조항의 존재보다 더 큰 문제가 된다. 헌장의 개정을 통해 불필요한 유보 조항을 삭제함은 물론, 의무 면제가 불허되는 권리(non-derogable rights)에 관한 조항을 신설하고, 의무 면제에 관한 일반 조항을 두어 면제의 시기, 조건 및 정도에 관한 원칙을 설정하는 것이 필요하다.

아프리카인권위원회는 어떤 통보가 일련의 중대하거나 대규모적인 위반 사실을 나타내는 특별한 사건에 관련되는 것으로 판단되는 때에는 이에 대한 아프리카연합의 관심을 촉구하고 현장조사를 실시해야 한다(〈아프리카인권헌장〉 제58조 제1항). 또한 아프리카인권위원회는 긴급사태 발생 시에 아프리카연합 의장에게 이를 알리고

181 유보조항의 구체적 문언(文言)을 예시하면, "법으로 사전에 규정한 이유와 조건를 제외하고(except for reasons and conditions previously laid down by law)", "법과 명령에 따라(subject to law and order)", "법 테두리 내에서(within the law)", "법에 따라(abides by law)", "법규에 따라(in accordance with the provisions of the law)", "국가안보를 지키기 위해 정당화된 제한들(restrictions justified for the protection of national security)" 등이 있다.

심도 있는 연구를 요청해야 한다(〈아프리카인권헌장〉 第58조 제3항). 그러나 이 〈아프리카인권헌장〉 조항은 아프리카인권위원회가 아프리카통일기구 사무총장의 지원하에 세네갈과 토고로부터 현장조사에 대한 합의를 이끌어 낸 1995년까지 사실상 사문화되어 있었다. 그 이후에도 아프리카인권위원회는 헌장상 명문화된 권한을 갖고 있음에도 불구하고 이 조사권한을 행사하는 데 매우 소극적인 입장을 유지하고 있다.

아프리카인권위원회의 결정문은 유엔 인권위원회와 유사한 양식을 채택하여 5개 장, 즉 사실관계(facts), 주장(argument), 허용성(admissibility), 사건의 시비(merit of the case), 판단(finding)으로 구성된다. 그런데 아프리카인권위원회의 결정문은 그 내용과 논리 구성에 있어서 매우 빈약하고 단순하다. 그 한 예로, 헌법권과 나이지리아(Constitutional Rights Project v. Nigeria) 사건에 관한 아프리카인권위원회의 결정(1997년)은 "나이지리아 정부가 헌장 조항을 위반했음을 선언하고(declare), 신청인들을 석방할 것을 권고한다(recommend)."라는 식의 극히 간단한 것이었다.

그리고 개인통보의 허용성 요건 중의 하나인 '국내 구제 절차 완료'의 원칙을 적용하는 문제에 대한 일반적인 국제법 해석은, 완료되어야 할 국내 구제 절차가 이용가능하고(available), 효과적이며(effective), 충분한(sufficient) 것이어야 한다.[182] 그런데 정치(精緻)된 이론 전개와 사실관계를 담고 있는 유럽인권위원회의 결정문과는 달리, 아프리카인권위원회의 결정문은 이용 가능성, 유효성 및 충분성 요건이 구체적으로 적용될 수 있는 기준이나 선례를 제공하지 못하고 있다.

아프리카인권위원회의 결정은 매우 형식적이고 구속력이 없어서 정부와 인권단체들의 관심을 끌지도 못한다. 또한, 이 결정의 공표는 국가 및 정부 수반 총회에 제출된 이후에야 가능할 정도로 제한되어 있다. 그뿐만 아니라 〈아프리카인권헌장〉과 아프리카인권위원회는 회원국으로 하여금 위원회 결정을 준수하도록 유도하고 감시하는 실효적인 절차나 장치를 마련하지 않고 있다.

---

182 이용가능성을 저해하는 대표적 사례는 법률적 장애의 존재이며, 유효성을 저해하는 대표적 사례는 구제기관이 청구인의 구제(손해 배상 등)를 판정할 권한이 없는 경우이다(예: 옴부즈만). 그리고 충분성을 저해하는 대표적인 사례는 구제 절차가 피해 회복의 직접적인 수단이 되지 못하고 간접적 수단에 불과한 경우이다.

4. 아시아 지역인권보호체계의 형성과 북한의 인권현안들에 대한 시사

1) 아시아 지역인권보호체계에 대한 함의

인권문제에 대한 아시아 국가들의 입장과 현재까지 진전되어 온 지역인권보호체계 마련을 위한 노력들을 종합적으로 판단할 때, 아시아 전체를 관장할 수 있는 단일 보호체계를 만들기는 어려울 것으로 보인다. 물론 장애요인들 중 일부분(역내 국가들의 정치적 의지 결여, 강한 국가주권주의와 타국의 내부문제에 대한 불개입 전통 등)은 범세계적 국제기구나, 역외 국제기구의 개입, 비정부기구들(NGOs)의 촉구로 개선될 수 있을 것이다. 국가들 간의 상이성(heterogeneity) 문제는 세계화, 지역경제블록의 활성화 등을 통한 보편성 확보로 극복될 수 있을 것이다. 그리고 역내 특정 국가의 인권침해가 분규 발생과 제재를 초래할 것에 대한 우려는 신뢰구축으로 극복될 수 있을 것이다. 그렇지만 '아시아적 가치', '지역적 현명함(local wisdom)' 등 가치의 문제는, 이 지역의 근대화와 더불어 그 비중이 약화될 수 있는 것이지만, 상당한 시간이 소요될 것이다.

그런데 이 모든 장애요인들은 근본적으로 전근대성, 경제적 낙후성, 정치적 저발전에서부터 비롯되는 것이므로 이에 대한 극복 없이는, 즉 경제성장과 정치발전이 선행되지 않고는 지역보호체계의 구성도 어렵고, 구성되더라도 구속성을 확보하기는 더욱 어려울 것이다.

아시아에서는 하위지역 차원의 체계 마련이 가장 효과적일 것으로 판단된다. 이런 측면에서 동북아시아가 가장 낙후된 지역이다. 국가주권주의가 강하고, 북한, 중국 등 전체주의 이념이 시민적 · 정치적 권리를 구조적으로 심대하게 침해하고 있는 현실을 고려하면, 정치적 다원주의와 민주화가 선행되지 않고는 지역적 인권보호장치를 갖추는 것이 현실적으로 어렵다.

그런데 유럽의 초기 상황은 동북아시아에서도 가능성을 찾을 수 있게 한다. 즉, 유럽공동체(EC)와 다른 조약기구들이 주로 정부 차원으로 구성되어 제정법과 판례법(legislation and case law)이 발전 초기 단계에 있었을 때, 인권을 구성하는 것으로 간주될 수 있는 어떤 법조문도 명백히 문구화되지 못했고, 그렇게 보여지지도 않았다. 그렇지만 로마조약에는 '차별 받지 않을 권리', '동일한 일에 대해 동일한 급료를 받을 권리', '자유로운 이동의 권리' 등 시민적 · 정치적 권리들의 일부분이 포함되어 있다.

동북아시아에서는 유럽안보협력회의(CSCE) 모델을 받아들여 현재 논의되고 있는 동북아다자안보협력회의(혹은 협의체)에서 인권문제를 다루게 하는 것도 한 방법이 될 수 있다. 그러나 이는 아직 상당한 시일이 걸릴 것으로 예상된다. 그래서 현재 진행 중인 상황을 최대한 활용한다면 아세안 지역포럼(ASEAN Regional Forum, ARF)에서 인권문제를 한 의제로 채택하여 포럼의 발전과 더불어 확대 · 적용될 수 있도록 하는 것도 한 방법이 될 것이다. 특히, 여성 · 아동의 권리 등 비교적 쉽게 공감할 수 있는 특정 주제에서 출발하는 것이 좋을 것이다.

유럽의 지역인권보호체계는 다양성을 종합한 역사적 미봉(彌縫)이고, 현재까지도 협상이 진행 중인 사안이다. 인권이라는 보편적 가치를 추구하기 위해 아시아의 다양성도 유럽의 사례처럼 대화와 협상을 통해 미봉될 수 있는 대상이다.

2) 북한의 인권현안들에 대한 유불리

아시아에 국가를 초월한 인권보호제도가 생기면 북한에 유리할 것인지 불리할 것인지는, 실행단계에서 적용될 구속력의 차이 때문에 '지역인권체계(Regional Systems of Human Rights)'가 될 것인지, 아니면 지역인권대화체인 '포럼(Forum)'이 될 것인지에 따라 적지 않게 차이가 있을 것이다. 그런데 현재까지 논의되어 온 바에 의하면, 유럽이나 아프리카처럼 아시아 전역을 아우르는 초국가적 정부 간 지역인권보호체계를 갖추는 것은 실현 가능성이 매우 낮다. 그러니 동북아시아처럼 지역인권체계를 갖추는 것에 부정적인 국가들이 많은 지역에서 하위지역의 범위를 너무 좁게 설정하는 것도 논의의 시발(始發)을 어렵게 한다. 따라서 아시아 · 태평양 지역으로 지리적 범위를 넓게 설정하여 참여 의사가 있는 국가들이 먼저 논의 · 설립을 추진하고, 나머지 국가들은 옵서버 자격으로 참석하게 했다가 추후에 가입하게 하는 것이 가장 효과적일 것이다. 이런 관점에서 저자는 '아시아 · 태평양지역 인권체계/포럼'이라는 명칭을 사용하고자 한다.

북한의 위정자들은 '인권체계' 형성이나 '대화체' 형성 모두 북한의 인권현안들을 국제사회에서 논의하고 시정하라는 압력으로 생각하여 불리하다고 판단할 것이다. 물론 김정은 정권에 해가 되지 않는 범위 내에서 인권현안들 일부가 시정될 수 있다면, 이를 통해 외부의 압력을 줄이고, 대외원조 증대와 대외관계 개선 등을 기대할 수 있으므로 현재의 위기에서 벗어날 수 있는 소재로 인식될 수도 있다.

그런데 '북한'이라는 주체를 단일주체로 볼 것인지, 아니면 김정은과 소수의 노멘클라투라, 일정 수 이상의 지배엘리트(혹은 핵심군중), 북한의 일반주민들(기본군중과 복잡군중) 등으로 나누어 볼 것인지에 따라서 유불리는 다를 것이다.

아시아 · 태평양지역 인권체계/포럼이 결성되면 북한의 식량문제에 대해 항시적으로 논의하고, 체계적이고 장기적인 계획에 따라 농업생산기반을 재건할 수 있을 것이므로 북한에게 유리한 측면이 있다. 그러나 북한의 식량분배상의 문제, 즉 선군정치에 따른 군량(軍糧)으로의 전용, 계급차별정책에 따라 특권층에 대한 과도한 분배와 소외층(복잡군중, 경우에 따라서는 기본군중)에 대한 과소분배, 높은 실업률 등 사회문제가 분배에 반영되지 않는 문제 등은 아시아 · 태평양지역 인권체계/포럼이 결성되면 시정을 요구할 것이고, 따라서 김정은과 소수의 특권집단이 현상유지를 추구하는 데 크게 불리할 것이다.

아시아 · 태평양지역 인권체계/포럼이 결성되면 역내 국가들 간에 인권에 대한 공약들을 이행하는 것을 모니터링하게 될 것이다. 고문 피해자들은 개인통보제도(personal communication)를 활용하려 들 것이다. 그리고 북한 내에서 다른 국가 사람들이 인권을 침해당했을 경우, 개인적 사건이나 상황에 대해 특정 국가가 외교적 채널을 통해 문제를 제기할 수 있고, 해당국 간의 쌍무회의뿐만 아니라 더 나아가 구성국가 모두와 협의할 수 있을 것이다. 따라서 북한의 특권층에게는 몹시 곤혹스러운 일이 될 것이다. 주민들에 대한 통제방법도 물리적 폭력을 동원한 직접적 통제에서 자발적 동의를 유도하는 간접적 통제로 바꾸어야 될 것이다.

그간 북한의 종교적 박해문제가 국제사회에 충분히 알려지지 않아 유엔 인권위원회나 이사회, 유엔 총회에서 채택한 일련의 대북한 인권결의들에서는 모두 일반적인 지적밖에 하지 않았다. 그런데 아시아 · 태평양지역 인권체계/포럼이 결성되면 이에 대한 자세한 정보가 외부에 알려질 것이고, 지속적인 논의의 대상이 될 것이다. 그리고 1989년 비엔나 결론문건(Concluding Document of Vienna)처럼 참여 국가들이 '종교적 공동체가 자유롭게 접근할 수 있는 숭배나 집회의 장소를 만들고, 유지할 수 있는 권리'와 '모든 사람들이 그들이 선택한 언어로 종교교육을 주고받을 수 있는 권리'를 존중하도록 원칙을 만들기 위한 논의를 계속하게 될 것이다. 물론 이런 원칙제정은 베트남, 중국, 북한에 사회주의체제가 유지되는 한 마지막까지 논쟁점으로 남아 있을 것이다. 그렇지만 이 국가들이 유엔 회원국으로서 그 권리들을 존중하기로 이미 약속했고, 그 약속 이행을 보장하라는 것이므로 계속 거부할 수만은 없을 것이다.

북한정부는 정치범을 수감하면서 '죄형법정주의'를 부정하고 있으며, 가족연좌제와 같이 전근대적이고 비인도적인 형사제도를 아직 운영하고 있다. 아시아 · 태평양지역 인권체계/포럼이 결성되면 이에 대해 개인통보제도가 작동될 것이고, 현장방문을 포함한 각종 모니터링 제도가 실행될 것이다. 따라서 김정은과 소수의 지배자들에게는 그만큼 통제와 통치가 어려워지겠지만 다수의 피지배자들에게는 환영받을 일이며, 여타 분야에서 인권신장의 토대가 될 것이다.

북한당국은 6 · 25전쟁 기간뿐만 아니라 전쟁 후에도 전 세계 12개국에서 3790명을 납치하여 최소한 523명(남한인 485명, 일본인 16명, 레바논인 4명, 말레이시아인 4명, 프랑스인 3명, 이탈리아인 3명, 중국인 2명, 네덜란드인 2명, 태국인 · 루마니아인 · 싱가포르인 · 요르단인 각 1명)을 억류하고 있는 것으로 알려져 있다.[183]

이 현안은 다자간 인권협의를 통해 해결되어야 할 대표적 사례다. 많은 논란이 야기되겠지만 아시아 · 태평양지역에 헬싱키 프로세스처럼 자유로운 인적 접촉이

183 일본 납북자구조연합이 2006년에 미국의회에서 밝힌 내용으로, 북한 요원의 불법활동을 목격한 증인을 없애거나, 북한 해외공작 요원들에 대한 외국어, 관습 등에 대한 교육 요원이나, 한국 파괴공작, 체제선전 등에 활용하기 위해 이 같은 납치를 자행한 것으로 추정된다. 「조선일보」, 2007년 3월 22일, A4면.

보장되면 많은 부분이 해결될 수 있는 현안이다. 이 사안은 북한의 위정자들에게 도덕적 상처를 주겠지만 체제에 위협을 줄 만큼 불리한 일도 아니니다. 잘 해결되면 오히려 그들에게 국면을 유리하게 전환시킬 수 있는 소재가 될 수도 있다.

북한에서 인권유린의 대상이 가장 광범위하고, 상황이 개선될 수 없는 근본적인 원인이 그 속에 있다는 면에서 '의견 및 표현의 자유' 침해가 가장 막대하고, 시급히 해결되어야 할 현안이다. 아시아 · 태평양지역 인권체계/포럼이 결성되면 개인통보제도나 현장방문 등의 모니터링을 통해 외부관찰과 개입의 단초가 마련될 것이다. 그리고 '죄형법정주의'와 이미 갖추어져 있는 북한의 형법과 형사소송법을 지킬 것을 북한정부에 강력히 지속적으로 요구할 것이므로 단기간에 주민들의 자발적 동의를 유도해 낼 만큼 체제를 안정시키지 못하면 김정은은 정권을 유지하기가 현실적으로 어려울 것이다.

가장 심각한 북한의 '여성들에 대한 폭력'은 여성 탈북자들이 인신매매를 당하면서 경험하게 되는 정신적 · 육체적 폭력이다. 현 시점에서 볼 때 이 문제는 향후 상당한 기간 제기될 수 있다. 그런데 북한과 중국 정부가 포함되는 아시아 · 태평양지역 인권체계/포럼이 결성되면 이 문제가 우선적으로 다루어질 가능성이 높다. 이 문제는 북한의 사회질서나 체제에 아무런 위협을 주지 않고 호전시킬 수 있으므로 앞에 전제한 '북한'이라는 주체의 단 · 복수를 떠나 모두에게 아시아 · 태평양지역 인권체계/포럼의 결성이 유리하게 작용할 것이다.

이상과 같이 북한의 유불리점은 김정은이 원하는 것, 지배엘리트들이 원하는 것, 북한의 일반주민들이 원하는 것이 사안에 따라 각각 다르므로 일괄되게 평가할 수는 없다. 그런데 북한의 인권문제에 대한 공론화, 국제규범 준수에 대한 압력 등이 북한의 위정자들이 현상유지를 하는 데 불리한 점으로 작용할 것이다. 그렇지만 인권신장으로 이미지를 개선하고, 외부 원조와 지원을 더욱 많이 받아 현재의 위기를 극복할 수 있다면, 장기적으로는 체제를 공고화시킬 수 있어 전화위복의 계기가 될 것이다. 이를 위해서는 북한지도부가 사회적 규제(regulation)와 통합(integration)을 효과적으로 끌어낼 수 있는 보완적 가치나 대체적 통제수단을 개발해야 될 것이다.

3) 형태(체계/포럼)와 기능에 따른 유불리

아시아 · 태평양지역 인권보호체계를 만들 경우에는 먼저 아시아 · 태평양 인권협약(Asia-Pacific Convention on Human Rights)을 채택해야 될 것이다. 그리고 이에 기초하여 아시아 · 태평양 인권위원회(Asia-Pacific Commission of Human Rights), 아시아 · 태평양 인권재판소(Asia-Pacific Court of Human Rights), 각료회의(Committee of Ministers), 개인통보제도 등이 갖추어져야 될 것이다.

그런데 다른 대륙의 경우 여러 개의 제도가 순차적으로 구비된 것을 감안하면, 아시아 · 태평양 지역에서도 비슷한 수순을 밟을 수밖에 없을 것이다. 그럴 경우 북한에게 구체적으로 무엇이 유리하고, 무엇이 불리할 것인지 예측하는 것은 무리한 억측에 지나지 않는다. 다만 위에 예시된 제도들이 모두 갖추어졌을 경우에 현재 국제사회에 부각되어 있는 북한의 인권 현안들, 즉 식량권, 고문, 종교적 불관용, 임의적 구금, 강제적 혹은 비자발적 실종, 의견 및 표현의 자유권, 여성에 대한 폭력, 정치범 수용소, 인신매매, 영아살해, 법치, 다원주의, 시민사회의 참여 문제 등에 어떻게 작용할 것인지 예측해 볼 수 있을 것이다. 물론 시간의 경과가 사안들을 변모시킬 것이기 때문에 이 또한 무리가 있을 수밖에 없다.

아시아 · 태평양지역 인권체계/포럼을 만들 경우, 가장 현실성 있는 것은 헬싱키 프로세스의 인권부문이나 그중 일부를 논의하는 형태를 취하는 것이다. 그렇다면 아시아 · 태평양 인권부문 메커니즘을 상정해 볼 수 있고, 유럽의 사례에 준하여 다음과 같은 몇 가지 가능성을 추정해 볼 수 있다.

이 경우, 무엇보다 아시아 · 태평양 역내 국가들 간에 인권에 대한 공약들을 국가들이 이행하는 것을 모니터링하는 데 필요한 외교적 절차를 만드는 것이 핵심 사안이 될 것이다. 참고로 유럽의 경우, 1989년 비엔나 후속회합에서 유럽안보협력회의의 인권에 대한 공약을 국가들이 이행하는 것을 모니터링하는 데 필요한 외교적 절차를 만들었다. 이 인권공약은 1990년 코펜하겐 회합과 1991년 모스크바 회합에서 더욱 확장되었다. 이렇게 아시아 · 태평양 국가들 간에도 인권공약에 대한 모니터링 절차가 확실히 갖추어질 경우, 이는 앞에 예시한 북한의 모든 인권현안들에 있어 현재의 북한 위정자들에게 불리하게 작용할 것이다. 특히, 식량지원에 대한 창구의 단일화와 검증제도의 강화는 형식적 검증만 요구하는 개별국가의 일방적 지원을 어렵게 할 것이고, 아시아 · 태평양 역내 국가들의 구체적이고 직접적인 개입을 정당화할 것이 명백하기 때문이다. 그러나 북한의 일반주민 혹은 소외 · 피억압 계층에게는 이 모든 인권현안들에서 유리하게 작용할 것이다. 아울러 북한의 현 위기를 극복하고 김정은 정권이 아닌 사회주의체제의 유지를 추구하는 일정 수 이상의 지배엘리트들의 입장에서는 이 인권현안들 중에서 상당부분, 예를 들어 식량권, 종교적 불관용, 임의적 구금, 강제적 혹은 비자발적 실종, 여성에 대한 폭력, 정치범 수용소, 인신매매, 영아살해, 법치 문제 등을 현저히 개선할 수 있어서 외부의 압력을 줄이고, 체제 불안요인을 제거할 수 있기 때문에 오히려 유리하게 판단할 수 있다.

그런데 아시아 · 태평양 인권부문 메커니즘은 다른 국가에서 발생한 인권에 관한 개인적 사건이나 상황에 대해 특정 국가가 외교적 채널을 통해 문제를 제기할 수 있고, 해당국 간의 쌍무회의도 가능하며, 구성국가 모두와 협의할 수 있도록 할 것이다. 유럽의 경우, 헬싱키 프로세스의 인권부문 메커니즘이 1989년에 만들어진 이래 다른 국가에서 발생한 인권에 관한 개인적 사건이나 상황에 대해 특정 국가가 외교적 채널을 통해 문제를 제기할 수 있게 되었다. 1991년에 약간 수정되었지만, 이 메커니즘은 전술한 바와 같이 문제제기를 받은 나라가 10일 이내에 서면으로 답변을 해야 되고, 그래도 문제가 해결되지 않으면 문제 제기국은 관련국에게 그 문제에 대한 토의를 위해 쌍무회의를 가질 것을 요구할 수 있다. 또한 문제 제기국은 외교채널을 통해 다른 유럽안보협력회의 국가들이 관심을 갖도록 알릴 수 있으며, 그래도 문제가 해결되지 않으면 유럽안보협력회의의 다음 회의에 넘길 수 있다.

이런 점을 고려하면, 아시아 · 태평양지역 인권체계를 만들었을 경우이건 포럼을 만들었을 경우이건, 북한에 대한 유불리의 면에서 비슷한 양상을 보일 것이다. 즉, 현 지배 상황을 유지하고자 하는 김정은과 소수의 특권집단은 절대로 받아들일 수 없는 불리한 점으로 파악하겠지만, 피지배 · 억압계층에게는 환영할 해방의 기제로 인식될 것이다.

제5장

북한 인권문제 어떻게 할 것인가?

1. 부메랑 효과

인권 억압국가의 인권정책을 변화시키는 데 근본적인 대책은 국제인권규범에 저촉되는 구체적 사실들을 국제사회가 지속적으로 지적하고 압박을 가하여 스스로의 말에 스스로 굴복하게 하는 '부메랑 효과'에 있다는 경험적 사실을 고려하면 북한에서 자행되는 인권유린은 지속적으로 부각시켜야 된다.[184]

북한의 인권 신장을 위해 국제사회가 노력해야 될 이론적 근거를 T. 리세(Thomas Risse) 연구진의 선행연구에서 찾을 수 있다. 리세 연구진은 국제규범이 국내구조와 상호작용하는 과정을 모형화하여 '나선형 5단계론(five-phase "spiral" model, 그림 5-1)'을 제시하였다.[185]

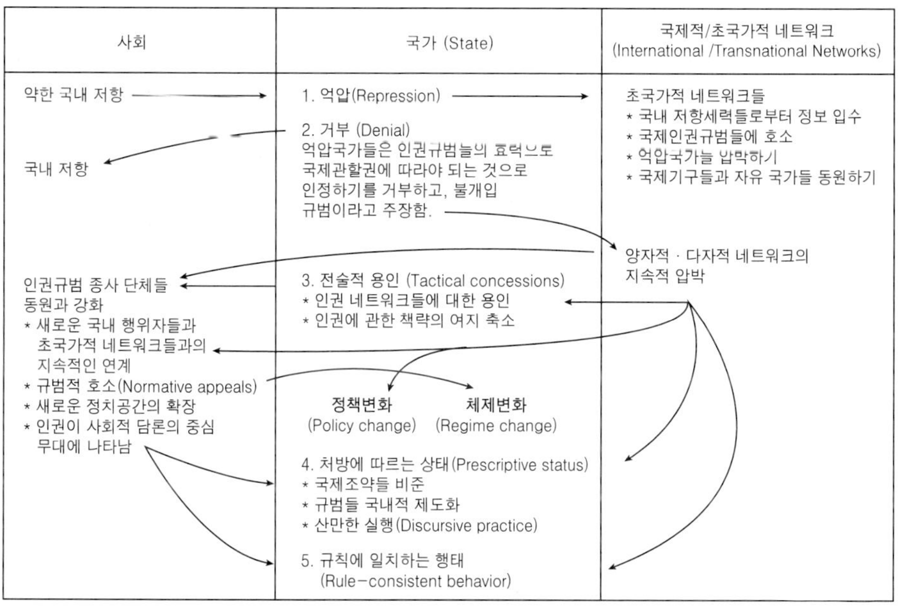

그림 5-1 인권 변화의 나선형

출처: Thomas Risse, Stephen Ropp and Kathryn Sikkink (ed.), *Power of Human Rights: International Norms and Domestic Change* (Cambridge: Cambridge University Press, 1999), p. 20.

---

184 '부메랑 효과'에 대해서는 Thomas Risse, Stephen Ropp and Kathryn Sikkink (ed.), *Power of Human Rights: International Norms and Domestic Change* (Cambridge: Cambridge University Press, 1999), pp. 17-19 참조.

185 *Ibid.*, pp. 17-35.

이 '나선형 5단계론'은 인권에 대한 인식상의 논란이 적고, 비교적 쉽게 가시화될 수 있는 생명권을 비롯한 시민적 · 정치적 권리에 초점을 두고 있다. 그리고 종교, 이념, 문화를 달리하는 광범위한 지역에 대해 실시한 실증조사를 토대로 하여 개발된 모델이므로 북한의 인권상황에 대한 객관적 평가기준으로 원용될 만하다. 특히, 단계적 변화의 양상과 작용 변수들은 현재의 모습을 진단하고, 정책변화를 유도할 대안개발에 유용하게 활용될 수 있다.

인권정책이 '거부' 단계에서 다음 단계로 전환할 때 지배적 행위자인 초국가적 네트워크가 작동하는 데 중요한 동조자인 국내 반대세력이 북한의 경우와 같이 극히 취약한 경우, 인권억압의 당사자인 정부를 정책변화에서 피동적인 객체로만 규정해서는 안 될 것이다. 특히, 개혁 · 개방 후 신장된 권리의식을 기존의 규범적 · 물리적 통제양식이 수용하지 못하면 새로운 균형점을 찾는 과정에서 심각한 대규모의 인권유린이 발생할 수 있다. 따라서 북한을 비롯한 동아시아 인권 열악국가 정부들이 참여할 수 있는 초국가적 인권보호 메커니즘이나 네트워크의 역할이 요청된다.

'나선형 5단계론'에 따르면 북한정부의 인권정책이 '전술적 용인' 단계에서 '거부'나 '억압' 단계로 회귀하지 않고 국제인권규범의 '처방에 따르는 상태'로 나아가서 궁극적으로 '규칙에 일치하는 행태'를 취하도록 하기 위해서는 국제사회로부터 양자적 · 다자적 네트워크의 지속적인 압박이 있어야 된다. 동시에 북한사회 내부에서도 인권규범을 구현하기 위해 종사하는 단체들이 동원되고 강화되어야 하는데, 무엇보다 〈그림 5-1〉에 제시되어 있는 바와 같이 새로운 국내 행위자들과 초국가적 네트워크들 간에 지속적인 연계가 형성되어 규범적 호소를 할 수 있어야 되고, 새로운 정치공간이 확장되면서 인권이 사회적 담론의 중심무대에 나타나도록 해야 된다.[186]

대북한 인권정책의 방향성을 이렇게 설정할 경우, 북한에 베트남과 같은 '정치적 시민사회'가 형성될 수 있도록 사회 · 문화적 교류를 활성화하고, 기존의 남북한 합의들에서 관련 조항들을 대북 협상 시 부각시킬 뿐만 아니라 앞으로의 협상에서도 그 여지를 마련해야 된다. 북한의 현 사회 · 경제 상황은 세습권력을 공고화하는 데

186 *Ibid.*, p. 20.

공격적 대외정책이나 억압적인 대내정책을 계속 고집할 수 없게 한다. 군사원조, 경제원조 등 물질적 지원을 많이 받는 나라가 국제적 압력에 취약할 수밖에 없고, 그 지원들이 인권 실행을 조건으로 할 경우 더욱 그러하다. 그러나 겨냥하는 취약성은 일차적으로는 규범적 공약들에서 비롯된다. 해당국가가 국제사회에서 위신과 품격을 인정받고자 하면 할수록 그만큼 더 취약한 것이다.[187] 따라서 북한이 이미 가입한 국제인권조약상의 규정들을 최대한 활용하여 현실적 괴리를 부각시켜야 될 것이다.

이런 관점에서 무조건적 대북지원도, 일 대 일의 도식적 상호주의도 모두 현실성이나 효과가 없을 것이다. 따라서 시간적 여유와 영역교차 손익계산 방법을 기본개념으로 한 다차원 순차적 접근이 필요하다. 그렇게 해서 압제권력에 직접 연계되지 않은 단체들이 생길 수 있으면 그 단체들이 압제권력을 비켜서 세계적 인권정체(Global Human Rights Polity), 즉 인권체제(human rights regimes) 및 국제기구, 국제인권비정부기구, 서방국가들과 직접 접촉하여 '부메랑 효과'를 가져올 수 있을 것이다.[188]

2. 다자적 접근

북한의 인권문제는 전체주의적 통제와 체제의 비효율성에 그 근본원인이 있어서 정치적 민주화와 체제변혁이 선행되지 않는 한 개선 노력에 일정한 한계가 있을 것이다. 그러나 특정 인권유린 현상들은 정치변동을 전제하지 않고도 개선될 수 있다. 이는 체제변화 없이 일정부분 국제인권규범이 처방하는 대로 따르는 북한정부의 모습에서 추론할 수 있다.

현재 가장 시급한 일은 북한 인권문제에 직간접적으로 관련되어 있는 국가들이 현안들에 대해 논의를 시작하는 것이다. 그래서 우선적으로 북한의 인권문제를 나사

---

187 *Ibid*., p. 24.
188 *Ibid*., pp. 17-19.

적 형태를 통해 과학 · 교육 협력, 경제, 통상 문제 등과 함께 논의 · 해결하고, 지역 차원의 대북 인권대화 구도를 개발하자고 관련 국가들을 독려하는 것이 필요하다. 그리고 북한의 인권문제 해결을 위한 다자간 협의는 앞으로 동북아에 인적 접촉이 더욱 활발해지면 반드시 필요하게 될 지역인권보호체계를 만드는 데 좋은 시작이 될 것이라는 사실을 관련 국가들에게 설득해야 된다.

동북아에 국가주권주의가 팽배해 있고, 다자간 협의체를 통해 북한의 인권문제를 논의하는 것이 현실적으로 많은 시간을 요구하는 것임을 고려하면, 중 · 단기적으로는 유엔 인권위원회가 권고한 국가인권위원회를 설치하게 독려하여 이 기관을 활동주체로 하고, 비정부단체들이 감시와 정보 · 자료 제공 등을 통해 협력 · 보완해 나아가는 것도 한 방법이 될 수 있다.

북한의 인권문제에 대해 다자간 논의가 이루어질 경우 최우선 과제는 공약과 현실을 부합시키기 위해 북한당국이 기울이고 있는 노력을 측정 · 평가할 수 있는 척도와 노력의 방향과 내용을 구체적으로 제시할 수 있는 지표를 기술적으로 만드는 일이다. 물론 유엔에서 채택한 대북한 결의문에 기술된 '기술적 협력'이 이를 겨냥한 것이기는 하다. 그러나 김정일 · 김정은 정권이 협력하지 않아 현재까지는 아무런 실효를 거두지 못했다. 그래서 다자간 협의가 실효성을 가지려면, 인권에 관한 유엔 경제사회이사회의 협약 및 규약들과 북한 국내법 간의 상충 내지 미비점을 지적하여 개선하도록 촉구해야 될 뿐만 아니라 현장방문을 통해 검증을 반드시 실시해야 된다.

아울러 인권 모니터링을 반드시 실시해야 된다. 물론 모니터링은 현 유엔 체제하에서도 요구되는 바이지만 북한이 거부하고 있어 어려울 것으로 보인다. 그러나 유럽안보협력회의/기구(CSCE/OSCE)의 경우에도 처음에는 많은 논쟁을 야기했지만, 안보문제에 대한 타협이 모니터링에 대한 합의를 가능하게 했다. 따라서 비록 시간이 걸리겠지만 지속적으로 모니터링을 요구하면서 이를 협상의제로 부각시켜야 된다.

민주주의, 인권, 법치(法治)가 삼위일체인 점을 고려하여 북한의 인권신장 레버리지로 법치를 요구하는 것은 가장 무리 없는 접근이 될 것이다. 다원적 민주주의의 발달에 대해서는 북한 당국자들이 계속 경계하고 거부하겠지만 법치는 거부할 수 없을 것이다. 이는 유럽안보협력회의/기구 구성국가들 간에도 그러했던 것처럼 동북아에서도 인권부문 개념과 역내 국가들 간의 대화와 안보문제에 대한 접근에서 핵심 요소가 될 것이다. 그래서 현 시점에서는 북한정부의 비법적 · 임의적 처벌 사례들에 대해 지속적으로 정보를 수집 · 축적하고, 시정조치를 대북원조에 어떤 형식으로든 반드시 연계시키는 적극적인 정책을 구사해야 된다.

아울러 북한의 인권문제를 안보문제의 한 부분으로 간주하여 접근할 필요가 있다. 특히, 탈북자 문제는 중국, 북한 양측에게 적지 않은 군 병력을 이동 · 재배치케 했다. 유럽안보협력기구처럼 안보에 대해 포괄적으로 접근하여 안보문제가 정치 · 경제 · 환경 · 인권 부문과도 관련이 있으며, 각 부문들이 서로 밀접하게 연관되어 있다는 것을 관련 국가들이 인식하게 해야 된다. 더 나아가 아시아 · 태평양 지역 인권체제/포럼의 특정 회원국 내부의 인권부문 현안들에 대해 다른 회원국들이 정당하게 관여할 수 있도록 해야 된다. 중국, 북한, 베트남 등이 반대하겠지만, 유럽에서는 '안보에 대한 협력적 접근'이 공동의 항구적 제도들을 만들 수 있게 했고, 그 결과 유럽안보협력기구의 활동을 증진시켜 인권부문 현안들이 유럽안보협력기구의 분생 예방 노력에 중요한 요인으로 작용하게 되었다. 따라서 아시아 · 태평양 지역에서도 '안보에 대한 협력적 접근'이 가져올 수 있는 긍정적 파급효과로 반대국가들의 의구심을 해소해야 될 것이다.

북한의 인권문제를 규정하는 국제적 · 국내적 규범들은 이미 마련되어 있다. 다만 이 규범들이 지켜지지 않고 있는 것이므로 정치적 타협을 통해 지켜지도록 하는 것이 문제해결의 핵심이다. 이런 현실론을 고려할 때 사건별 · 현안별로 접근하는 것이 바람직할 것이다. 이런 접근을 통해 개별적 합의 · 해결이 누적되어 일반적 구속력(general binding force)을 확보하도록 하는 것이 바람직하다.

무엇보다 중요한 것은 인권유린국가들, 특히 북한의 위정자들을 난쇠하려는 태도보다 문제해결(problem solving) 전략을 구사하며 건설적 대안을 창출하고, 현안타결을 위한 공동 프로그램 혹은 프로젝트를 개발하는 것이 좋을 것이다.

가까운 장래에 북한당국이, 유엔에서 권유한 것처럼, 민주적 다원주의를 수용하고, 사회 각 수준에서 의사결정을 하는 데 시민사회가 참여할 수 있도록 할 가능성은 희박하다. 그러나 북한의 개혁 · 개방은 사회 비공식영역의 확장과 어느 정도의 시민적 자율성을 신장시킬 것이다. 그렇지만 북한의 집권자들은 시민적 자율성의 발달과 통제 간의 균형을 유지하기 위해 모든 노력을 경주할 것이고, 어느 정도는 성공할 것으로 생각된다. 그런데 북한의 지도자들이 북한사회의 제도적 영역을 확장하고, 중국처럼 사회통제방법도 물리적 강제력을 사용하는 직접적 통제로부터 사회통합을 추구하는 간접적 통제로 바꾸게 하기 위해서는 북한에 대한 지원과 접촉은 계속해야 되겠지만 일정한 방향성과 지표를 가지고 해야 된다. 그리고 이에 대한 강한 집행의지를 보여야 실질적으로 북한의 인권신장에 일조할 수 있을 것이다.

참고문헌

[한국어 문헌]

강명도, 「북한의 인권」, 『북한의 인권문제』, 경북대학교 평화문제연구소, 1997년 통일안보포럼 자료집, 1997년 11월 21일.

강인철, 「월남 개신교 · 천주교의 뿌리」, 『역사비평』, 1992 여름.

고태우, 『북한의 종교정책』, 서울: 민족문화사, 1989.

국방군사연구소, 『한국전쟁』, 상권, 1995.

국방부, 『국군포로문제』, 1999.

_____, 『국군포로 문제 -실상과 대책-』, 2004.

국방부 군사편찬연구소, 『한국전쟁 포로관련 자료집』, 2001년 10월 25일.

국제인권옹호 한국연맹, 「북한억류 한국군포로들의 실태 보고서」, 자유평론사, 『새물결』, 1995년 10월호.

김영자, 「중국 내 탈북여성들의 인권실태와 정책제안」, 북한인권시민연합, 『제2회 북한인권 · 난민문제 국제회의』, 2000년 12월 8일. 서울:http://www.nkhumanrights.or.kr/inter02.html (검색일: 2004년 4월 26일).

김용삼, 「'북한의 아우슈비치' 14호 관리소의 내막」, 『월간조선』, 2000년 5월호.

김재엽, 「한국인의 가정폭력 실태와 현상」, 『가정폭력 대응전략 수립을 위한 대 토론회』, 보건복지부 주최. 세계은행(The World Bank) 후원, 2000년 3월 24~25일, 서울교육문화회관.

김혜숙, 『눈물로 그린 수용소』, 서울: 시대정신, 2011.

대한변호사협회, 『2010 북한인권백서』, 서울: 대한변호사협회, 2010.

박정환, 『느시』 1권, 2권, 서울: 문예당, 2000.

박찬운, 『국제 인권법』, 서울: 한울아카데미, 1999.

백범석, 「유엔 북한인권 조사위원회 설립의 이해와 활동 전망」, 통일연구원, 『유엔 인권메커니즘과 북한인권』, 2013.

북한문제연구소, 『북한 365일』, 서울: 북한문제연구소, 2004.

서울대학교, 「제6차 북한이탈주민 간담회 - 북한의 농촌 생활 모습」, 『통일포럼』, 2006년 3월 28일.

신동혁, 『북한 정치범수용소 완전통제구역 세상 밖으로 나오다』, 서울: 북한인권정보센터, 2007.

안명철, 『그들이 울고 있다』, 서울: 천지미디어, 1995.

안혁, 『요덕 리스트』, 서울: 천지미디어, 1995.

유병화, 「북한 억류자 송환의 법적 문제와 해결방안」, 최성철(편), 『북한인권의 이해』, 서울: 한양대학교 통일전략연구소, 1997.

유성철, 「6 · 25남침 '선제 타격 계획' 내가 짰다 - 6 · 25 당시 북한군 작전국장 유성철의 증언」, 김철범 엮음, 『진실과 증언, 40년 만에 밝혀진 한국 전쟁의 진상』, 서울: 을유문화사, 1990.

윤대일, 『'악의 축' 집행부 국가안전보위부의 내막』, 서울: 월간조선사, 2002.

윤여상 · 이자은 · 한선영, 『북한 정치범수용소의 운영체계와 인권실태』, 북한인권정보센터 부설 북한인권기록보존소, 2011.

이영환 외, 『(사)북한인권시민연합 북한 아동권 실태보고서, 왕이라 불리는 아이들』, 서울: 생명과 인권, 2009.

이영훈, 「북한 경제난의 현황과 전망」, 제주평화연구원, 『JPI 정책포럼』, No.2010-8, 2010년 3월.

이원웅, 「국제 인권 레짐의 특성 및 동태에 관한 연구: 비정부기구(NGO)의 역할을 중심으로」, 서강대학교 정치학 박사학위 논문, 1997년 8월.

이찬영 (편저), 『북한교회 사진명감』, 서울: 총회북한교회재건위원회, 2000.

이항구, 「북한의 종교탄압과 신앙생활」, 『현실초점』, 1990년 여름호.

잭 도널리 지음, 박정원 옮김, 『인권과 국제정치: 국제 인권의 현실과 가능성 및 한계』, 서울: 오름, 2002.

정광민, 『북한기근의 정치경제학 - 수령경제 · 자력갱생 · 기근 -』, 서울: 시대정신, 2005.

제성호, 「북한인권 개선을 위한 국제협력방안」, 『통일연구논총』 제6권 1호, 1997.

조정현 외, 『북한인권백서 2014』 통일연구원, 2014.

趙澈, 『죽음의 歲月』, 서울: 聖峰閣, 1964.

중앙정보부, 『북한의 인권탄압실태』, 서울: 중앙정보부, 발행연도 미상(1970년대 초로 추정).

통일부, 『'95 북한개요』, 서울: 통일부, 1995.

통일원, 『북한의 인권실태』, 서울: 통일원 정보분석실, 1994. 8, 1994.

한국농촌경제연구원, 『KREI 북한농업동향』, 제12권 제1호, 2010년 4월.

________________, 『KREI 북한농업동향』, 제13권 제4호, 2012년 1월.

________________, 『KREI 북한농업동향』, 제14권 제4호, 2013년 1월.

한국전략문제연구소 역, 『중공군의 한국전쟁사』, 서울: 세경사, 1991, 軍事科學院軍事歷史硏究所 編著, 『中國人民志願軍 抗美援朝戰史』, 北京: 軍事科學出版社, 1988.

한국전쟁납북사건자료원, 『한국전쟁납북사건사료집, 2006. 9』, 2006년 9월.

_____________________, 『6 · 25전쟁 휴전회담회의록을 통해 살펴 본 - '전쟁 납북자 송환 문제'』, 2011년 9월.

허만호, 『북한의 개혁 · 개방과 인권: 후기공산사회에서의 정치변동과 사회통제에 대한 비교론적 접근』, 서울: 명인문화사, 2009.

국방부유해발굴감식단, 『유해발굴사업정책 고객소식지』, 2013년. Vol. 1.

국방정보본부, 『군사정전위원회편람』, 서울: 국방정보본부, 1986.

법률출판사, 『조선인민민주주의공화국 법전(대중용)』, 평양: 법률출판사, 2004.

_________, 『조선민주주의인민공화국 법전(대중용) (Ⅰ)』, 평양: 법률출판사, 2004.

_________, 『조선민주주의인민공화국 법전(대중용) (Ⅱ)』, 평양: 법률출판사, 2004.

사회과학출판사, 『정치용어사전』, 평양: 사회과학출판사, 1970.

조선로동당출판사, 『조선중앙년감 1950』, 평양: 조선로동당출판사, 1950.

「내일신문」, 2013년 8월 29일.

「대구매일」, 1951년(단기 4284년) 5월 1일.

「동아일보」, 2006년 2월 1일.

「로동신문」, 2001년 3월 2일.
________, 2001년 6월 24일.
「연합뉴스」, 2003년 3월 26일.
________, 2013년 10월 1일.
「조선일보」, 1996년 9월 19일.
________, 2007년 3월 22일.
________, 2008년 3월 3일.

대한변호사협회, 『북한인권 실태조사 보고』, 발주기관: 대한변호사협회 북한인권소위원회, 수행기관: 북한인권정보센터, 2006년 10월 20일.
__________, 『2008 북한인권 실태조사 보고서』, 발주기관: 대한변호사협회, 수행기관: (사)북한민주화네트워크, 2008년 4월 17일.
__________, 『2010 북한인권 실태조사 보고서』, 발주기관: 대한변호사협회, 수행기관: (사)북한민주화네트워크, 2010년 5월 12일.
__________, 『2012 북한인권 실태조사 보고서』, 발주기관: 대한변호사협회 북한인권소위원회, 수행기관: (사)북한인권정보센터, 조사기간: 2012년 1~3월.
FAO/WFP Crop and Food Security Assessment Mission, 2012. 11. 김영훈 정리. 「최근 북한 주민의 식량소비 및 영양 상황」, 한국농촌경제연구원, 『KREI 북한농업동향』 제15권 제1호, 2013. 4.

[외국어 문헌]

Clark, Mark W., *From the Danube to the Yalu*, New York: Harper & Brothers, 1954.
Donnelly, Jack, *Universal Human Rights in Theory & Practice*, Second Edition, USA: Cornell University Press, 2003.
European Court of Human Rights, "Analysis of statistics 2013", January 2014, pp. 1-60.
Good Friends, *Human Rights in North Korea and the Food Crisis, A Comprehensive Report on North Korean Human Rights Issues*, Seoul: Good Friends, March 2004.
Haggard, Stephan and Marcus Noland, *Hunger and Human Rights: The Politics of Famine in North Korea*, Washington, DC: U.S. Committee for Human Rights in North Korea, 2005.
Hawk, David, *Concentrations of Inhumanity*, Freedom House, May 2007.
Hawk, David, *The Hidden GULAG, Exposing North Korea's Prison Camps*, Washington, DC: U.S. Committee for Human Rights in North Korea, 2003.
Heo, Man-Ho, "Les prisonniers de guerre sud-coréens retenus en Corée du Nord: LES HOMMES DANS L'HISTOIRE?" in Yim Seong-Sook, *La Corée, le peuple et ses valeurs culturelles: d'hier à aujourd'hui*, Québec: LES PRESSES DE L'UNIVERSITE DE MONTREAL, 2000.
Kanto, Hiroshi et al.(Research), *Are They Telling US the Truth? -Brutality Beyond Belief-*, Tokyo: LFNKR & NKDB, 2004.

Kim, Philo, "New Religious Policy and the State of Religious Freedom in North Korea", in *NKHR & HFHR, The 5th International Conference on North Korean Human Rights & Refugees*. 29 Feb. - 2 Mar. 2004. Warsaw, Poland.

Mower, Jr., A. Glenn, *Human Rights and American Foreign Policy*, New York: Greenwood Press, 1987.

Pastor, Robert, *Condemned to Repetition: The United States and Nicaragua*, Princeton: Princeton University Press, 1987.

Piétri, Jean-Fabrice, "The Inadequacies of Food Aid In North Korea", Summary of Comments(Plenary Session II), IVth International Conference on North Korean Human Rights and Refugees, March, 2003, Prague.

Saunders, Daniel G., "Programs for Men Who Batter: A Summary of Models & Recent Research", *World Bank Project on Enhancing Institutional Capacity of the Ministry of Health and Welfare for Dealing in Family Violence*, July 20, 2000. Seoul, Korea.

Seton-Watson, Hugh, *The East European Revolution*, New York: Praeger, 1961.

Singer, Peter, *Animal Liberation*, New York: Ecco Book/Harper Perennial, 2009.

Steiner, Henry J. and Philip Alston, *International Human Rights in Context: Law, Politics, Morals - Texts and Materials*, Oxford: Oxford University Press, 1996.

Tomuschat, Christian, *Human Rights Between Idealism and Realism*, Second Edition. Oxford: Oxford University Press, 2008.

UN Committee on the Rights of the Child, "Initial Report of States parties due in 1992: Democratic People's Republic of Korea (February 13, 1996)", CRC/C/3/Add.41, June 17, 1996.

US Department of Defense, *Defense Prisoner of War/Missing in Action Office Reference Document, U.S. Personal Missing, Southeast Asia (and Selected Foreign Nationals) (U), Alpha, Chronological and Refno Reports*, Unclassified, May 1996. DPMO/RD.

E/CN.4/2004/31. February 17, 2004.

IACtHR, Velasquez Rodriguez Case, Judgement of 29 July 1988. Ser. C. No. 4.

"Our Voice: Bangkok NGO Declaration on Human Rights", *Bangkok, Asian Cultural Forum on Human Rights*, 1993.

United Nations, *World Conference on Human Rights: The Vienna Declaration and Programme of Action*, June 1993, New York, UN, 1993.

萩原 遼 (編),『北朝鮮の秘密文書』(上), 東京: 夏の書房, 1996.

Lakin, John, "North Korea Exposed-Kim's Slave Camps", Far Eastern Economic Review, Dec. 12, 2002.

[인터넷 자료]

강철환(2001.11.06),「요덕수용소'에선 지금 무슨 일이? 탈북자들 '살벌 기류' 증언」NKchosun.com, http://nk.chosun.com/news/news.html?ACT=detail&cat=4&res_id=12176(검색일: 2012년 3월

13일)
「북한경제의 현황과 과제」http://www.unikorea.go.kr/kr/CMSF/CMSFBsub.jsp?topmenu=3&menu=2&sub=&act= &main_uid=&subtab=(검색일: 2010년 7월 28일)
「북한이탈주민 현황」http://www.unikorea.go.kr/(검색일: 2012년 3월 13일)
「북한이탈주민 현황」http://www.unikorea.go.kr/index.do?menuCd=DOM_00000010500 6006000(검색일: 2014년 2월 18일)
「장성택 처형 후 채택된 유엔 대북인권결의」http://www.changwonilbo.com/news/87168 (검색일: 2014년 2월 3일)
전종순, 「북한군 서울 지체 3일의 미스테리」http://cafe.naver.com/nuke928/77061(검색일: 2008년 4월 20일)
「제68차 유엔총회 북한인권결의 채택」http://media.daum.net/press/newsview?newsid=20131120113814599(검색일: 2014년 2월 3일)
진용규, http://www.cnkr.org/zeroboard/view.php?id=kor_news&no=166 (검색일: 2012년 3월 13일)
http://www.cidh.oas.org
http://www.hrw.org/news/2011/02/09/review-human-rights-council-deplorable-lack-progress
http://www.mfa.go.th/humanrights/statement/127-the-review-of-the-status-of-the-human-rights-council
http://www.oas.org
http://www.un.org/en/ga/president/65/issues/hrcouncil.shtml
http://www.un.org/en/ga/68/resolutions.shtml(검색일: 2014년 2월 3일).
http://www.unikorea.go.kr/index.do?menuCd=DOM_000000105006006000(검색일: 2014년 2월 18일)

[고문에 관한 특별보고관에게 제출할 고문에 대한 진술의 표준질문서]

김혁, 문명옥, 배권철, 이영국, 지해남

[인터뷰]

김영자(북한인권시민연합 사무국장), 2010년 7월 30일.
김영철(북한 인민보안부 간부 출신 탈북자), 2010년 8월 22일.
김혜숙(18호 관리소 수감자 출신 탈북자), 2012년 4월 14일.
문광건 박사(한국국방연구원 연구위원), 2002년 7월 9일.
François Descoueyete(주한 프랑스 대사), 2003년 5월 2일.

색인

ㅇ

ㅈ

ㅊ

ㅌ

ㅍ

ㅎ